Bernard Wörner

Lust und Leid

Geschichten aus unsern Tagen

Bernard Wörner

Lust und Leid
Geschichten aus unsern Tagen

ISBN/EAN: 9783743322615

Hergestellt in Europa, USA, Kanada, Australien, Japan

Cover: Foto ©ninafisch / pixelio.de

Manufactured and distributed by brebook publishing software
(www.brebook.com)

Bernard Wörner

Lust und Leid

THE LIBRARY OF THE
VNIVERSITY OF ILLINOIS
PVRCHASED FROM
MR. H. A. RATTERMANN
OF CINCINNATI IN 1915

Lust und Leid.

Geschichten aus unsern Tagen

von

Bernard Wörner.

Mit Illustrationen.

Zweiter Band.

Augsburg, 1862.
J. A. Schlosser's Buch- und Kunsthandlung.

Vorwort.

Wenige Monate sind es, seit der erste Band von unserm „**Lust und Leid**“ seine Reise in die Welt angetreten hat. Die Aufnahme, welche er bei dem deutschen Volke und der Presse fand, war eine durchaus günstige und ehrenvolle. Das Erste zeigte sich durch die rasche und gesteigerte Nachfrage von Seite unserer freundlichen Leser, das Zweite durch die übereinstimmenden und in jeder Beziehung ausgezeichneten Urtheile, welche die größeren Organe der deutschen Presse darüber fällten. Unter Andern erlauben wir uns auf die Beurtheilungen in der Augsburger Postzeitung, Augsburger Abendzeitung, Neuen Augsburger Zeitung, im Bayerischen Kurier, Deutschen Volksblatt, Westphälischen Merkur, Münchner und Würzburger Sonntagsblatt u. s. f. aufmerksam zu machen.

Diese Umstände verpflichten den Verfasser und Verleger zu freudigem Danke, und ermunterten Beide, noch vor dem heiligen Christfeste auch den zweiten Band folgen zu lassen mit derselben Anzahl Erzählungen, in derselben eleganten Ausstattung und mit verbesserten Illustrationen.

Und so rufen wir denn mit gleich freudigem Muthe zum zweiten Mal: „Möge unser „Lust und Leid" in Gottes Namen hinauswandern zu allen Frohen und Betrübten, in alle deutschen Gauen, und abermals allüberall eine freundliche, herzliche Aufnahme finden! Geschieht dieses, so soll es zum heiligen Christfest des nächsten Jahres an einer Fortsetzung nicht fehlen." —

Bamberg, im November 1861.

Der Verfasser.

Ueber's Meer.

I.

Lebewohl.

„Leb' wohl, du theu'res Vaterland,
Das Scheiden thut mir weh!
Mein Herz, das bleibt dir zugewandt,
Ob über's Meer ich geh'."

Auswandererlied.

Geschäfte, die man weder zu den Erholungsreisen noch zu den Berufspflichten rechnen kann, und die Jedem vorkommen, der Verwandte und Freunde in der Welt hat, führten mich auf kurze Zeit in die Rhön. Ich bestellte mein Haus und eilte fort über Berg und Thal, um von der „herrlichen Umjechend," wie die Berliner sagen, etwas zu profitiren. Ich bestieg den Kreuzberg mit seiner Sternwarte, erfreute mich eines recht trüben, regnerischen Wetters dabei und der herzlichsten Aufnahme von Seite der braven Klosterleute. Ich besuchte die hohe Rhön, einen fast zehn Stunden langen, öden Bergrücken, ohne Wald, mit magerem Grasboden bedeckt. Um Kiliani ziehen die umliegenden Dörfer hierher, oft fünf und sechs Stunden weit, um Heuernte zu halten, bauen ihre niedlichen Tuchzelte, welche wie unzählig viele, weiße Punkte die lange Hochebene bedecken und weithin leuchten, und wirthschaften Tag und Nacht, Wochen lang im Freien, um zu mähen, zu wenden, zu dörren und am Ende die reiche Ernte mit lautem Jubel in die Thäler zu schaffen. Ich sah auch den Himmeltungberg, den hohen Scheidepunkt zwischen Brend- und Fuldagrund, ergötzte mich an seiner herrlichen Fernsicht und bewunderte die vielen kegelförmigen Bergspitzen der Rhönausläufer, die zum Theil wie verlorene Schildwachen in weitem Bogen die Vorhut bilden. Auch auf das Dammersfeld mit seinem gewaltigen Rücken kletterte ich, winkte meinen Gruß nach Fulda hinab und lugte weit, weit hinaus nach Unterfranken. Um frei und ungenirt wandern und leben zu können, kehrte ich des Abends meist in einem Flecken „auf" der Rhön ein. Doch was sage ich? Auf der Rhön? Wer noch etwas auf seine geraden Glieder und auf sein Leben hält, sage mir diese verhängnißvollen Worte an Ort und Stelle nicht nach!

Auf der Rhön liegt nichts, gar nichts. „Vor“ oder „hinter“ der Rhön hätte ich sagen sollen, und maßen die Lage für unsere Erzählung gleichgültig ist, belieben sich meine freundlichen Leser diesen Flecken denn „vor“ oder „hinter“ die Rhön zu denken, je nachdem ihnen beliebt, wiewohl ich sie eines Bessern belehren könnte. Mein Absteigequartier war die beste Stube des einzigen und noch dazu zweistöckigen Wirthshauses, und meine Wirthin eine dralle, handfeste Wittwe, welche, wie alle ihres Geschlechtes, die Zunge nicht umsonst im Munde trug. Sie rührte das kleine Instrument um so thätiger, als ein Fremder in ihren vier Pfählen zu den Raritäten zählte. An Unterhaltung des Abends fehlte es also nicht und hatte die gute Frau hie und da keine Zeit, so sah ich zum Fenster hinaus, um mit wahrer Lust die kräftige, würzige Bergesluft einzuathmen und — auf die Vorgänge im Flecken zu lauschen. Wer wird es mir verargen? Hatte ich doch in jüngster Zeit Dorfgeschichten über Dorfgeschichten gelesen und darin bald Gestalten gefunden, so naturwüchsig und urkräftig, wie Helden aus alter Zeit, bald Bauern, freigeistig, sentenzenreich und gelehrt wie Bücher, bald Landfräuleins, so gemüthlich und überschwenglich gefühlvoll, so rosenduftig, wie sie mir wenigstens noch nicht vorgekommen sind. Was war natürlicher, als daß ich einmal so ein Stück Dorfgeschichte sehen wollte, mit erleben, vielleicht wiedergeben? denn — unter uns gesagt —

ich pfusche zuweilen der edlen Literatenzunft ein wenig in's Handwerk.

Lange suchte ich vergeblich; der rechte Blick fehlte mir. Ich hätte sonst sogleich sehen müssen, wie mir das gegenüberstehende Häuschen mit seinen kleinen, blanken Fensterscheiben und dem dampfenden Schornsteine so traulich zunickte, als wollte es sagen: „Hierher, Fremder, hierher! — und du sollst befriedigt werden." Doch wer konnte auch so Außerordentliches hinter dem unscheinbaren Aeußern vermuthen? In der Mitte eine niedrige Thüre, links die Wohnstube, rechts die Werkstatt, so viel stand auf den ersten Blick fest. Dahinter vermuthete ich Kammer und Küche. Die Stiege, welche zur stets offenen Hausthür heraussah, mußte auf den Dachboden, vielleicht zur Magd= oder Gesellenkammer führen, wenn der Eigenthümer überhaupt solche Individuen in seinem Dienste nöthig hatte.

Eines Abends betrachtete ich mir das Haus mit besonderem Interesse. Eine gewisse Unruhe gab sich darin kund, die mir auffiel. Man hörte laut verhandeln, die Thüren patschten ohne Unterlaß auf und zu, zwei Lichter wanderten beständig hin und her, und manchmal war es, als trügen die Luftwellen einen lauten Seufzer, eine mühsam verhaltene Klage zu mir herüber. Endlich sah ich einen schweren, massiven Koffer in die Werkstatt schleppen, ein Mann kniete darauf und trieb bei dem düstern Schein einer Oellampe Nagel um Nagel mit einer Wucht hinein, als wollte er Alles in Grund und Boden schlagen. In diesem Augenblicke trat die Wirthin mit meiner Abendkost in's Gastzimmer. Ich hörte noch, wie sie unter der Thüre der Magd zurief: „Was! — heute zum Baron? — Daheim bleibst, du gefühlloses Ding, du!" —

„Haben Sie denn einen adeligen Gutsbesitzer hier, einen Baron?" fragte ich nicht ohne Neugierde und setzte mich an den Tisch, welcher für mich gedeckt wurde.

„Ei freilich!" beschied mich die freundliche Frau schelmisch, — „und was für Einen?"

„Ich sah doch nirgends ein Schloß, ein Landhaus oder dergleichen. Wo wohnt er denn, dieser Herr Baron?"

„Da drüben, wo die Lichter flattern," antwortete die Wirthin lächelnd und zeigte nach dem kleinen Hause. „Der Mann ist und bleibt unser „Baron," alle Welt nennt ihn Baron, und er verdient diesen Titel wie kein Anderer."

„Aha, ein Spitzname?" bemerkte ich, wohl wissend, daß die Landleute im Ertheilen derselben nicht allein sehr freigebig, sondern auch wahre Virtuosen sind, daß sie den Nagel damit in der Regel auf den Kopf treffen und den gelehrtesten Sprachmeister unterweisen könnten. „Sie meinen doch Ihren Herrn Nachbar über dem Wege dort?"

„Ja wohl, meinen Herrn Nachbar da drüben, den Schreinermeister Fundner. Haben Sie ihn noch nicht beobachtet, wenn er ausgeht oder nach dem Feierabend vor seinem Hause auf der Bank sitzt?"

Ich verneinte.

„Noch nicht? — Ei, ei! — Da ist Ihnen bis jetzt die merkwürdigste Person im ganzen Dorfe entgangen. Wenn Sie einen Menschen sehen wollen, der das ganze Jahr hindurch kein trübes Gesicht macht, der die Traurigkeit nur dem Namen nach kennt, immer heiter, immer freundlich, immer munter, so heften Sie den Blick auf unsern Baron. Und dann — ich gebe Ihnen freie Zeche auf ein ganzes Jahr, wenn Sie den kleinen, runden Mann nur ein einziges Mal, sei es Werk- oder Sonntag, mit einem zerrissenen oder beschmutzten Kleide, überhaupt in unordentlichem Aufzuge sehen. Sein Kraushaar ist stets geordnet und geschlichtet, was man sonst den Bauern gerade nicht nachsagen kann, sein Bärtchen gestutzt und gekämmt, sein Schurzfell appetitlich und seine Stiefel, ja selbst seine Pantoffeln sind blank gewichst. Und Sonntags, Herr, wenn er mit seinem spanischen Rohr, seinem braunen Frack und schwarzen Hut aufsteigt, nun — da nimmt ihn jeder für einen Stadtherrn."

„Woher kommt das?" forschte ich gespannt und bestellte eine Flasche vom „Guten," um die Frau willfährig und gesprächig zu machen.

„Fundner stand beim Militär und hat vollständig ausgedient. „„Als Soldat lernt man Ordnung — pflegt er zu sagen — Pünktlichkeit und Propretät. Ein Faulpelz, der das Gelernte nicht fortübt.‟‟

„Nun, und die ewige Heiterkeit und Gemüthsruhe? Das Ding lernt man doch nicht beim Militär, unterm Korporalsstock! Oder ist der Meister etwa ein Sonntagskind, das noch nie ein rauher Wind angeweht hat?‟

„Die ungetrübte Heiterkeit erblüht in seinem Herzen,‟ antwortete die Wirthin langsam und ernst. „Fundner hat wenig' Sonnenblicke im Leben genossen, an Glücksgütern ist er ein armer Tropf, das weiß ich, aber reich an Muth, Hoffnung, Vertrauen und unerschöpflicher Herzensfröhlichkeit. Ich kann's Ihnen nicht anders erklären: er läßt sich eben durch nichts umwerfen.‟

„Bei Gott, ein seltener Character!‟ meinte ich.

„Ja, freilich selten, aber dafür auch beliebt und hochgeachtet. Glauben Sie mir, es geht kein Ortsangehöriger vorüber, der nicht seinen Gruß hineinruft oder an's Fenster der Werkstatt klopft und ein paar Worte mit ihm austauscht. Und in den Gemeinde-Angelegenheiten gibt der Meister hundert Mal mit wenigen Worten den Ausschlag, wiewohl er zu den Aermsten und Mindestbesteuerten im Dorfe zählt.‟

„Allen Respect,‟ versicherte ich der Wirthin, „denn unter den Besitzenden sich als armer Tropf Geltung zu verschaffen, ist wirklich eine schwere Kunst.‟

„Glauben Sie, mein Nachbar klage je über Mangel

und Noth? Gott bewahre! — Wenn Sie ihn hören, hat er Alles in Ueberfluß. Er geht selten in's Wirthshaus; aber wenn er hingeht, tritt er nobel auf und patent, wie die Stadtleute sagen, wir Bauern heißen es „Dickthun." Das ist nun einmal seine schwache Seite. Zu Hause dagegen spart er wie Keiner. Aber gegen die Leute thut er, als ob's auch da immer hoch herginge."

Ich mußte über den seltenen Kautz von Herzen lachen, was der Wirthin nicht geringe Freude machte.

„O, ich kenne den schlauen Fuchs," fuhr sie redselig fort, „und weiß jedes Mal, wie viel die Uhr schlägt. Ein Stückchen will ich Ihnen erzählen, und Sie haben den ganzen Mann. Letzten Kirchweihsonntag stellte sich mein guter Nachbar nach Tisch unter seine Hausthüre, schnitzte sich einen schönen, langen Zahnstocher — mit Achtung zu sagen — und arbeitete damit fast eine Stunde lang in seinen Zähnen herum, als hätte er dreierlei Kirchweihbraten auf seinem Tische gehabt. Mann für Mann geht vorbei, jeder grüßt, jeder fragt: „„Gut geschmeckt, Nachbar?"" — „Ja wohl, köstlich!" antwortet er Jedem und schnalzt dazu mit der Zunge, als wenn der piquante Fleischgeschmack jetzt noch nachwirke. Am andern Morgen examinir' ich die Frau aus. Was war's? — Schlechter Verdienst die ganze Woche und zur Kirchweih Kartoffeln und sauere Milch auf dem Tische. Sie waren zufrieden dabei, der Hausvater aber doppelt, denn er hatte mit seinem Zahnstocher den Leuten tüchtig Sand in die Augen gestreut."

„Den Mann muß ich kennen lernen," rief ich in freudiger Aufregung und zeigte gute Lust, ihm sogleich meinen Besuch zu machen.

„Jetzt nicht!" wehrte die Wirthin und legte wehmüthig die Hand auf meinen Arm, während zu meiner größten Ueberraschung eine Thräne in ihrem Auge blinkte. „Jetzt nicht, denn mein Nachbar besteht heute den schwersten Tag seines Lebens. Wenn er diese Probe erträgt, nun dann ...."

Sie konnte nicht weiter sprechen.

„Ich bemerkte schon vorhin, Frau Wirthin, daß in dem sonst so stillen Häuschen nicht Alles in Ordnung ist."

„Ei, freilich nicht! Nehmen Sie, der alte Hansdampf hat ein einziges Kind, einen prächtigen Jungen von kaum achtzehn Jahren, den treibt er jetzt fort nach Amerika, um seine Großältern aufzusuchen, die vor vielen, vielen Jahren dahin ausgewandert sind und gewiß längst unter der Erde liegen. Haben Sie je eine solche Narretei erlebt? Ja, man könnte ...."

Sie brach in einen heftigen Thränenstrom aus. Ich konnte mir diese überaus große Theilnahme nicht recht erklären und forschte ruhig weiter. „Sind Sie denn verwandt mit dem armen Jungen, Frau Wirthin?"

„Noch nicht!"

„Richtig, aber später.“

„Nun, ja doch,“ versetzte die Frau kurz und fast unwillig. „Seit zwei Tagen weiß ich, daß er meiner Christel in's Herz gewachsen ist. Ich hätte nichts dagegen, und die jungen Leute könnten mit der Zeit gut auskommen, aber der Alte gibt nicht nach. Der Junge muß fort, wird mit Gewalt in's Meer, in sein Unglück gejagt, um das liederliche, längst verschollene Scheerenschleiferspack aufzuspüren. Ich kann nicht helfen. Meine Christel trägt die Schuld selber. Sie hätte die Wahl unter allen Burschen der ganzen Gegend gehabt. So geht's halt mit der Lieb': immer verkehrt, immer verdreht.“

Die Wirthin wurde zum Nachbar gerufen. Ich ging auf mein Zimmer und beschloß, die Abreise des jungen, unfreiwilligen Auswanderers mitanzusehen.

Der Vollmond stand neugierig am Himmel und leuchtete mir unentgeldlich, so daß ich von meinem Fenster aus Alles beobachten konnte, was vorging. Die Beleuchtung paßte auch vortrefflich zu den bewegten Scenen, welche vorüberzogen, und ließen sie unter dem milden, magischen Mondlichte in einem eigenen Zauber vor die Augen treten. Bald wurde es im Flecken rührig und lebendig. Vor dem Hause des Meisters sammelten sich kleine Gruppen von Frauen, Mädchen und Kindern. Die Einen standen auf den Fußspitzen und lugten neugierig durch die kleinen Fensterscheiben, damit ihnen keine Bewegung und wenn möglich kein Wörtchen entgehe; Andere preßten die blaugetüpfelten Schürzen vor die Augen und weinten und jammerten leise vor sich hin. Sie gedachten einer ähnlich schweren Stunde, welche die Liebsten für immer von ihrem Herzen riß. Wieder Andere erörterten die Auswanderung mit einer Lebhaftigkeit und Bestimmtheit, als hätten sie schon Alles selbst mitgemacht. Sie erzählten von der langen, mühevollen Landreise, von den großen, gefährlichen Seehäfen, den verkappten Menschenhändlern, den verfehlten und von Meerweibchen bezauberten Schiffen, vom schwarzgrünen, donnernden, kochenden, endlosen Meer, von den gräßlichen Haifischen, welche die Passagiere aus purem Zeitvertreib wie Mücken vom Schiffe wegfangen und mit einem Rucke verschlingen, von den fürchterlichen Riesensägfischen, welche das stärkste Schiff vom Bug bis zum Steuer spielend auseinander sägen, um die einzelnen Portionen mit Mann und Maus bequemer verschlucken zu können.

Die Männer kamen allgemach in der Wirthsstube unter mir zusammen. Die Fenster standen offen, so daß ich jedes Wort vernehmen konnte. Alle hatten den jungen Gottfried lieb gehabt, und deßhalb aßen, tranken, lärmten und zechten sie um so wackerer d'rauf los, um den Abschied, den Schmerz der Trennung desto leichter überwinden zu können. Ihr lebhaftes Zwiegespräch verfolgte natürlich dieselbe Richtung, wenn auch in viel rosigerem Lichte. Bei ihnen zog sich durch jeden Satz wie ein rother Faden die blendende Idee vom unausbleiblichen Glücke in der neuen Welt, von Geld und Gut, von Erwerb und Ehre.

„Der Gottfried kann sein Glück machen," behauptete mit kräftiger Stimme ein Hauptschreier, und dem Klange der Stimme nach mochte ihm selbst die Lust zur Auswanderung dabei aus den Augen leuchten. „Ein gelernter Schreiner, jung, geschickt, kräftig, gescheidt, beherzt, gesund . . . da möcht' ich wetten! Mit solchen Aussichten — bei Gott! — ich ginge heute noch."

„So sind schon Hunderte fortgezogen, meine eigenen Buben mit," entgegnete eine tiefe, ernste Stimme, „und was war's? Unter Tausenden, sag' ich Euch, wird 'mal Einer reich und glücklich und macht einen Höllenlärm in die halbe Welt. Die Andern liegen am Meeresgrund oder sind drüben verkümmert, verhungert, verschollen, spurlos fort, oder fristen im besten Falle ein mühseligeres Leben als wir. Sie schämen sich nur zu schreiben, und der Heimweg ist ohne Ueberfahrtsgeld versperrt. Nein, nein! — bleibt im Lande und nährt Euch redlich. Das ist mein Spruch. Wären meine Buben noch einmal da, sie kämen mir nicht wieder fort und wenn...."

„Ja, nährt Euch nur redlich!" unterbrach ihn der Erstere spöttisch. „Von was denn? Von dürren Baumrinden und halb verfaulten Tannenzapfen in unserem Walde, oder von den magern, verbrannten Grasspitzen auf unsern Bergen? Die reichen nicht einmal für unsere dürren Kühe. O, unser Herr Gott selbst ist ergrimmt über diese Wirthschaft! Ein Jahr verdorrt Alles, das andere herrschen Hagelschlag und Wolkenbrüche, das dritte gedeiht nichts und so geht's fort. Wenn aber die Zeit herum ist, treibt die Herrschaft ihre Abgaben und Steuern ein, der Wucherer seine Zinsen, und beide kümmern sich den blauen Kukuk d'rum, ob der Bauer Blut schwitzt oder Thränen."

„Sei doch nicht närrisch!" opponirte der Andere. „Wer Felder und Besitzthum hat, muß in Amerika auch Abgaben zahlen, und wer Schulden hat, bekommt seine Zinsen nirgends geschenkt."

„Ganz recht, aber dafür haben die Leute dort Verdienst. Wenn ich Geld verdiene, bezahle ich gern und kann es. Aber nichts verdienen, nichts einnehmen, kein Geld, keine Nahrung, keine Kleider — und zahlen, immer zahlen! Was haben wir denn noch für Leute hier? Soll ich's Euch einmal deutsch sagen?"

Der Schreier schwieg, tiefe Stille herrschte in dem Stübchen und erregt fuhr er nach einigen Sekunden fort: „Ich will's Euch erklären. Drei Klassen habt Ihr, verstanden? — Die Einen sind arme Leute, die Andern geh'n betteln und die Dritten — haben nichts. So, jetzt wißt Ihr's!"

Ein gewaltiger Tumult antwortete diesem unzeitigen, beißenden Hohn, der unverschuldeter, trotz Arbeit und Entbehrung eingerissener Armuth frech in's Gesicht schlug. Der Redner hatte hohe Zeit, sich nach der Thüre umzusehen, und eine männliche, sonore Stimme, zitternd im gerechten Zorne, herrschte ihm nach: „Geh' nur, miserabler Schwadroneur, geh'! Schnüre dein Bündel und wandere aus, lieber heut', als morgen, und ich wette, es wird kein Auge naß im ganzen Dorf'! Fahr' zum ....“

Die folgenden Worte gingen für mich verloren, denn von der Straße her scholl Peitschengeknall, Rädergerassel, einzelne Aufschreie, die eher wie das Gellen eines springenden Herzens, denn wie Jubel klangen, und die Strophen eines Auswandererliedes schlugen an mein Ohr:

„Leb' wohl, du theu'res Vaterland,
Das Scheiden thut mir weh!
Mein Herz, das bleibt dir zugewandt,
Ob über's Meer ich geh'.

Dir gilt mein kindlich frommer Gruß,
Wo ich so heimisch war;
Dir gilt mein letzter Scheidekuß,
Wenn ich vom Festland fahr'.

Mich treibt aus deinem Mutterschooß
Nicht Ueberdruß, noch Schmach,
Und lacht mir dort ein besser Loos,
Das Wiederseh'n kommt nach.

Wie freundlich schon die Stunde winkt,
Da ich an Schätzen reich,
Eh' meines Lebens Sonne sinkt,
Das Rückkehrschiff besteig'!

Leb' wohl, du theu'res Vaterland,
Das Scheiden thut mir weh!
Mein Herz, das bleibt dir zugewandt,
Ob über's Meer ich geh'!“ —

Ein großer Leiterwagen rollte die Straße daher und machte vor der Thüre des Schreinermeisters Halt. Er war hoch aufgestappelt mit Säcken und Päcken, Kisten, Kasten und bunt bemalten Truhen. Dazwischen und obend'rauf thronten die Auswanderer. Das also sind die Europamüden! Väter und Mütter, welche, unbekannt mit der Sprache, unbekannt mit den Sitten und Gebräuchen der neuen Welt, die kleinen, harmlosen Kinder einer bangen Zukunft entgegenschleppen; übermüthige, jauchzende Bursche, der väterlichen Zucht entlaufen, keck die Spielfeder auf dem Hute, zwischen den Knieen eine alte Flinte, als ginge es in den Kampf mit den Rothhäuten oder auf die Jagd in den Prärien und Urwäldern; halb aufgeschossene Mädchen, welche trotz aller Warnung der besorgten Mütter unbesonnen ihr Schicksal an diese gekettet und nun im ersten besten Seehafen die hehre Frauenwürde zu erreichen streben; dazu ein paar conscribirte Lumpen und Landstreicher, welche leichtsinnig und wohlgemuth in's Blaue sehen und auf Kosten ihrer Gemeinden eine schöne Reise machen.

In der Gaststube unter mir drängten sich die Gäste zu den Fenstern; wer an ihnen kein Plätzchen mehr finden konnte, sprang hinaus auf die Straße. Alle stimmten kräftig in das Lied der Auswanderer mit ein, und Viele brachten Flaschen und Gläser herbei, um das Herzeleid der Scheidenden und ihr eigenes im Blute der Reben zu ertränken. Auch Meister

Fundner trat jetzt aus seiner Thür, ruhig und gefaßt, drückte jedem von der Reisegesellschaft, selbst den Kindern herzhaft die Hand, fragte die Einen dies, die Andern das, streichelte die Pferde, plauderte mit dem Fuhrmann, musterte seine Fracht und suchte sich ein Plätzchen für den Koffer seines Sohnes. Hierauf schaffte er den selbst gezimmerten Kasten mit Hülfe einiger Bekannten heraus, hob ihn an seinen Platz und band ihn sorgfältig fest. Dann lief er wieder in das Haus, kam wieder, untersuchte den Wagen, die Deichsel, die Räder, legte der Vorsicht halber noch einen überflüssigen Stein unter, als sollte das Fuhrwerk nie mehr in Gang kommen, und machte sich mit fieberhafter Hast ein Geschäft um's andere. Jetzt trat auch sein Sohn, ein hübscher, schlanker Bursche, unter die Thüre. Er sah sehr bleich aus und hielt sich nur mit Mühe aufrecht. Kein Wunder! Den rechten Arm umklammerte wehklagend die trostlose Mutter, am linken hing, laut schluchzend, in Thränen gebadet, das brave Wirthstöchterlein, welches im Drange des Schmerzes Alles ringsum vergaß und aus seiner Liebe kein Geheimniß mehr machte.

„Vorwärts, Kamerad, vorwärts!" mahnten die Bursche auf dem Wagen und ließen hell und lustig die Gläser an einander klingen. „Wenn wir den Zug nicht treffen, verfehlen wir's Schiff und bleiben sitzen. Vorwärts! Macht's kurz!" —

„Gottfried!" rief jetzt der Meister mit einem ganz

eigenen, tief in die Seele dringenden Ton, als sei dieser allein hinreichend, dem Jüngling seinen Muth und seine Festigkeit wieder zu geben.

„Leb' wohl, liebe, liebste Mutter!" preßte dieser, wirklich sich ermannend, hervor, drückte die Theuerste, der die Sinne schwanden, noch einmal an's Herz und

legte sie dann in die Arme der Jungfrau, welche laut aufschrie, über der Leblosen den eigenen Jammer vergaß und sich kaum Zeit gönnte zu einem herzlichen Händedruck und zu dem ersten, ersten, flüchtigen Kuß, der ihre Augen zu Boden drückte und ihre blühenden Wangen mit dunklem Purpur übergoß, — dem ersten und ach — vielleicht auch dem — letzten im ganzen Leben.

„Leb' wohl!" riefen Vater und Sohn zugleich und umschloßen sich noch einmal kurz, heftig, herzinnig. „Bleib' frisch und wohlgemuth!" mahnte der Vater und half dem Jünglinge auf den Wagen, während seine Lippen kaum merklich zuckten und seine Augen in feuchtem Glanze schimmerten. „Wenn du die Großeltern findest, sei's todt oder lebendig, dann gib Nachricht, komm' wieder, und ich kann einst mein Haupt ruhig niederlegen. Hab' Muth, Gottfried! Halte dich brav, denk' an uns und unsern alten Spruch: Frisch und wohlgemuth!" —

Die Pferde zogen an, noch ein Kuß, noch ein Händedruck, noch ein Lebewohl nach allen Seiten und fort rollte das Gefährte und mit ihm die Auswanderer, welche ihren Abschied in die Nacht hinausbrüllten.

„Halloh! hallih! halloh! —
Wie sind wir herzlich froh.
Jetzt zieh'n wir über's Meer
Und kehren nimmermehr.

Halloh! hallih! halloh! —
Nun geht es immer so:

Dort in der neuen Welt,
Dort fehlt's uns nie an Geld.
Trinkt, Freunde, deutschen Wein
Und laßt uns fröhlich sein!
Halloh! hallih! halloh!
Nun geht es immer so." —

Der Meister drehte sich auf dem Tupf um und trat schweigend in's Haus, um sein Weib zu pflegen, die Männer zogen wieder in's Wirthshaus, wo schmerzstillende Tröpflein quellen, und die Weibsleute jammerten noch lange fort, denn bei ihnen stand die Ueberzeugung fest: abermals ein Abschied auf Nimmerwiedersehen.

II.
Schlechte Pfade.

„Ein freies Leben führen wir,
Ein Leben voller Wonne.
Der Wald ist unser Nachtquartier,
Bei Sturm und Wind handthieren wir,
Der Mond ist uns're Sonne."
Schiller.

Am andern Tage — meine freundlichen Leser werden es schon errathen haben — saß ich des Abends auf der Feierbank neben dem wackern Schreinermeister Fundner. Er sah ruhig und gelassen, ich möchte fast sagen, heiter vor sich hin; nur manchmal zog ein düsterer Schatten über das runde, glatte Gesicht, und trübte den klaren, freundlichen Blick, wenn er des verlornen Herzblattes gedenken mochte, und wie jetzt zwei Hände allein in der Werkstatt sich abmühen mußten, während seither vier rüstige Arme rastlos d'rauf los gehämmert, gefeilt, polirt, geleimt, gefalzt, gesägt und gehobelt hatten. Auch die Meisterin, eine noch immer hübsche, rüstige Frau, ging ab und zu, besorgte ihre Hausgeschäfte und war emsig bedacht, keine Silbe von unserer Unterhaltung zu verlieren. Ich gewann bald ihr Vertrauen und ihr Herz, weil ich mit lebendigen, glühenden Farben die Theilnahme zu schildern wußte, welche am Abende vorher das ganze Dorf, Männer und Frauen, Burschen und Mädchen, Alt und Jung so offen und herzinnig dem Geschiedenen gezollt. „Und daraus folgere ich mit Recht," lautete der Schluß meiner Erklärung, „welch' ein braver Sohn, welch' ein vorzüglicher Mensch es sein muß, daß er auch nicht einen Feind hinterließ!" Des Vaters Blick strahlte in freudigem Glanze bei diesen Worten und der Mutter Auge umflorten Thränen, welche dem betrübten Herzen Linderung gewährten.

„Mich dauert nur meine gute Frau Wirthin," begann ich wieder. „Sie hätte gern tausend Mal „Ja" gesagt, und sie erfuhr den Stand der Dinge erst zwei Tage zuvor."

„Um keine Minute früher auch wir," fiel mir die Meisterin in's Wort, um ja die Würde ihres Hauses zu wahren.

„Deine Bemerkung ist überflüssig," lächelte Fundner, „die jungen Leute wußten's selbst nicht früher. Beide sind viel zu jung zum Heirathen und 's ist gut, daß sie getrennt wurden. Sind sie für einander bestimmt, so kommen sie doch noch an's Ziel, und dann ist's erst Zeit. Alles hat seine Zeit und muß seine Zeit haben."

„Und mir hat die Wirthin versprochen," ergänzte ich freudig, „erst heute Mittag, daß sie das Mädchen vor vier und fünf Jahren zu keiner andern Heirath zwingen wolle. Allen Respect vor der Frau! Bis dahin kann Alles wieder in's Geleis kommen. Es schadet gar nichts, Frau Meisterin, wenn ein junger Mensch die Welt sieht. Wenn ich zu befehlen hätte, müßte mir Jeder in die Fremde. Der Umgang mit Leuten aus allen Ländern, die Bekanntschaft mit fremden Sitten und Gebräuchen schleift ab, bildet, und namentlich dem Handwerk erblüht Vortheil und Fortschritt daraus."

„Ach Gott!" jammerte die Meisterin, und ihre Thränen floßen auf's Neue, „gegen die Wanderschaft, selbst bis nach Wien und Ungarn hinein, hätte ich ja nichts gehabt, aber so hat er unser einziges Kind fortgetrieben, fortgetrieben über's Meer, um ein paar alter, längst verschollener, liederlicher Leute willen, die ..."

Ein ernster, strafender Blick des Hausvaters hemmte ihren Redefluß, dann wandte sich Fundner vertrauensvoll zu mir: „Der Junge soll seine Großeltern aufsuchen, um ihnen nach einem ziemlich schuldbeladenen

Leben wenn möglich den Hintritt in's Jenseits zu ebnen. Ich habe mir diesen Gedanken seit Jahren in den Kopf gesetzt und wenn ich Ihnen meine Jugendjahre schildere, werden Sie ihn gewiß so abenteuerlich und ungerecht nicht finden."

„Nun, wir wollen sehen! Lassen Sie einmal hören!" rief ich mit der Miene eines Schiedsrichters und rückte gespannt etwas näher.

„Die ersten Jugendeindrücke stehen mir nur zu lebendig vor den Augen," erzählte Fundner ohne Zaudern und Ziererei, „denn sie wurden mir eingegraben, unauslöschlich für alle Zeiten. Mein Vater war ein Scheerenschleifer, blutjung, leicht, lustig, kaum den Bubenschuhen entwachsen; meine Mutter noch jünger, noch .... Nun, lassen wir das ruhen! Ob sie je als Brautleute vor einem Altar gestanden, wer weiß es? Wir zogen Sommer und Winter landaus und landein, von Hof zu Hof, von Dorf zu Dorf, von Stadt zu Stadt mit unserem Schiebkarren und Schleifrade. Unsere Werkstatt war irgend ein freier Platz im Dorfe, auf der Wiese, unser Dach der blaugewölbte Himmel, und beide oft trotz Wind und Wetter auch unser Nachtquartier. Die Bauern und selbst die Wirthsleute ließen uns nicht gern ein; meist hieß es: „„Kein Platz da — packt Euch!"" — O die steinharten Menschen! jammerte ich oft im Herzen, während mir die Thränen herabrannen, die Zähne klapperten und die schlechtbedeckten Glieder zitterten vor Frost und Hunger. Jetzt freilich denke ich über diesen Umstand etwas anders; ich weiß, wer die Schuld trug.“

„Das läßt sich leicht errathen,“ meinte die Meisterin wegwerfend.

„Ja wohl, kluge Frau, und zwar um so leichter, weil ich's dir schon so und so oft erzählte. Meine Mutter trug nämlich meistens in den Dörfern die Scheeren und Messer zum Schleifen zusammen. Manchmal nun brachte sie in ihrer großen, blauen Schürze auch Eier, Butter, Fett, Schmalz, Mehl, Brod, Fleisch, Kaffeebohnen, selbst Töpfe mit Rahm und Milch, in seltenen Fällen auch ein Hühnchen, ein Entchen, ein junges Gänschen mit umgedrehtem Kragen. Ein eigener Blick, und mein Vater öffnete unter dem Treibrade einen verborgenen Schieber — und hinein wanderte die unverhoffte Bescherung. Nach solchem Fange wurde meistens rasch abgeschliffen, und gegen Abend brachen wir auf. Gewöhnlich ging's auf einen Wald zu, wo an einem entlegenen, sichern Platze Feuer gemacht und dann gekocht, gesotten, gebraten und geschmaust wurde, daß es eine Lust war. So lange die Vorräthe dauerten, wurde geblieben, und erst, wenn Schmalhans anklopfte, wieder querfeldein weiter gezogen.“

„Nun, dann wurden Sie für das ausgestandene Ungemach ja wieder reichlich entschädigt,“ bemerkte ich ziemlich gleichgültig. „Bei einem solchen freien, zügellosen Leben ist's nicht anders. Heute am Hungertuch, morgen in dulci jubilo.“

„Ja, mein Herr, Spott- und Scheltworte, Flüche, Hiebe und Rippenstöße waren meine Entschädigung, und stehen mir nur zu lebhaft und schrecklich noch vor Augen. Sobald ich gehen konnte, wurde ich mit Tages Anbruch auf den Bettel geschickt, und zwar, um das Geschäft erträglicher und die Bauernweiber weichherziger zu machen, halbnackt, mochte es regnen, stürmen oder schneien, wie es wollte. Zögerte ich, oder griff ich gar nach einem alten Fetzen zur Bedeckung, so hängte mein zärtlicher Vater seinen Schleifriemen los und ließ ihn auf meine abgemagerten, erfrornen Glieder sausen, daß ich kopfüber hinwegschlug und das Blut unter den Streichen blitzte. Wurde meine Ernte bei der Heimkunft für ungenügend gehalten, was lediglich von der Laune meiner lieben Mutter abhing, so wickelte sie ihre beiden Hände um mein ungekämmtes, schmutziges Haar, zerrte und schüttelte mich, bis mir Hören und Sehen verging. Zum Schlusse eine Tachtel links, eine rechts, daß ich halb bewußtlos meinem guten Vater vor die Füße kollerte, ein Fußtritt von diesem und der Balg war vollends beseitigt. Die schlechtesten Brodkrummen aus dem Bettelsack tanzten an seinen Kopf und weh ihm, wenn er zu laut jammerte oder gar klagte!“ —

„Und von den Schmausereien bekamen Sie nichts?“ fragte ich schaudernd und voll des Widerwillens, noch Aergeres hören zu müssen.

„Meine Brodkrummen wie immer. Wenn aber

mein Vater tüchtig gezehrt und seiner Schnapsflasche fleißig zugesprochen hatte, beliebte er mit mir zu spielen. Er steckte einen Brocken Fleisch an seine Gabel, faßte sie leicht mit dem Daumen und Zeigefinger in der Mitte und hielt mir das Fleisch hin. Ich durfte keine Hand rühren. Schnappte ich aber mit den Zähnen nach dem Bissen, so schnellte er die Gabel herum, daß mir der Griff klappernd auf die Nase schlug. Das wurde öfter repetirt, bis das Fleisch endlich zwischen seine eigenen Zähne wanderte und mich ein Faustschlag oder Fußtritt für meine Ungeschicklichkeit belohnte und zugleich für den ganzen Abend beseitigte."

Die Meisterin hielt nicht länger an sich. Sie erhob drohend die Hand gegen ihren Gatten, gewiß zum ersten Male seit ihrer Trauung, und rief wehklagend: „Und für solche Bestien soll ich mein Herzblut, mein einziges Kind opfern? Allmächtiger Gott!" —

„Sei ruhig, Frau!" mahnte der Meister gelassen. „Engel bedürfen keiner Erlösung. Gerade deßhalb müssen meine Eltern, wenn noch am Leben, aufgesucht werden, und Sie werden mir beistimmen, Herr Nachbar, wenn Sie die folgenden Begebenheiten noch mitangehört haben."

„Soll denn noch Schrecklicheres kommen?" fragte ich unwillig. „Ein solches Prachtexemplar von Rabeneltern dürfte schwer wieder aufzutreiben sein."

Der Meister nickte bedeutungsvoll und fuhr dann fort: „Ich war meinen Eltern überlästig. Den Grund konnte ich nie entziffern; aber einzelne drohende Blicke, welche ich auffing, unbedachte Worte, welche ihnen entschlüpften, ließen mich für die Folge das Schlimmste befürchten. Unglücklicher Weise mußten wir eines Tages Reißaus nehmen. Meine besorgte Mutter hatte bei einem Bauern statt stumpfer Scheeren und Messer irrthümlich zwei Spanferkel eingepackt. Wir brachen zwar recht bald auf, allein gerade dadurch kamen die Bauern auf den Sprung und setzten uns nach. Wir gaben Fersengeld und nun ging's querfeldein über Wiesen, Haide, Stoppeln und Gestrüpp, über Stock und Stein, bis wir endlich den Wald erreichten. Von den Blättern gedeckt, flohen wir am Saume hin, und diese List war unsere Rettung. Die Bauern stürmten gerad' aus in den Wald und verloren unsere Spur. Ich konnte diesen Dauerlauf nicht lange aushalten, wiewohl meine Mutter mit kräftigen Rippenstößen und Riemenstreichen so fleißig nachhalf, daß mir das Blut von den nackten Beinen floß. Zuletzt strauchelte ich über eine Wurzel, fiel und blieb erschöpft liegen. Mit einem grimmigen Fluche warf mich mein Vater auf seinen Schiebkarren und band mich mit einem Stricke fest. Die Sinne schwanden mir. Als ich wieder erwachte, waren halb unterdrückte, gräßliche Verwünschungen, drohende Fäuste und eine fürchterliche Tracht Prügel, wobei ich mich bog und krümmte wie ein Wurm und nicht einen Laut von mir geben durfte, meine Begrüßung. Dann packte mich mein Vater beim Genick, stieß mir seine Schnaps=

flasche zwischen die Zähne und zwang mich, das Feuerwasser bis auf den letzten Tropfen zu leeren. „So, Bürschchen, jetzt schläfst," gebot er mit einem grimmigen Blick auf seine leere Flasche, „oder ich komme noch einmal über dich."

„Dieser Befehl war unnütz; denn Schmerz, Ermattung und die Wirkung des Getränkes wiegten mich fest ein. Nur noch einmal hörte ich wie im Traume das heisere Lachen meines Vaters und wie er zur Mutter sagte: „Den Bauern will ich eine Freude machen. Sie sollen an den Scheerenschleifer und ihre Spanferkel denken, — dafür steh' ich ihnen." —

„Als ich am nächsten Morgen die Augen aufschlug und, von der Sonne geblendet, erstaunt um mich sah, lag ich mitten in demselben Dorfe, welchem wir den Abend vorher so schnell den Rücken gekehrt. Ein Schwarm Neugieriger stand herum, und der Schulze, welchen man geholt hatte, trat gemessenen Schrittes herzu. Nach einer ernsten und genauen Besichtigung meiner kleinen Person schüttelte er mehrmals das würdige Haupt und brummte kaum verständlich: „Eine fatale Geschichte das, ganz fatal! Das Streunervolk ist auf und davon. An ein Wiederkommen ist nach solcher Affaire nicht zu denken, und der Findling bleibt uns. Eine neue Gemeindelast! Wenn nur nicht schon Gesindel genug da wäre!"

„Was geht das die Gemeinde an?" rief ein Bauer lachend und stieß mich mit dem Fuße zu seinem Nachbar hin. „Da, Niklas, den mußt du haben. Ein schlechter Tausch, zwei Spanferkel gegen einen Jungen.“

„Was kümmert mich die Brut?“ entgegnete gereizt der Gefoppte und schockte mich ärgerlich in den Kreis zurück. „Lieber noch zwei Spanferkel zum Guckguck als ein fressendes Pfand.“

„Die Bauern lachten; der Schulze packte mich nicht sehr sanft am Kragen und fragte: „Wie heißt du? Vor- und Zuname?“

„Ich sah den Mann groß an. Er merkte, daß er mich spanische Dörfer gefragt. „Nun, wie nannte dich dein Vater? Rief er dich nie beim Namen? Sprich offen, Junge!“

„Ich weiß nicht, — ich denk' nicht,“ stotterte ich und weinte bitterlich.

„Ja, er mußte dich doch manchmal rufen, dein Vater! Wie sagte er dann?“

„Racker,“ antwortete ich kaum hörbar.

„Racker — Racker!“ wiederholten die Umstehenden mit Abscheu. „Großer Gott, diese Bande!“

„Darin liegt schon die teuflische Absicht, den Buben auszusetzen,“ sprach der Schulze für sich und fuhr dann laut fort: „In dem Falle ist alle Nachforschung umsonst. Wir müssen den Findling behalten. Hat Keiner Lust, ihn um Gottes Lohn aufzunehmen?“

„Niemand rührte sich, wiewohl ich flehend mein Auge im ganzen Kreise herumgehen ließ. „Das ist fatal,“ meinte der Schulze wieder und strich sich mißmuthig mit der Hand über die Stirne. „Jetzt bleibt nichts Anderes übrig, als den Knaben auf Kosten der Gemeinde zu versteigern. Wer ihn am billigsten übernimmt, erhält den Zuschlag. Also: zwölf Gulden auf's Jahr! Niemand weniger?"

„Elf Gulden dreißig Kreuzer!" bot eine Frau und warf mir einen musternden Blick zu, der mich erzittern machte.

„Elf Gulden!" ein altes Bäuerlein und drängte sich näher zu mir.

„Zehn Gulden!" ein Dritter und grinste mir prüfend in's Gesicht. So ging's fort im Abstrich. So oft der Schulze rief: „Zum ersten, — zum zweiten, — zum ...." bebte ich an allen Gliedern, mein Herz pochte hörbar, der Angstschweiß stand mir auf der Stirne, und mein Auge suchte bang und verzagt den letzten Abbieter. So klein ich auch war, so lebhaft stehen heute noch diese gräßlichen Augenblicke vor meiner Seele. „Zum ersten, zum zweiten, zum dritten und letzten Mal!" rief jetzt kräftig und ziemlich eilend der Schulze, und der Hirte des Dorfes war um fünf Gulden das Jahr mein Ernährer, Nutznießer und Eigenthümer geworden. Es war ein großer, alter Mann mit einem zottigen Hunde. Ich mußte sogleich mit ihm. „Fürchte dich nicht!" sprach er und nahm mich freundlich bei der Hand. „Ich hätte dich ohne diese fünf Gulden auch genommen, allein die Gemeinde zahlt mich ohnedies schlecht genug, und dafür kaufen wir deine Kleider."

„Das war ja eine Procedur wie mit einem armen Neger, ein förmlicher Sklavenmarkt," bemerkte ich voll Unwillen. „Man sollte das in einem gesitteten Lande doch nicht für möglich halten. Und was trieb nun der neue Gebieter mit Ihnen?"

„Der Hirte war ein blutarmer Tropf und Schmalhans meistens unser Küchenmeister, aber mein Herr war von Herzen gut und sein Castor wurde bald mein vertrautester Freund. Ich war namenlos. Er taufte mich kurz weg Kaspar „Fundner," verkürzt aus „Gefundener," und so heiße ich heute noch. Ich wuchs wild auf wie die Thiere meiner Heerde. Von Gott, Religion, Lesen und Schreiben hatte ich keinen Begriff. Viehtreiben und Viehhüten war mein einziges Geschäft, und ich leistete darin meinem Nährvater, der von Jahr zu Jahr schwächer wurde, die ersprießlichsten Dienste. Ich blieb bei ihm, als auch die Gemeinde nichts mehr für mich zahlte. So wurde ich sechzehn Jahre alt und ein starker, stämmiger Bursche, als meinen wackern Nährvater eines Tages mitten im Walde und mitten unter unserer Heerde ein Schlagfluß überraschte und aus meinen Armen in's Jenseits abrief. So stand ich abermals allein in der Welt. Zum Glücke machte man mir Hoffnung auf die Hirtenstelle, und ich versah das Amt des Verstorbenen, bis ein unvorhergesehenes Ereigniß alle meine Pläne über den Haufen warf."

„Jetzt kommen gewiß die Herrn Eltern wieder?" fragte ich nicht ohne Besorgniß, als der Meister einen Augenblick seine Rede unterbrach.

„Ei freilich!" lachte er; „richtig errathen. Jetzt kann ich auch lachen, damals aber erschrack ich, wie vom Blitzstrahle getroffen und tausend Klafter tief in den Erdboden hineingeschlagen, als ich Abends mir nichts, dir nichts meine Heerde eintrieb, und auf einmal den wohlbekannten Karren mit seinem großen Rade und meine lieben Eltern, kaum merklich gealtert, vor mir sah. Doch welche Veränderung! Sie jubelten laut auf, fielen über mich her, herzten und küßten mich, wie ein kleines Kind, und schwuren bei allen Sternen, nie mehr von mir zu lassen. „O du böser, böser Bube!" schalt meine Mutter, fiel mir um den Hals und ließ ihren Freudenthränen freien Lauf. „Wie mochtest du bei Nacht und Nebel davonlaufen und uns solchen Kummer verursachen? Was haben wir diese Jahre her um deinetwillen ausgestanden!"

„Ich bin ja nicht davongelaufen, sondern ..."

„Was denn?" unterbrach sie mich ernst und mit strafendem Tone. „Als wir Morgens erwachten, warst du verschwunden, und all' unser Fragen und Suchen war umsonst. Du wirst dich freilich nicht erinnern können, du mußt im Schlaf, wie ein Nachtwandler, davongegangen sein."

„So halt einmal inne, altes Plappermaul!" fuhr mein Vater scheltend dazwischen und musterte mich mit wohlgefälligen Blicken von Kopf bis zu Fuß. „Du bist groß und stark geworden, Junge! Das ist recht. Jetzt will ich schon für dich sorgen. Mit dem Viehhüten kommst auf keinen grünen Zweig. Das ist die reinste Bettelmannssuppe; mit der Scheerenschleiferei ist's noch viel weniger. Ohne gewisse Nebengriffe — ein verdächtiges Lächeln umspielte seine Lippen — verhungert man und mit diesen — streift Einer an's Zuchthaus. Laß gut sein! Ich weiß einen herrlichen Platz für dich, ein paar Stunden von da, bei einem reichen Bauern. Ich sage dir, ein Capitalplatz, wo du deine vierzig Gulden Lohn machst ohne die Montur. Morgen in aller Frühe brechen wir auf. Du sollst deine Freud' haben. Laß mich nur machen!" —

„Die Thränen meiner Mutter, die freundlichen Worte meines Vaters und die unmenschliche Freude beider über unser Wiedersehen überwältigten mich vollständig. Binnen einer Stunde war ich meinen Eltern wieder so unterthan und gehorsam, als wären wir niemals getrennt gewesen. Auf ihren Rath warf ich Horn und Hirtenstab weg und zog am andern Tag wohlgemuth mit nach dem Hofe des Bauern, wo ich mir die vollen Schüsseln träumte, die selten genug an mich kamen. Und wirklich — unser Empfang übertraf jede Erwartung. Die Leute arbeiteten gerade sammt und sonders auf dem Felde, aber der alte Hofbauer rannte, sobald er uns gewahrte, mit brennendem Kopfe heimwärts und trug nun eigenhändig auf, was Keller und Küche vermochten, daß sich die Tischplatte bog. Sobald ich eine Ration Schwarzfleisch verzehrt hatte, legte er mir eigenhändig eine andere vor, und damit das Netzen nicht fehlte, durfte mein Schnapsglas keine Secunde leer stehen. Es wurde mir wohl und warm zugleich, denn so trefflich hatte ich lange nicht getafelt. Nach der Mahlzeit rückten mein Vater und der Bauer etwas näher, tranken mir fleißig zu und der Erstere fragte im Laufe des Gespräches ganz gleichgültig: „Nun, Hofbauer, wie steht's mit dem Dienste?"

„Alles in Ordnung," sprach dieser herablassend. „Euer Sohn bekommt außer der üblichen Montirung jährlich vierzig Gulden Lohn. An Trinkgeldern beim Verkauf von Pferden, Mastvieh, Schafen, Frucht und Heu, bei Vorspann und Holzfuhren verdient er noch einmal so viel. Kurz, wenn er fleißig und sparsam sein will, hat er in zehn Jahren ein Bauerngütchen beisammen. Und wenn er" — setzte der Bauer mit niedergeschlagenen Augen langsam bei — „mir eine Kleinigkeit zuvor thun wollte, so würde es noch viel schneller gehen."

„Warum denn nicht?" rief mein Vater. „Wer wird sein Glück mit Füßen treten?"

„Warum nicht?" betete ich meinem Vater nach, ohne die Sache weiter zu bedenken.

„Es soll dein Schaden nicht sein," versicherte der Hofbauer. „Siehst, mein Aeltester, der Franz, ist in der Stadt beim Militär. Der Bursche wollte mit Gewalt dienen und die Welt sehen. Er hätte auch nicht mehr lang, aber jetzt ist der arme Tropf krank geworden und ich muß ihn heimthun. Du sollst die paar Monat' für ihn 'nausmachen. Mit dem Herrn Commandanten ist schon Alles in Ordnung gebracht. Wir dürfen nur hineinfahren. Doch weißt, der Steegbauer läßt sich nichts umsonst thun. Du bekommst drei Kronenthaler Handgeld — er schob mir die Draufgabe leise zwischen die Finger — und 300 Gulden baar. Bist verabschiedet, so stehst auf meinem Hof ein und das bischen Stadtleben soll dich nicht gereuen. He, schlag ein!"

Mein Vater stieß meine Hand dem Hofbauern zum Einschlagen hin und jubelte: „Du bist ein Glückskind! Heute noch würde ich mein Rad zusammenschlagen, wenn ich einen solchen Fang machen könnte."

„Nach einer halben Stunde saßen wir auf dem Korbwägelchen des Bauern und rollten in die Stadt. Ich wurde sogleich dem Commandanten vorgestellt und ohne Anstand für tauglich erklärt. Ein Bedienter brachte mich hierauf in ein Wirthshaus, wo er uns fleißig auftragen und einschenken ließ. Mir war Hunger und Durst vergangen, denn die ganze Geschichte kam mir unheimlich vor und ich konnte mir nicht enträthseln, was eigentlich die beiden Väter inzwischen zu verhandeln hatten. Gegen Abend wurde ich von denselben abgeholt und in die Kaserne geführt. Ein Korporal nahm meine Wenigkeit an der Thorwache in Empfang. Gegen mich trat ein großer, vierschrötiger Bauern=

bursche heraus, stieß mich grob bei Seite, grinste mir höhnisch in's Gesicht und rief: „Wohl bekomm's!" Der Bauer und sein Sohn lachten laut auf, mein lieber Vater und die Soldaten mit, und hinter mir schloß sich die Thüre."

Der Meister schwieg längere Zeit, wie von der Erinnerung niedergedrückt, und fuhr dann fort: „Das Soldatenleben gefiel mir schlecht genug. Ich war ohne Zweifel verkauft und verrathen, und an's Ausreißen war nicht zu denken. Hätte ich noch den geringsten Zweifel über meine Lage gehabt, so mußte mir ein Brief meiner Eltern, der vierzehn Tage später von Bremen kam, die Augen öffnen. Er lautete also:

„Herzliebster Sohn!

Mit deinem Einstandsgeld, welches uns der Hofbauer auszahlte, reisen wir nach Amerika. Du siehst daraus, daß gute Kinder ein Segen für ihre Eltern sind. Das Soldatenleben ist schön, und wenn du ausgedient hast, so kannst du nochmals einstehen und uns dein Einstandskapital nachsenden. Deinen angenommenen Namen wollen wir dir lassen. Er ist gleichfalls schön, und du bist damit in der Soldatenliste eingetragen. Kommst du vielleicht einmal nach Amerika, so besuche uns. Lebe wohl und sei gegrüßt von

Deinen treuen Eltern."

„Ich stand, wie vernichtet. Mein Kamerad, der mir das Schreiben vorgelesen, hatte alle Mühe, einen unbesonnenen Streich zu verhindern. Wochen gingen hin, bis ich meine Ruhe und Fassung wieder errang. Ich war und blieb Soldat, und meine lieben Eltern auf und davon mit dem erschwindelten Einstandsgeld." —

Es war schon spät. Der Meister erhob sich und drückte mir zum Abschiede herzlich die Hand.

„Und die Fortsetzung?" bat ich dringend.

„Morgen Abend, wenn es Ihnen Freude macht," antwortete Fundner bereitwillig. „Die schlechtesten Partien sind vorbei. Gute Nacht!" —

III.

Heimkehr.

> Ich komme aus Italien fern
> Und will Euch Alles berichten,
> Vom Berg Vesuv und Roma's Stern
> Die alten Wundergeschichten.
>
> **Eichendorff.**

Rechtzeitig saß ich am andern Abend wieder bei dem „Baron" auf der Bank. Meinem dringenden Ersuchen entsprechend, setzte er ohne Umstände seine Mittheilungen fort, während die Meisterin geschäftig ab- und zuging und getreulich Wache hielt, daß kein wichtiger Punkt vergessen wurde. „Ich diente," — fuhr er fort — „so schlecht mir auch Anfangs das Exerciren, der Dienst und die Behandlung gefielen, geduldig volle fünf

Jahre. Dann erhielt ich einen ehrenvollen Abschied. Den Rath Vieler, eine zweite Capitulation anzunehmen, verwarf ich unbedingt. Großen Einfluß auf diesen meinen Entschluß hatten auch die Worte eines achtbaren Bürgers und Schreinermeisters, der in der Nähe unserer Kaserne wohnte und auf das müßige Soldatenleben mit seinem ewigen Einerlei nicht gut zu sprechen war. Durch tägliches Vorbeigehen und Grüßen hatte ich den Mann und seine Gesellen kennen gelernt, kam später in das Haus und in die Werkstatt, und gewann die Schreinerei lieb. Ich griff in meinen freien Stunden zu, wurde von Allen freundlich unterstützt und machte gute Fortschritte. Nach wenigen Wochen zahlte mir der Schreiner jedes Stück Arbeit, welches ich lieferte. Das war ein neuer, gewaltiger Sporn, denn der Soldat, welcher ohne allen Zuschuß von den Seinigen auf die armselige Löhnung allein angewiesen ist, darf sich mit dem Hungerleiden bekannt machen. Kurz, als ich mit meinem Abschied in der Tasche aus der Kaserne wanderte und zum letzten Mal den Posten am Thor salutirte, war ich ein ebenso geschickter Schreinergeselle wie hundert Andere, freilich — ohne Wanderbuch, ohne Lehr- und Freibrief. Aus diesem Grunde durfte mich mein braver Lehrherr selbst mit seinem besten Willen nicht als Geselle behalten. In den großen Städten muß eben Jeder, und sei er der Geschickteste, seine Person und seine Kunst mit papiernen Fetzen belegen können, wenn ihn nicht die Polizei beim Schopfe nehmen soll.

Um solche Collisionen zu vermeiden, schnallte ich mein Felleisen, nahm mit tausend Dank Abschied und zog frisch und wohlgemuth zum Thore hinaus in der festen Hoffnung, bald auf dem Lande ein Unterkommen zu finden. Die sicherste Erwartung täuscht oft am ersten. Die Landleute brauchten tüchtige Fuhr- und Ackerknechte, Mäher, Schmiede, Wagner, Schuster, Schneider, kurz Alles — nur keinen Schreiner. Sie pfuschen gern selbst in dieses Handwerk; wo ein Tischbein bricht, wird eben ein Stock untergeschoben oder ein ungehobelter Prügel als Stütze und Nothbehelf hingenagelt, und so in allen Stücken. Zum Glücke trug ich etliche ersparte Silberlinge in der Tasche und durchstreifte damit den Odenwald, den Spessart, den Frankenwald und zuletzt die Rhön. Es war mitten in der Erntezeit, als ich Mittags hier einwanderte. Das ganze Dorf war verlassen und leer, mein Geldbeutel und Magen aber noch leerer. Ermattet, hungrig und trübselig schlich ich zwischen den Häusern hin und setzte mich endlich da unten am Schulhause, welches ich freilich damals noch nicht kannte, auf die Bank unter den Linden. In dem Hause selbst ging es, wie ich bald merkte, außerordentlich lebhaft und geräuschvoll her. Fast unausgesetzt hörte ich Rufen und Schreien, die Thüren flogen auf und zu; Alles rannte und sprang trotz der Mittagshitze im Galopp. Neugierig lugte ich ein wenig durch die Thüre und gewahrte im Hausplatze ein hübsches, blühendes Mädchen, welches in größter Eile Nägel, Zange, Hammer, Säge und einen Haufen alter Bretter zusammenschleppte, dazwischen voll Jubel in die Hände patschte, sie dann wieder wie in Andacht faltete, in demselben Augenblicke lachte und weinte und sich so ungeschickt als möglich benahm."

„Ei, ei!" machte die Meisterin unter der Thüre, und ihr Blick nach dem Erzähler war gerade nicht der freundlichste.

„Daneben" — fuhr dieser unbeirrt fort — „kniete ein junger Mann, wie sich später ergab, der Herr Lehrer, in voller Thätigkeit, eine alte Wiege zu repariren. Es glückte ihm nur zu sehr; ein kräftiger Schlag, und das morsche, wurmstichige Gebäude lag in Trümmern. Das Mädchen, welches ich für die Frau Lehrerin hielt" — sein spöttischer Blick streifte zur schmollenden Hausfrau hin, — „schrie laut auf, der Lehrer kniete da, wie mit kaltem Wasser übergossen, und blickte verlegen und traurig auf das Werk seiner Hände. „Jetzt haben wir's, Rosel," meinte er kopfschüttelnd, während ich mich des Lachens nicht länger erwehren konnte. „Ich bringe keine neue zusammen, kein Schreiner weit und breit — das gibt eine schöne Geschichte."

„O wie abscheulich!" rief das Mädchen vorwurfsvoll, indeß ich den Hausplatz betrat, und sein thränenschweres Auge strahlte in einem Glanze, der mir mächtig an's Herz griff. „Wie abscheulich! Wer kann da noch lachen?"

Beschämt schlug ich die Augen nieder, während

der Lehrer auf mich zukam und sich nach meinem Begehren erkundigte. „Ich biete meine Hülfe an,“ stotterte ich verlegen und ließ mein Felleisen sogleich auf den Boden fallen.

„Was? — Sie sind auf der Wanderschaft — am Ende ein gelernter Schreiner?“

„Ja wohl, und wenn Sie erlauben, soll die neue Wiege bald fertig sein.“

Der Mann machte einen Luftsprung und packte mich an beiden Armen, als könnte ich ihm wieder ausreißen, das Mädchen drückte mir die Hände wie einem alten Bekannten, und Freude und Jubel herrschte im ganzen Hause. Ich packte mein Handwerkszeug aus, richtete mir eine Nothhobelbank her und ging an die Arbeit. Das liebe, freundliche Kind schaffte mir Alles herbei, kochte Leim, machte meinen Handlanger, und aus seinem Munde erfuhr ich, daß kurz vor meiner Ankunft der Personalstand des Hauses einen Zuwachs erhalten, und daß sie nur die Magd sei. Mein Herz jubelte bei dieser Nachricht, ich arbeitete mit Riesenkraft, um meine Kunst zu zeigen, und ehe sich der neue Erdenbürger noch recht in der Welt umgesehen hatte, schaukelte eine neue Wiege, leicht und beweglich wie der Wind, mitten im Zimmer zu seiner Aufnahme bereit.

Wer war froher als der Herr Lehrer? Er schenkte mir einen blanken Preußenthaler, die Rosel mußte mich trefflich bewirthen, was mir aus triftigen Herzens-

und Magengründen doppelt gut mundete, und schließlich durfte ich im Hause übernachten. Am andern Tag hätte ich wohl meinen Ziegenhainer weitersetzen sollen, allein es hielt mich mit tausend Armen fest, denn ich hatte der munteren, rothwangigen, herzensguten Rosel viel, viel zu tief in die schwarzen Augen geschaut. — „He, Mutter?"

Diese ließ sich weder hören, noch sehen, und der Meister fuhr fort: „Zudem hatte mir Rosel des Abends erklärt, ein tüchtiger Schreiner — was ich ja schon bewiesen — könne sich im Dorfe und der Umgegend trefflich nähren und ganze Goldgruben verdienen mit der Reparatur von Commoden, Tischen, Stühlen, Bänken, Schränken, Bettstätten und —"

„Wiegen," unterbrach ich sie spöttisch. Ein tüchtiger Klaps war meine Antwort, und Nimmerwiedersehen bis zum andern Morgen meine Belohnung. Dem Herrn Lehrer pressirte es mit meiner Verabschiedung nicht. Er brachte noch allerlei Reparaturen herbei; die Schulbänke wurden hergerichtet, und so war ich denn zur Kindstaufe auch noch da. Der Herr Revierförster von B. drüben war Gevattermann, meine Wenigkeit machte den galanten Mundschenk, und sobald der Jäger mein Metier erfuhr, entbot er mir, seinen Büchsenschrank zu renoviren oder, wenn ich Courage hätte, einen neuen herzustellen."

„Einen neuen?" wiederholte ich voll Freude, erhob stolz das Haupt und mein Auge strahlte. „Unser

Herr Obrist hatte einen Pariser. Ich will einen Zwillingsbruder dazu machen, daß sie die ganze Welt nicht unterscheiden soll."

„Topp — es gilt!" schlug der Revierförster ein. „An die Arbeit!"

„Es geht nicht," bemerkte ich jetzt, weil mir plötzlich meine armselige Lage vor Augen trat, und ließ kleinlaut den Kopf sinken. „Ich habe weder Holz, noch Geld, noch Credit, um mir solches zu schaffen."

„O du liebe Einfalt!" höhnte lachend ein anderer Gast. „Im Walde steht ja Holz genug. Nur das elfte Gebot beachtet: laß dich nicht erwischen!"

Ich verneinte mit Hand und Kopf und bemerkte ruhig, aber entschieden: „Eher fange ich kein Geschäft an, als mit gestohlenem Holze."

„Schock Hagel, Blitz und Schwerenoth!" donnerte der Jäger und schüttelte mir kräftig die Hand. „Das ist ein Ehrenwort. Sie bekommen Holz und Credit. Nur Geduld! — ich sorge für Alles."

„Und ich denke," setzte der Lehrer freundlich bei, „Sie bleiben ganz und gar bei uns. Wenn ich dem Herrn Landrichter die Sache vorstelle, so geht Ihre Aufnahme als Tischler auch ohne Zeugnisse. Sie werden kein Millionär hier, aber nähren können Sie Sich, und wenn's dazu kommt, mit den Jahren Weib und Kind." Der Lehrer warf dabei einen scharfen, stechenden Blick auf Rosel, welche gerade Butterbrod auftrug. Das Mädchen erglühte wie eine Rose, dunkler Purpur übergoß Stirne und Wange, ihre Hände zitterten, sie ließ Brod, Messer, Salzfaß und zuletzt die zwei Butterteller fallen und flüchtete verwirrt und beschämt aus dem Zimmer.

Die Gäste lachten aus ganzem Herzen, mich aber dauerte das arme Mädchen tief in der Seele, so daß ich fast meines Dankes für die edeln Männer vergaß. Ich blieb also, wurde der Tischler des Dorfes und der Umgegend, erhielt Holz, Geld, Credit, mit der Zeit ein eigenes Häuschen und nach wenigen Monaten schon eine Lebensgefährtin in meiner guten Rosel. Was sollte ich zaudern? Sie war das reichste Mädchen im ganzen Dorfe, denn sie besaß einen rüstigen Körper, eine fleißige Hand, heiteren Sinn, ein gutes, treues Herz und als Aussteuer — eine große, leere Truhe.

„Wie abscheulich!" schalt die Meisterin herzutretend und erhob drohend die Hand. „Von der Mitgabe meiner armen Mutter selig sagst du kein Wörtchen. Man weiß schon warum? Auf der Stell' erzählen, oder ...."

„Erbarmen, Rosel, Erbarmen!" flehte der Baron mit komischem Pathos und aufgehobenen Händen. „Ich will bekennen, daß deine Schätze so zahlreich waren, wie die Federn eines gewissen Vogels, der .... Doch, bester Herr, wir wollen das Roß nicht verkehrt aufzäumen. Wir konnten nämlich aus purem Mangel an Ueberfluß keine Hochzeit halten. Das Festmahl für uns zwei sollte demnach aus einem Hirsbrei bestehen, zu welchem die Frau Lehrerin die Körner geliefert.

Auch meine Schwiegermutter, die alte „Brandille,“ wollte und konnte mit nichts herausrücken; sie ließ sich lieber nicht sehen. Sie hatte sich seit einigen Jahren auf dem Gebirge, wie sie sagte, zur Ruhe gesetzt, das heißt, sie machte Tag und Nacht Botengänge trotz ihrer Siebzig und besorgte die Schachergeschäfte der Bauernweiber.

Da — einen Tag vor der Hochzeit begegnet sie mir draußen am Walde, während ich einige Bretter vom Sägplatze nach Hause schleppe. Sie trägt eine schwere „Kötze“ auf dem Rücken und trippelt sogleich voll Freundlichkeit und Geschäftigkeit auf mich zu. „Viel Glück — viel tausendmal Glück, bester „Herzejong“!“ gratulirt sie, macht trotz des Huckelkorbes einen Knix und streckt mir die abgemagerte, zitternde Hand entgegen.

„Gottes Segen
Allerwegen,
Gesundes Blut,
Viel Geld und Gut,
Arbeit und Ruh',
Schön Kinder dazu,

und was der Himmel niederregnen kann, werde Euch zu Theil! Viel Glück — viel tausendmal Segen!“

„Warum kommt Ihr denn nicht zu uns?“ frage ich nicht ohne Vorwurf und werfe meine Bretter zu Boden. „Ihr seid ja vor Allen geladen!“

„Geht nicht!“ betheuerte sie voll Wehmuth und allen Ernstes. „Ich bin ein blutarmes Ding, muß meine Botengänge laufen, hab' keine festtäglichen Kleider, und die, sagt der Heiland, sollen daheim bleiben."

„Das ist nicht so zu verstehen, Mutter! Wir wollen und verlangen ja nichts. Bleibt doch bis morgen da!"

„Ich muß in die Stadt!" antwortet sie ausweichend und trippelt vorwärts, als wollte sie der Versuchung entgehen. „Weißt:

Wer gar nichts ist und gar nichts hat,
Kommt stets zu früh und stets zu spat.

Sechzehn ganz kurze Wörtchen, aber wahr. Wenn ich nur nicht so arm wäre! Ich wollte Euch gern eine Freude machen. Doch halt! — jetzt kommt mir ein guter Gedanke. Halt! — ja, ja, — ich will dir wenigstens auf morgen zum Schmaus was geben." Mit diesen Worten stellt sie die Kötze ab, hebt die Hülle weg und bringt einen herrlichen „Göcker" heraus. „Ich sollte ihn für eine Bäuerin in der Stadt verkaufen. Da, nimm, mein Sohn, nimm und laß dir wenigstens den recht gut schmecken."

Ich lache, greife munter zu, wiege wie schaukelnd den Göcker auf beiden Händen, und im selben Augenblicke schlägt und schwingt er die Flügel, kräht laut auf und fliegt frank und frei davon über Wiese, Feld und Wald auf Nimmerwiedersehen. Verblüfft seh' ich dem Flüchtlinge nach, meine Schwiegermutter schlägt die Hände zusammen und schreit laut auf: „Tausend-

nochmal! — nichts hat er von seiner Schwiegermutter, als den Gockel, und der fliegt ihm davon."

„Ich mußte unwillkürlich lachen, sie mit, und die Bauern, welche herzuliefen, ließen es auch nicht fehlen. Das ganze Heirathsgut meiner Rosel, so unzählig, wie die Federn eines gewissen Vogels, war in die Luft gegangen, und wir — lachten." —

Frau Rosel that jetzt dasselbe mit wahrer Herzenslust, und wir stimmten ihr gern nach Kräften bei.

„Und doch" — meinte dann der Meister — „hat uns der liebe Gott erhalten, gesund und wohl, daß uns viel tausend Reiche darum beneiden können. Manchmal freilich war Schmalhans unser Küchenmeister, denn die Gegend herum ist arm, die Goldgruben, von denen einst meine Rosel geträumt, sind bis zur Stunde nicht entdeckt, und die Bauern pfuschen zu viel in's Handwerk. Es machte sich aber immer wieder. Dreimal im Leben muß ja doch Jeder zu mir kommen, und wenn er's noch so sparsam einrichtet. Wenn so ein junger Erdenbürger in's Dasein tritt, so muß ich ihm die Wohnung seiner Kindheit bauen, das erste und schönste Haus des Menschen, weil es leicht, froh und sorgenfrei sich schaukelt. Heirathen die Burschen und Mädchen, so hoble und leime ich Kisten und Kasten, Tische, Schränke und Bettstätten, um das junge Paar in Freud' und Leid fest zusammenzuhalten, damit treue Liebe und Zufriedenheit nicht aus ihren Herzen fliehe. Und sollte mir wirklich Einer diese zweimal im Leben durchbrennen, zum dritten Reigen stellt er sich um so sicherer ein. Ich nagle dem Reichen wie dem Armen seine letzte Ruhestätte, sein bretternes Haus für den letzten, ewigen Schlaf zusammen. Diese eigenthümliche Lebensaufgabe der Tischler, mein lieber Herr, hat oft die Noth von unserem Dache fern gehalten. Wir konnten mit der Zeit unser Häuschen schuldenfrei machen, haben uns einige Grundstücke erworben und unsern einzigen Sohn nach besten Kräften herangezogen. Wenn der noch seine Sendung in Amerika glücklich vollbringt und einmal gesund wiederkehrt, so halte ich die Aufgabe meines Lebens für erfüllt und scheide gern in Frieden."

„Das wäre ein Glück, dessen sich nur wenige in ihrer letzten Stunde rühmen können," bemerkte ich voll Bewunderung für den schlichten und doch so edeln Mann. „Wie kann Ihr Sohn in den großen, zahlreichen Städten und den ungeheuern Länderstrichen der neuen Welt seine verschollenen Großeltern auffinden? Haben Sie je eine Kunde über sie bekommen?"

„Von ihnen selbst nicht, aber schon seit vielen Jahren bitte ich jeden Auswanderer, darauf zu achten. Vor zwei Jahren nun ließ mir Einer aus der Nachbarschaft schreiben, daß er den Scheerenschleifer und sein Weib in einer Stadt Namens Louisville getroffen habe, hoch betagt, ganz verarmt und so herabgekommen, daß sie nicht einmal mehr betteln konnten. Das stellte meinen Entschluß fest. Es schwebte mir Tag und Nacht der Gedanke vor, daß der Druck und die Folter des Gewissens, das Unrecht auf dem Herzen sie nicht scheiden lasse, und diesen Frieden soll ihnen, wenn Gott will, mein Sohn über's Meer bringen."

Tief bewegt saßen wir noch eine Zeit lang beisammen, bis die kühlere Nachtluft von den Bergen her zum Aufbruche mahnte. Ich reichte dem würdigen Ehepaar zum Abschiede die Hand. „Sehen wir Sie nicht mehr?" fragten beide zugleich.

„Morgen muß ich wohl heimkehren, allein wenn ich wieder in die Rhön komme, soll mein erster Gang in dieses Dorf und in dieses Haus sein. Bis dahin lebt wohl!" — — —

Drei Jahre waren seit dieser Mittheilung verflossen, und ich hatte oft und viel darüber nachgedacht. Endlich führte mich ein Sommerausflug nach Fulda. Sofort machte ich mich auf einige Tage von meinen Reisegefährten los und eilte quer über die Berge, um meine alten Bekannten aufzusuchen. Da kam ich freilich gerade recht. Es war ein Sonntag, und das ganze Dorf in lichtem Aufruhr. Gottfried, der Sohn des Meisters Fundner, war ja seit zwei Monaten aus Amerika zurückgekehrt und hielt heute feierlich und prächtig seine Hochzeit mit der schönen Wirthstochter, die ihm redlich die Treue bewahrt hatte. So erfuhr ich auf der Straße und sprang sogleich auf das Haus zu, um dem alten und jungen Paare meine Aufwartung zu machen. Vater Fundner warf sich an meine Brust und weinte vor Freude die hellen Zähren, wie ein Kind, während die Mutter das junge Brautpaar herbeirief, voll Eifer hin- und herrannte, um Ordnung zu schaffen, und nichts weiter zu Stande brachte, als daß sie einen Stuhl um den andern niederwarf. Und was erfuhr ich jetzt nicht Alles? Der „junge Baron," wie die Bauern den stattlichen, nobel gekleideten Herrn nannten, hatte seine weite Reise wirklich nicht umsonst gemacht. Den Großvater traf er zwar nicht mehr am Leben, das gelbe Fieber hatte ihn weggerafft. Die Großmutter aber entdeckte er nach langen Mühen im tiefsten Elende; ohne die milden Gaben eines deutschen Missionärs wäre sie längst Hungers gestorben. Dieser Heilsbote hatte auch dem alten Scheerenschleifer nach seinem verfehlten Leben den finstern Weg in das Thal des Todes erleuchtet. Der Schuldbeladene machte dem Beichtvater, welchen ihm Gott in dessen Person gesendet hatte, dabei auch wichtige Mittheilungen über unsern Fundner. Ein Notar wurde geholt und die Aussagen des Sterbenden zu Protocoll genommen. Nach ihnen war unser würdiger Schreinermeister nicht — der Sohn, sondern das Pflegekind des minder würdigen Landstreichers — zwei Tage nach der verheimlichten Geburt von der leichtfertigen Mutter, der Tochter eines angesehenen Frankfurter Kaufmanns, unter Begleitung einer schweren Summe Geldes ihm mit dem Bedeuten übergeben, daß man das Knäblein nie mehr zu sehen wünsche. Indessen hatten die Landleute mit ihrem „Spitznamen" den Nagel auf den Kopf getroffen, des Kindes Vater war ein hochadeliger Herr.

„Da müssen Sie nach Frankfurt!" rief ich dem Bräutigam zu; „ich kann Ihnen Empfehlungsbriefe mitgeben."

„Danke bestens für Ihre Güte. Ich habe schon auf meiner Rückreise Alles geordnet. Die Verwandten hätten mich mit meinen Documenten freilich lieber im Pfefferlande gewußt, als in der freien Reichsstadt gesehen, aber das galt mir gleich viel. Ich verfolgte meinen Zweck, und ich erreichte meinen Zweck. Meiner bedauernswerthen Mutter — so erzählte man mir — erwachte nach Jahren das Gewissen. Sie that Alles, um das verlorene Kind wieder zu finden; Alles war umsonst. Der Gram untergrub ihre Gesundheit und bereitete der Reuevollen ein frühes Grab, nachdem sie die eine Hälfte ihres bedeutenden Vermögens den Verwandten überlassen, die andere ausdrücklich für ihren verschollenen Sohn deponirt hatte, wenn er je wieder zum Vorschein kommen sollte. Gott hat es so gefügt, und mein lieber Vater zählt jetzt zu den reichsten Männern der Gegend."

„Welche Herr Fundner, wenn ich noch diesen Namen gebrauchen darf, jedenfalls bald verlassen wird, um sich in Frankfurt anzusiedeln?" fragte ich nach meiner gehörig abgestatteten Gratulation. Ich war begierig, wie sich der schlichte, brave Meister in die neue Lage schicken würde.

„Mein ehrlicher Name bleibt, und ich bleibe mit ihm," lautete die freundliche, aber bestimmte Antwort, „und Sie — bleiben auch, wenigstens zur Hochzeit. Mein Sohn aber, als ein junger, tüchtiger Geschäftsmann, der sich in der Welt umgesehen, erhält von mir selbst den Rath, sich in einer der benachbarten Städte niederzulassen. Ich und meine Rosel und die Wirthin kutschiren dann manchmal hinein und erfreuen uns an dem Glücke unserer Kinder.“ —

So geschah es und der alte Fundner ist jetzt erst recht bei allen Leuten im Dorfe und in der ganzen Umgegend der „Herr Baron.“—

Das Rosenmädchen von Salancy.

I.

Die Wahl.

„Sieh' dort! Wie sich das Vöglein putzet,
Das Köpfchen tragend stolz und frei!
Jetzt lockt ein Ruf! — Wie's zierlich stutzet,
Ob das die Lenzesbraut wohl sei!" —
O. v. Redwitz.

Salancy ist ein Flecken in der Nähe von Noyon in Frankreich, der an und für sich weder durch Lage noch Reichthum, weder durch Gebäude noch sonstige steinerne Merkwürdigkeiten besonderes Interesse erregt. So häufig aber auch das bescheidene, unbedeutende Oertchen von den Geographen geringschätzig übergangen wird, so selten auch seine Flur der Fuß eines Touristen betritt, so birgt es doch in seinem Schooße ein seltenes, hochehrwürdiges, historisches Denkmal, seit Jahrhunderten Gegenstand der Bewunderung, der Ehrfurcht, aber auch des Neides für die umliegenden Städte und Dörfer, ja für ganz Frankreich. Dieses Denkmal datirt sich zurück in das graue Alterthum, wo die ersten Strahlen der göttlichen Christuslehre wie Nordlichterglanz die dunklen Wälder der Franken und Alemannen durchzitterten, und die Heiden, überwältigt von der Allgewalt der reinsten Liebe, sich an den Fuß des Kreuzes schmiegten, und ward ungetrübt und unverändert fortgepflanzt in Liedern und Bildern, in Urkunden und Sagen von Geschlecht zu Geschlecht durch dreizehn bis vierzehn Jahrhunderte.

„Aber warum blieb denn Salancy so klein, so unbedeutend?" werden meine freundlichen Leser fragen. „Warum schwang es sich nicht empor und überflügelte, gestützt auf seine historischen Erinnerungen, die Nachbarstädte, warum nicht selbst Paris, das viel genannte, das viel nachgeäffte Seine-Wunder?" —

Das Vermächtniß, welches die Salancyaner mit treuem Muthe und unverfälscht durch die tobende Brandung der Zeit, durch die erschütternden Stürme der Revolutionen bewahrten, war nicht politischer Natur. Es glich nicht der prangenden Sonnenblume, welche den schimmernden Blätterwirbel in dichten Reihen entfaltet, um durch Pracht zu fesseln, sondern dem stillen Veilchen, das unter Hecken und Gebüsch im Verborgenen blüht und nur dem Aufmerksamen seine balsamischen Frühlingsdüfte spendet. Ich will den Stifter, ich will die Stiftung nennen, und jeder Zweifel wird schwinden. Stifter ist der heilige Medardus, Seigneur (Grundherr) des Fleckens Salancy, zur Zeit Chlodwig's lange

Jahre Bischof von Noyon. Französische Schriftsteller gestehen zu, daß die Einwohner von Salancy trotz dem Wogen der Jahrhunderte unwandelbare Treue ihrer Kirche und ihren Fürsten bewahrten, und daß sie mitten unter dem fortschreitenden Sittenverderbniß friedlich, einfach, natürlich, gutmüthig und bescheiden blieben, ein Abdruck der Natureinfalt ihrer Vorfahren. Und die Stiftung selbst? —

In den Wonnemonat des Jahres 17.. fällt der Anfang unserer kleinen Erzählung und noch überdies auf einen Sonntag, vier Wochen vor dem Feste des heiligen Medardus. Die Sonne ist seit Monaten höher und höher gestiegen, hat die Erde von ihren eisigen Banden entfesselt und den Winter selbst aus seinen letzten Schlupfwinkeln in Schluchten und dunklem Geklüfte vertrieben. Warme Lenzeslüfte umkreisen die Höhen, durchziehen die Thäler und beleben und erfrischen, von den schimmernden Strahlen der Sonne durchzittert, den weichen, farbigen, ewig wechselnden Teppich der Natur. Wenn einmal das „Maiglöckli" läutet, dann ist es voller Ernst mit dem Frühling, dann zieht er ein, als König Mai in Wälder und Felder, auf Fluren und Triften, in Thäler und Höhen. Die Erde prangt in ihrem schönsten Feiergewande, gleichsam zu seinem Empfange bereit. Das schmelzende, wechselvolle Grün der Berge und Forste, der Wiesen und Aecker spendet die Grundfarben; Blätter und Blüthen, Knospen und Früchte weben schimmernde Blumen darein. Wie Aestchen ziehen sich sprudelnde Quellen und klare Bächlein hindurch und als Wurzelknoten nicken traulich die ländlichen Wohnungen aus dem duftenden Blüthenmeere der über und über beschneiten Bäume. Der Himmel scheint mit der Erde zu kosen. Alles zeigt üppiges Wachsen und Gedeihen, frisches Leben und Fülle. Wie summen die Bienen, wie schillert der Schmetterling in seinem bunten Farbenspiele! Wie zwitschern und singen und wirbeln die Vögel in allen Hecken, Bäumen und Lüften! Die Lerche steigt heute noch einmal so hoch und schmettert aus froher Brust ihr Jubellied zum Lob und Preis des Allerhöchsten.

Wer dem Bewohner des platten Landes den Sinn für das Schöne, die Empfänglichkeit und das Verständniß für die reinen Freuden abspricht, welche dem Beobachter aus dem nie versiegenden Born der Natur entgegenströmen, wird in hundert Fällen neunzig Mal Unrecht thun. Der ächte Landmann, emsig und nüchtern, einfach in Sitten und Gebräuchen, bieder im Denken, Sprechen und Handeln, bietet den Lehren der Religion ein treues, glaubensstarkes Herz, gleich empfänglich für die Freuden und Leiden des Nachbars, gleich empfänglich für die üppigen, duftenden Frühlingsblüthen und den glitzernden Winterschleier der Schöpfung. Ich gebe zu, daß er den drängenden, stürmischen Gefühlen der Brust keine Worte, kein passendes Gewand zu leihen vermag; — aber die glühende Wange, das leuchtende Auge erzählen besser, beschreiben deutlicher als ganze

Colonnen künstlich gegliederter Sätze. Und die Bewohner von Salancy stehen hierin den Besten in Nichts nach. In dichten Schaaren sind sie am Morgen zur Kirche gezogen. Ein altes Wort: „Mit Gott fang' an, mit Gott hör' auf!" dringt wie Mahnruf aus ferner Zeit herüber, und die Salancyaner folgen gern dem bewährten Beispiel ihrer Vorfahren. Sie wissen, daß jedes Werk, soll es gute, dauernde Früchte tragen, mit einem Aufblicke zu Gott, mit der Hülfe von oben beginnen muß. Und ein gewichtiges Werk hatten sie vor. Sie sollten eine Königin wählen, eine Königin aus der Mitte der Würdigsten; sie wollten eine Krone vergeben, älter als die Krone der Bourbonen und Valois, der Kapetinger und Karolinger, ja als die Krone der Merovinger, die älteste Frankreichs.

Der Gottesdienst geht zu Ende. Glöcklein klingen vom Altare und rufen die Gläubigen zum letzten heiligen Segen auf die Kniee. Noch einmal erschallt des Volkes Gesang und erhebt sich in reiner Harmonie zu den lichten Himmelshöhen, während die letzten, tiefen Töne der Orgel leise vibrirend im weiten Raume verhallen. Dann strömen die Andächtigen zu allen Thüren heraus und ziehen in gedrängten Reihen auf einen freien Platz vor dem Orte, außerhalb des Schloßgebietes, aber im Weichbilde des Dorfes. In der Mitte des Platzes stehen ein Tisch und Sitze bereit für den Syndicus von Salancy, für die Gerichtsbeamten des Gutsbesitzers und die Aeltesten der Gemeinde. Ringsum scharen sich die Männer im

Kreise und verhandeln bald heimlich und still zu zwei und drei, bald feurig und laut in größern Gruppen über ihr Vorhaben. Abseits stehen die Frauen. Daß diese schweigen, wird Niemand glauben. Wo die Stimme nicht reicht, lassen sie mit unglaublicher Fertigkeit Augen und Geberden, Hände und Arme als optische Telegraphen spielen. Auch die Jünglinge und Jungfrauen fehlen nicht auf gesonderten Plätzen und Jeden scheint ein Gedanke zu beseelen. Nur die lieben Kleinen tummeln sich in unbändiger Lust zwischen Allen herum und lassen sich selbst durch handgreifliche Applicationen, bald da, bald dort gereicht, nicht beirren. Endlich erscheinen gemessenen Schrittes die „Väter der Stadt" und nehmen friedlich Platz. Auf dem Tische werden dicke Bücher, in Leder gebunden und mit silbernen Klappen geschlossen, Mappen mit Urkunden und Pergamentrollen, mit Bändern umwunden, niedergelegt. Der Syndicus erhebt sich und gibt ein Zeichen, daß er zu sprechen wünsche. Lautlose Stille herrscht im weiten Kreise. Selbst die Kinder stehen lauschend und regungslos, wohin sie das Spiel getrieben. Die Frauen erheben sich auf die Fußspitzen, damit das Auge erhasche, was dem Ohre entschlüpft, und mancher der Männer öffnet weiter als üblich die Lippen, um dem Schalle einen doppelten Eingang zu gönnen. Die Worte des Vorstandes lauten:

„Salancyaner! Wir treten hier zusammen, wie schon alljährlich unsere Vorfahren durch dreizehn Jahrhunderte, um das hehre Vermächtniß eines wahren

Gottesmannes zu vollziehen. Der heilige **Medardus**, **Bischof von Noyon und Grundherr von Salancy**, welcher sein segensreiches Wirken zu den Zeiten Chlodwig's entfaltete, wollte den Salancyanern, seinen treuen Unterthanen, ein dauerndes Denkmal, einen Schutz, eine Aneiferung für die Tugend hinterlassen, einfach zwar, aber nachhaltig für alle Zukunft. Daß der Wille, die edle Absicht des Heiligen sich glänzend erfüllten, das beweisen die verschollenen Jahrhunderte, das beweisen unsere Urkunden und Traditionen, das beweist ein altehrwürdiges Bild an unserm Hochaltare. Der heilige Medardus ordnete nämlich an, daß in jedem Jahre die tugendhafteste unter den Jungfrauen in Salancy ausgewählt und außer anderen Ehren feierlich mit einer Krone von Rosen geschmückt werde. Als Aussteuer hierzu bestimmte er die Summe von fünfundzwanzig Livres und trennte, um diese Aussteuer für alle Zeiten zu sichern, von seinen Ländereien mehrere Aecker ab, deren Ertrag zur Zahlung der fünfundzwanzig Livres und zur Bestreitung der Kosten bei der Krönung zu verwenden sei. Diese Aecker tragen heute noch den Namen des „Rosengrundes."

„Unsere Vorfahren erwählten im ersten Jahre einstimmig eine Schwester des hocherhabenen Stifters zum Rosenmädchen. Ein uraltes Bild in unserer Ortskirche auf dem Hochaltare stellt diese erste Krönungsceremonie dar. Es zeigt den Bischof, der in vollem Ornate, in

Pontificalibus die Rosenkrone auf das Haupt seiner Schwester setzt, die vor ihm auf den Knieen liegt.

„Wie sehr diese Stiftung dem wohl durchdachten Plane der hohen Idee des Gründers entsprach, wie weit ihr Ruhm über die Grenzen unseres friedlichen Oertchens hinausdrang, zeigt die Geschichte. So bat Herr de Bellay, Grundherr von Salancy, König Ludwig XIII. um eine Auszeichnung für das Rosenmädchen. Dieser ließ durch den Hauptmann seiner Garden ein blaues Band und einen silbernen Ring nach Salancy überbringen mit der Bestimmung, daß diese Auszeichnung zur Erhöhung des Festes für alle Zeiten fortdauern sollte. Aus der Folgezeit erwähne ich nur noch ein Ereigniß. Im Jahre 1766 verweilte Herr Pelletier de Morfontaine, der Intendant von Soissons, auf einer Rundreise in Salancy. Man ersuchte ihn, dem Orte die Ehre anzuthun, dem erwählten Rosenmädchen die Krone in Person aufzusetzen. Freudig übernahm der hohe Gast dies Amt und bestimmte noch überdies eine jährliche Rente von vierzig Thalern, die auch nach seinem Tode dem jemaligen Rosenmädchen ausbezahlt werden sollte.

„Abgesehen von diesen äußeren Ehren, abgesehen von den mannigfachen pecuniären und sonstigen Vortheilen trägt der uralte Stiftungsbaum, gepflanzt von einem wahren Sämanne des göttlichen Wortes, noch weit köstlichere Früchte. In seinem Schatten sproßt und gedeiht die herrliche Blume der Nacheiferung, die

Mutter der Tugend, und sein Zeugniß bürgt allem Volke für die Unbescholtenheit ganzer Familien. Darum erwählt auch das Volk, im Bunde mit der Stimme des Gutsherrn, das Mädchen, welches nach den Bestimmungen des heiligen Medardus dieser Ehre am würdigsten ist. Damit nun auch heute, wie unsere Ahnen durch dreizehn Jahrhunderte, ein Jeder, fern von fremdem Einflusse, fern von Parteileidenschaft, nach seiner innigsten Ueberzeugung wähle, bitte ich einen der Herren Commissäre aus den Urkunden die Satzungen zu verlesen, nach denen die Wahl zu geschehen hat."

Ein Gemeindebeamter erhob sich, rollte Pergamentblätter auseinander und verlas folgende Punkte:

1.

„Vier Wochen vor dem Tage des heiligen Medardus versammeln sich sämmtliche Einwohner von Salancy, nachdem sie in der Parochialmesse den Beistand des Allerhöchsten angefleht, mit dem Syndicus, den Gemeindebeamten und den Aeltesten des Ortes an einem freien Platze im Weichbilde des Dorfes und wählen aus ihrer Mitte drei junge Mädchen, als die der Rosenkrone würdigsten.

2.

„Die Gemeindebeamten nehmen hierüber ein Protokoll auf. Besagtes Wahlinstrument wird am selben Tage von der Commission und vier der vornehmsten Ortsbewohner dem Grundherrn überreicht werden. Der soll gehalten sein, aus den drei vorgeschlagenen Mädchen dasjenige zu bezeichnen, welches zum Rosenmädchen erkoren werden soll, und solches durch Unterschrift am Schlusse gedachten Protokolls zu constatiren.

3.

„Es darf kein Mädchen zum Rosenmädchen vorgeschlagen oder ernannt werden, wenn es nicht achtzehn Jahre alt, gleich wie Vater und Mutter aus Salancy gebürtig und von untadelhafter Aufführung, sowie die ganze Familie desselben bieder und rein, ohne Tadel und Vorwurf ist.

4.

„Sobald durch die Stimme des Volkes und des Grundherrn die Wahl des Rosenmädchens erfolgt ist, wird der Pfarrer am nächsten Sonntag den Namen der Erwählten von der Kanzel herab verkünden. Am Tage des heiligen Medardus selbst aber soll, nach dem von dem erhabenen Stifter eingeführten Gebrauche, in Gegenwart aller Geistlichen, des Grundherrn und der Einwohner von Salancy öffentlich und feierlich zur Krönung in der Kapelle des heiligen Medardus geschritten werden. An diesem Tage sei die erwählte Jungfrau eine Königin, welche alle überstrahlt. Ihre Glorie verwische jeden Unterschied des Standes, wie die Strahlenkrone der Tugend jeden irdischen Glanz. Die Liebe und Bewunderung Aller werde ihr zu Theil und ihr Beispiel wirke ermunternd auf Alle, erwecke die Keime der Tugend in Aller Herzen. Das Rosenmädchen sei am Tage seiner Krönung die wahre Souveränin von Salancy, und die Vasallen sind gehalten, ihre Gaben derselben auf freiem Felde darzubringen."

Als das Verlesen der Satzungen beendet war, gingen die Gemeindebeamten daran, ein Protokoll über den Vorgang aufzunehmen, das Jeder, der wollte und konnte, durch Beisetzung seines Namens als ächt und gerecht für alle Zeiten vidimiren sollte. Die Beisitzer aber erhoben sich, um den Act der Wahl selbst zu leiten und zu überwachen. Bereits hatten sich die dichten Massen geklärt und je nach Freundschaft, Nachbarschaft, oder den Würfeln des Zufalls Gruppen von zwanzig bis dreißig Personen gebildet. Jede Gruppe wählte einen Obmann und suchte sich sodann durch Hin- und Widerrede, durch Vorschlag und Gegenvorschlag über die erste Candidatin zu einigen. Auf ein gegebenes Zeichen traten die Obmänner hervor und riefen laut den Namen ihrer Candidatin. Schnell gesellten sich die gleichen Stimmen zusammen und die Mehrheit errang den Sieg. Als erste Erwählte ging aus dieser lebendigen Urne Louise, eine Tochter des herrschaftlichen Verwalters, hervor. Sobald die Stimmenzahl entschieden, verkündeten die Obmänner mit lauter Stimme das Resultat ihren Wählern und der schallende Jubelruf des Volkes trug den gefeierten Namen weithin in die blauen Berge, wo er in Schluchten und Gehängen hundertfaches Echo hervorrief, indessen er feierlich in das Protokoll eingetragen wurde.

Der zweite Wahlgang ging weniger leicht von Statten. Ein Rosenmädchen in ihrem Kreise zu zählen, galt als der einzige und höchste Wunsch aller Familien in Salancy. Einfluß, Freundschaft, Reichthum, Wohlthätigkeit, alle erdenklichen Hebel wurden angesetzt, um diesen Ehrenpreis zu erringen. Es entspann sich ein hitziger Wahlkampf, lange wogten die Stimmen hinüber, wogten unentschieden herüber, bis endlich Jacobine, eines reichen Bauern Tochter, den Sieg errang.

Der dritte Gang soll beginnen. Da tritt ein ehrwürdiger Greis aus der Mitte des Volkes und winkt mit der Hand. Jeder nennt ihn Jacques und Keiner weiß, wie sein eigentlicher Name lautet. Die Aelteren kennen ihn schon seit vierzig Jahren und Niemand kann sagen, woher er kam, und wo seine Wiege gestanden. Aber Alle verehren und lieben ihn wie einen Vater; denn wo das Elend, wo die Noth über den Dachgiebeln zusammenschlägt, weiß der alte Jacques noch Rath und Hülfe; in jeder Krankheit kennt er, kundig der Kräuter und Pflanzen wie Niemand weit und breit, die schnellste, die sicherste Rettung. Unter dem breiten Schäferhute, mit blühendem Heidekraut geziert, leuchten ein paar helle, freundliche Augen aus einem ehrwürdigen Antlitze hervor, während die Sommerlüfte fächelnd mit dem wallenden Silberbarte spielen. Ein breiter Gürtel, mit Messingspangen und schimmernden Knöpfen reich beschlagen, hängt über die Schulter und faßt mit den Ausläufern eine gleich gezierte, kleine Ledertasche. Neben ihm hält sein großer, zottiger Hund und folgt mit den klugen Augen jeder Bewegung, jedem Blicke seines Herrn, der sich wie ermüdet auf den starken Schäferstab stützt.

„Ihr habt gewählt, Bürger von Salancy," ruft der Greis mit scharfer Betonung, damit Jeder seine Worte verstehen soll, — „Ihr habt bereits zweimal gewählt. Das erste Loos traf ein hochangesehenes, das zweite ein hochreiches Mädchen. Nun bitte ich Euch aber, eingedenk der vier verlesenen Satzungen, eingedenk des Beispiels Eurer Vorfahren und der edlen Absicht des heiligen Stifters, auch der Armuth nicht zu vergessen. Siebenzig Winter zogen über meinen kahlen Scheitel hin, und nur noch wenige, vielleicht keiner mehr, wird ihn berühren. Darum seid überzeugt, daß weder Eigennutz, noch Wohldienerei meine Zunge lenkt."

„Das wissen wir!" unterbrachen den greisen Sprecher mehrere Stimmen; „wir sind davon überzeugt! Fahre nur fort, Jacques!"

„Also: Ihr wollt doch der Tugend, der reinen, der vollkommenen Tugend einen Preis setzen? — O, glaubt mir, die ächte, sich bewährende Tugend sproßt und gedeiht besser in dürftiger Verborgenheit, als in den Häusern und Palästen der Reichen. Fragt Eure Kinder, ob es stolze Pfauen, ob es buntgefiederte Paradiesvögel waren, welche sich auf dem Grabe des heiligen Medardus niederließen? — Nein, es waren drei weiße Täublein, schmucklos und unschuldig. Darum folget mir an der Hand der Erinnerung nur wenige Jahre zurück. Noch vor drei Sommern lebte eine unbemittelte, aber brave, rechtliche Familie in unserer Mitte. Der Vater ließ sein Leben bei einem Brandunglück, während er das Kind und die Habe seines Nachbarn rettete. Die Mutter folgte ihm aus Gram bald nach. Ein sechzehnjähriges Mädchen und zwei unmündige Kinder weinten an ihrem Grabe. Und nun entrolle ich vor Eueren Augen zwei Bilder, klar und ungetrübt, wie sprudelndes Quellwasser. Fielen die Kinder den Bürgern, der Armenkasse zur Last? Nein! Das Mädchen unterrichtet am Tage Eure Jugend im Nähen und Stopfen, im Stricken und Spinnen; in der Nacht aber, beim matten Lampenschimmer und früh am Morgen, wenn die Sterne erbleichend vom Himmel ziehen, rührt sie emsig die Nadel für die Frauen und Jungfrauen des Dorfes, und ernährt so sich und die Kleinen, das heilige Vermächtniß ihrer geschiedenen Eltern. — Und nun mein zweites Bild: Wer suchte je im Unglücke Trost und Hülfe bei ihr, den nicht ihr klares Urtheil, ihr verständiges, gottesfürchtiges Wort wie lindernder Balsam erquickt hätte? Welcher Bettler bat die Selbstarme um einen Trunk, um einen Imbiß, mit dem sie nicht die letzte Schale Milch, die letzte Rinde Brod getheilt hätte? Wer es überhaupt in irgend etwas vermag, erhebe die Hand und zeuge gegen sie!"

Niemand erhob sich, lautlose Stille herrschte im

weiten Kreise und der Greis fuhr mit erhöhter, feuriger Stimme fort:

„Ihr gebührt also bei dem Grabe des heiligen Medardus der Tugend Preis. Wer meine Stimme theilt, die ich vor dem Allmächtigen verantworten werde, erhebe seine Hand und rufe laut ihren Namen!“

Da erhoben sich hundert und hundert Arme, als gelte es, ein gethanes Unrecht wieder gut zu machen,

laut riefen hundert und hundert Stimmen: „Juliane! Juliane!" daß der jubelnde, endlose Ruf weithin hallte wie Trommelwirbel und Trompetenschmettern durch Berg und Thal. Als dritte Erwählte leuchtete im Protokoll der Name der armen Waise: Juliane Grandson.

II.

Vater und Sohn.

„Ich will gewiß nicht besser scheinen,
Und will mein Unrecht gern gesteh'n;
Doch Jeder müßte mit mir weinen,
Wenn in mein Herz er dürfte seh'n." —
O. v. Redwitz.

In dichten Scharen zogen die Wähler vom Platze, um rascher als die Expedition eines Morgenblattes in lebendigen Selbstdrucklettern die Wahlresultate nach allen Regionen zu verbreiten. Auch die hochachtbare Commission folgte, — mit Ausnahme der Aeltesten. Diese blieben als wahre Väter der Stadt, deren Auge für Alle wacht, deren Geist für Alle denkt, bis zuletzt auf der grünen Wahlstatt, um noch Allerlei für das Fest selbst zu ordnen und zu berathen. Schließlich legten sie die Urkunden und Pergamentrollen sammt Büchern und Mappen wieder auf ein weiteres Jahr in sicheren Gewahrsam und machten sich gleichfalls auf den Weg. Still, fast traurig schreiten sie neben einander her.

Was sollen diese nachdenklichen Mienen bedeuten? Ich wollte wetten, sie tragen Etwas auf dem Herzen, ja auf den Lippen, das Jeder so gerne nennen möchte, und sich doch zu nennen scheut. Man sollte denken, es sei ein Speiteufel, der bei der leisesten Berührung losblitze und den kühnen Attentäter mit Feuer, Dampf und Staub überschütte. „Und heute Mittag?" haucht endlich halblaut ein Kühner in die Luft.

„Ja — so!" athmeten Alle tief auf in langgedehnten Zügen, wie die Blasbälge einer Orgel. Welch' eine endlose Fülle der Sehnsucht, des Neides pulsirte nicht in diesen zwei kleinen Silben! Und die schweren Stoßseufzer aus tiefstem Grunde, wenn sie auch keine Entscheidung brachten, waren nichts weniger als grundlos.

Des Mittags ging nämlich eine Deputation zum Grundherrn. Nur vier der Aeltesten durften nach altem Brauche daran Theil nehmen, und doch harrten mehr als dreimal so viel der seltenen Ehre. Die Deputation erwarteten im Schlosse reich geschmückte Säle, Musik, ein köstlicher Imbiß und, was mehr als Alles galt, aus alterthümlichen Pokalen perlte ihr in nie versiegenden Strömen der Reben edelstes Blut entgegen. An diesem Tage pflegte der Gutsherr die Schleußen alter Fässer zu öffnen, welche seit Decennien im Stillen geruht, damit ihr feuriger Geist den Deputirten einen Vorgeschmack von der Hoheit, dem Reichthum des Besitzers und einen Nachgeschmack der eigenen Schwäche gebe. Und die Picarder sind bekanntlich in diesem Punkte keine Kostverächter. Zwar cultiviren sie selbst den Weinstock nicht, wie die angrenzenden Provinzen, aber sie beziehen die guten Tröpflein aus der Nachbarschaft und sprechen gern und fleißiger als nöthig in dieser Apotheke ein.

„Ich mache einen Vorschlag," hob die kühne Stimme wieder an, welche zuerst diese zarte Frage berührt hatte. „Keiner, der ein paar gesunde Beine zum Gehen, eine Zunge zum Verkosten und ein Aederchen für Fröhlichkeit im Leibe trägt, wird freiwillig zu Hause bleiben und dem schönen Feste entsagen wollen. Es bleibt uns nur ein Mittel. Heute ist einmal Wahltag — also wählen auch wir! Stimmenmehrheit entscheide!"

„Der Meinung bin ich nicht," widersprach Jertrand, ein untersetzter Pächter, der zu den Klügsten und Reichsten der Gegend zählte; „denn bei diesem Spiele laufen wir eine doppelte Gefahr. Einmal wird Jeder sich selbst wählen und sodann Jeder, den man nicht wählt, Groll und Feindschaft tragen. Einheit ist der Vorstände sicherstes Fundament, und wählen hieße mit offenen Händen Körner der Zwietracht säen. Ich stimme für das Loos. Wem das Glück hold ist, der führt die Braut heim, und Keiner kann sich beschweren."

„Dachte mir's wohl!" meinte der Andere. „Jertrand stimmt immer für das Loos. Zwei Jahre schon lächelte ihm das Glück, — warum nicht auch das dritte?

Ganz gewiß: Collega Jertrand und Frau Fortuna sind Geschwister."

„Zu viel Ehre, meine Herren!" rief Jertrand mit selbstgefälligem Lächeln. „Ich habe wohl dreißig Jahre mit der widerspenstigen Schwester gekämpft und gerungen, bis sie ihre Tücke verlernte, und wenn sie mir jetzt einige Sonnenblicke zuwirft, ist das zu viel des Guten?"

Jertrand mußte aus Erfahrung wissen, daß bei unentschiedenen Seelen ein rasches Beispiel mehr wirkt, als die kräftigsten Schlagwörter einer langen Rede. Ohne eine Antwort abzuwarten, suchte er ein passendes Stückchen Holz und spaltete es mit seinem Taschenmesser nach Anzahl der Köpfe in längliche, gleich dicke Stückchen. Vier davon aber schnitt er um die Hälfte kürzer als die übrigen. Dann barg er die Stäbchen, abseit von den Andern, in seiner starken Faust, daß nur die Spitzen derselben wie Staubfäden aus dem Handkelche hervorlugten.

„Jetzt zieht, Männer!" rief er und hielt die Schicksalsknöpfchen seinen Collegen entgegen. „Der Jüngste fängt an und ich muß behalten, was übrig bleibt."

Bald waren drei kurze Stäbchen gezogen, dann folgte ein langes, noch eines und noch eines. Als endlich der Pächter die Hand öffnete und das letzte Stäbchen in die Höhe hielt, war es ein — kurzes.

Mit mehr Zuversicht und Selbstgefühl als Jertrand

schritt wohl Keiner vom Platze. Vornehm den Hut lüpfend, bog er in einen Seitenpfad ein und steuerte durch die blumige Aue tact- und würdevoll auf sein Anwesen zu, das einige Minuten vom Dorfe entfernt lag. Mancher seiner Collegen blickte nicht ohne Anflug von Neid dem „Doppelgänger" nach. So nannten ihn spottweise die Bauern, weil er Pächter und Hofbauer zugleich war. Und Jertrand fühlte gar wohl das Gewicht der Doppelwürde, die er in seiner Person vereinigte, und deren jede gesondert mit Anstand bestehen konnte. Je näher er seiner Behausung kam, desto öfter blieb er stehen und musterte mit freudigem Stolze die prangenden Fluren. Lächelnd betrachtete er das alte Haus im Vordergrunde, das mit seinen von Wind und Wetter geschwärzten Wänden gegen die jung aufblühende Umgebung einen düstern Anblick bot. Es war die Pächterswohnung. Aber keine drei Büchsenschüsse weiter blickten aus dichten Baumgruppen, deren flockige Blüthen die Blätter verdrängten, neue Dächer, frische Wände. Es war Jertrand's eigenes, wohl erworbenes Haus, sauber und behäbig, ja respectabel von außen, und Niemand konnte sich eines Schuldscheines auf das Gebäude rühmen. Wer sollte es glauben, daß noch vor dreißig Jahren einzelne verknorzte Bäume, verwittertes Gestrüpp und versengter, pelziger Rasen diesen Platz deckte? — Und doch war es so, als Jertrand mit seinem braven Weibe in den verfallenen Pachthof einzog. Er brachte damals nichts mit als ein paar kräftige Arme, einen hellen, überlegenden Kopf und einen starken, felsenfesten Willen. Muthig legte er dieses Kapital in der Erde an und entrang ihr jährlich zehn=, ja zwanzigfache Zinsen, wenn auch manchmal perlender Schweiß die Quittung tränkte. Schon nach wenigen Jahren stand der Pachthof in schönster Blüthe, und sein Inhaber erhöhte freiwillig den Pacht, damit kein Fremder ihn verdränge.

Von dieser Zeit an glühte ein neuer Gedanke in des strebsamen Pächters Brust, der wie ein electrischer Funken seine Sehnen und Nerven durchströmte. Und die neue Idee fand freudigen, klangvollen Wiederhall in der Brust der fleißigen Gattin. Selbst ein Gütchen besitzen, klein und schuldenfrei, war das Fluidum, welches die Gatten träumend und wachend durchzitterte.

„Kaufen und zahlen können wir nicht," sagte mehr als einmal Jertrand zu seinem Weibe, — „kaufen und borgen wollen wir nicht. Auf Borg kaufen und wucherische Procente zahlen, heißt immer wieder für einen Andern ackern und ist nur ein Pacht in veränderter Form. Wir müssen andere Segel aufspannen und vor Allem Gott bitten um Rath und Beistand."

Und der gute Rath blieb nicht aus. Warum sollte auch der Allmächtige Dem, der ihn mit kindlichem, lauterem Herzen anfleht, seinen Segen versagen? Der gute Rath kam von der versengten Heide, welche sich eintönig und trauernd, wie eine vernachläßigte Schwester an die bebauten Felder schmiegte. Jertrand musterte sie oft der Länge und Breite nach und entwarf ganz im Stillen seine Pläne. Er war kein Freund von planlosen Träumereien und leeren Luftschlössern. Dem Gedanken folgte die That. Eines schönen Tages erkaufte er von der Gemeinde die ganze Wüstenei um eine Kleinigkeit, und mit Muth und Lust begann die Arbeit. Vor Allem wurden die Bäume gefällt, die Wurzeln ausgegraben und das Gestrüpp mit Feuer vertilgt. Dann folgte die Eintheilung in zehn Parcellen, fünf höher gelegene für Acker-, fünf tiefere für Wiesenland, und je zwei sollten ein Jahrespensum bilden. Bei der ersten Abtheilung war der Pflug das Hauptinstrument, welches pfeifend und ächzend den harten Boden durchfurchte, um besseres, längst angehäuftes Material mit den Pflugwellen zu begraben. Die Egge zerbröselte und ebnete die harten Schollen, so daß der Same ein williges Erdreich fand.

Die meiste Mühe kosteten die Wiesen. Das Abstrüpfen, Stürzen und Säen reichte da nicht aus. Der Pächter mußte sich für die rauhesten Stellen nach gutem Rasen umsehen und noch nach einem andern Bundesgenossen, dem frischen Naß. Den ganzen Winter hindurch zimmerte er mit seinen Knechten leichte hölzerne Kandel zur Wasserleitung. Und als im Frühjahre die zerronnenen Schnee- und Eismassen von Felsen zu Felsen, von Klippe zu Klippe sickerten, im Laufe zur schäumenden Fluth sich erhoben und gelockertes Gestein, Schutt, Geröll und Alles, was löslich gewesen, mit herunter schwemmten, da faßte der kluge Pächter die willkommene Bergbeute in seine Röhren und leitete sie nach allen Richtungen über die Wiesen her. Das frische Naß durchdrang befruchtend den harten Boden, es sammelte sich das gelöste Gestein und lagerte sich Schichte auf Schichte; unaufhaltsam schritten, von mancher Zuthat unterstützt und beschleunigt, die zersetzenden Prozesse weiter und weiter und wandelten die öde Fläche allmälig in fruchtbaren Grund. Nach sechs Jahren stand die ganze Strecke bebaut. Wie Staffeln stiegen die einzelnen Abtheilungen zum Himmel empor, der Alles befruchtet.

„Das leere Haus ist offen, das reiche zu," sagte der alte König zu dem leichtfertigen, schwatzhaften Sohne in der Frithiofs Sage. Jertrand kannte wohl diese Worte nicht, aber sein praktischer Sinn weckte ähnliche Gedanken. Rings um die entstehende Anlage pflanzte er doppelte Reihen junger Obstbäumchen. Wo die Setzlinge nicht reichten, mußten Wildstämme herhalten, denen seine geübte Hand mit etwas Baumwachs, Leinwand und Faden edle Reiser in den Kern setzte. Seine Frau unterstützte ihn bei Allem redlich. „Das Huhn im Topfe" ist noch heutzutage der Maßstab für die materielle Wohlfahrt des französischen Volkes. Der Araber kann sich kein rechtes Glück ohne Dattelpalme und Pferd, der Eskimo ohne die berüchtigten Seehunde und der Franzose ohne gebratene Hühner und Omeletten vorstellen. Dies benützte die kluge Pächterin und zog einen zahlreichen Hühnerhof heran, der in kurzer Zeit jede Mühe mit hundertfachen Procenten ersetzte.

Schon nach wenigen Jahren reichten die Gesammterträgnisse zur Herstellung eines soliden Hauses. Es fügte den Schlußstein in den kühn begonnenen, mit kräftiger Hand geförderten Bau. Wenn man jetzt die wogenden Saaten, die würzigen Wiesen und die dichtbelaubte Baumpalissade überblickte, so mußte auch ein Feind zugestehen, daß sie ein Mann gebaut, der seit Jahren das Land zu bewirthschaften und zu beherrschen verstand, und daß er seinem Sohne ein prächtiges Erbe hinterließ.

Kein irdisches Glück ist vollständig. Auch über die Stirne des Pächters zogen, wenn uns recht dünkt, von Zeit zu Zeit trübe Wölkchen, welche der selbst geschaffene Wohlstand, das Selbstgefühl und selbst das Glück des Looses nicht zu bannen vermochten. Vielleicht dachte er an sein braves Weib, das seit zwei Jahren in kühler Erde ruhte; vielleicht an seinen Haushalt, der verwaist der Lenkerin entbehrte und schon manche wunde Stelle durchschimmern ließ; vielleicht an seinen Sohn, der sich hartnäckig den wohlberechneten, väterlichen Heirathsplänen entgegenstemmte. Wir sind wohl auf der rechten Fährte; die eigenen Worte, welche er halblaut vor sich hinplaudert, bestätigen es. „Nein, nein!" argumentirt der kluge Besitzer, — „eine Bauernwirthschaft ohne Frau ist ein Einmaleins ohne Null.

Es geht nicht länger. Georg muß heirathen und zwar — wie ich will. Wofür bin ich Vater? Folgen muß er, oder . . ."

Der laute Gruß eines Jünglings, der vom Pachthause her dem Ankömmling entgegen eilte, unterbrach dieses Selbstgespräch. Es war ein schmucker Bursche von zwanzig und etlichen Jahren, wie eine Eiche kräftig, wie eine Tanne schlank, frei von der Brust und ein Auge so lachend, so hell und klar wie keines im Dorfe. Jubelnd schwenkte er schon von ferne den Hut, streckte dem Vater beim Begegnen beide Hände entgegen und rief im Uebermaße der innigsten Herzensfreude: „Sie ist gewählt, Vater! — sie ist gewählt! Der Sieg ist unser!"

„Wer ist gewählt?" fragte dieser streng und eiskalt, um den Jubel des Sohnes nach Kräften zu dämpfen.

„Ei Gott! — Du warst ja mit dabei. Juliane Grandson ist gewählt, mein einziges Leben."

„Keine Faseleien, Junge!" warnte drohend der Pächter. „Du hast ein Leben, und diese Juliane Grandson hat eines: eins und noch eins macht aber zwei. Nur nicht überspannt! — Sie ist als die Dritte zum Vorschlage gewählt, ja — und was dann?"

„Was dann?" wiederholte langsam Georg und suchte vergeblich die düsteren Züge seines Vaters zu enträthseln, — „dann schlägt sicherlich die Stunde zur Erfüllung meines einzigen und höchsten Wunsches, denn mein Vater hält sein gegebenes Wort, auch wenn es ihn reut."

„Ja, dein Vater hält sein Wort so bestimmt, als er seinen Willen durchzusetzen weiß. Ich wünsche deine Verehelichung; ganz richtig, aber ich habe als Vater das Recht, Einsprüche zu thun, Bedingungen zu setzen. Seit Wochen quälst du mich mit deinen verliebten Plänen und ich ließ dir die Wahl: entweder nimmst du eine reiche Braut, deren Vermögen dem deinigen die Wagschale hält, oder du nimmst eine arme — dann muß sie anerkannte, gefeierte Tugend als Mitgift in's Haus bringen, sie muß Rosenmädchen gewesen sein."

„Demnach darf ich eine reiche wählen, wenn auch ihr Ruf befleckt ist und Schande meine Ehre deckt?" fragte der Jüngling mit erhöhter Stimme.

„Das habe ich nicht gesagt," erklärte heftig und verlegen Jertrand. „Vermögen und brav, wäre mir das Liebste; fehlt aber die erste Bedingung, dann sei die zweite als Ersatz doppelt vorhanden."

„Vater — Vater!" bat Georg innig; „denke doch zurück an meine liebe Mutter selig, die auch von armen Eltern stammte, denke zurück an den eigenen Anfang! Miß nicht Alles mit dem silbernen Maßstab, damit nicht goldene Ruthen daraus werden! Genügt es denn nicht, daß heute die ganze Gemeinde Juliane als brav, als tugendhaft erklärte?"

„Nein!" versetzte unwillig Jertrand, der seine schönsten Pläne durchkreuzt sah. „Zwischen der Präsentation und der Krone des heiligen Medardus gähnt noch eine weite Kluft. Drei sind im Vorschlage, Eine nur bestimmt der Grundherr. Welche? — steht noch in weitem Felde."

„Er wird, er muß Juliane wählen, denn sie ist das brävste, das sittsamste, das schönste Mädchen, welches die Erde trägt," rief begeistert Georg, während beide in den Hofraum traten.

„Ja natürlich!" spöttelte der Vater, „als wenn ein Verliebter und ein ruhig denkender Mann gleiche Ansicht haben müßten. Die Leidenschaft sieht mit ihren trüben Augen Alles schön, liebenswürdig, herrlich, und entdeckt selbst in Fehlern Raritäten. Frage einmal Andere oder dich selbst nach zehn Jahren — und ich will dein Urtheil gelten lassen."

„Und wenn Juliane nicht Rosenmädchen wird?" fragte Georg in tiefster Erregung und lauschte ängstlich der Antwort.

„Dann denkst du an das vierte Gebot und folgst deinem Vater. Das ist mein letztes Wort."

Beide traten in das Haus. —

Während die Deputation sich des Mittags beim Grundherrn gütlich thut und große und kleine Kinder in dichten Haufen neugierig die Portale umlagern, halten wir uns ruhig im Dorfe und suchen Juliane Grandson, die Waise, auf, deren Namen wir schon so oft genannt. An den schwerbelasteten Tafeln der Reichen ist gut sein, — aber in der niedrigen, traulichen Hütte des Armen nicht schlechter. Gold wird nie und nimmer das Maß für Herzlichkeit und Freundschaft bestimmen. Statt der klingenden, zählbaren Rollen birgt der redliche, brave Arme reine, lautere Schätze, unverwelkliche Tugendgarben im Herzen. Seine Seele ist durch manchen Sturm gestählt, klingt bei jeder Berührung nach durch alle Saiten der reinsten Liebe und baut in jeder Noth auf den Herrn. Ringsum erblühen ihm in belebten und leblosen Bildern traute, treue Freunde, die nichts verscheucht und die enger und inniger sich anschmiegen, je mehr der Himmel sich schwarz umwölkt. Und der Reiche? — Der zählt ganze Schaaren eigennütziger, bezahlter Freunde, gefügig und feig, die beim geringsten Unwetter auseinanderfliehen, wie Hühner vor dem Sturme. Darum wage es Keiner, Reichthum und Glück, Armuth und Unglück für gleichbedeutend auszugeben.

Wir treten in ein einfach gebautes Häuschen. Es ist auf zwei Seiten von einem Gemüsegarten umgränzt; der gönnt freilich den Blumen wenig Raum zum Gedeihen. Doch die listigen Schwestern wissen sich zu helfen. Munter ranken sie sich am Hause empor und flechten mit ihren blaßgrünen Stengeln und Fasern, mit ihren herzförmigen Blättern und Blüthen ein dichtes Netz um die dünne Wand zum Schutze gegen Wind und Wetter. Von den zwei andern Seiten ziehen sich saftgrüne Wiesen heran bis zur niedern Staffel, als wollten sie der schönen Besitzerin, sobald sie die Stufen übertritt, den schwellenden Teppich der Natur entgegen breiten. Und daß Juliane Grandson schön war, gilt als ausgemacht. Ich will kein Ideal der Schönheit entwerfen, aber blaue Augen, Grübchen in kirschrothen Wangen und Purpurlippen gedeihen besser in der freien, frischen Landluft, zwischen Berg und Thal, bei einfachem, thätigem Leben, als in den gepreßten, eng geschnürten Corsetten der Stadtfräulein.

Juliane konnte sich dieser Reize rühmen; ebenmäßige Formen und eine dichte Flechtenkrone kastanienbrauner Haare, die manche Ballkönigin mit einem Gemisch von Bändern und Litzen, auch Kopfputz genannt, ersetzen muß, brachten all diese Kleinigkeiten erst recht in's Licht. Wir treten unbemerkt ein. Voll werfen die Sonnenstrahlen ihr blendendes Licht durch die niedrigen Scheiben über die blanken Dielen, daß sie sich in sprühendem Goldgrunde spiegeln und schimmern, wie glänzender Marmor. Etwas rückwärts am Fenster sitzt Juliane, emsig vertieft in ein altes, vergriffenes Buch — eine Maienandacht zur unbefleckten Himmelskönigin. Nur manchmal hebt sich das Auge und sieht nach ihren kleinen Geschwistern, die sich vor dem Hause tummeln, und dann unwillkürlich auf zur heiligen Gottesmutter, die ihr aus einem alten Holzschnitte entgegentritt. O wie viel hundertmal träufelten diese milden, seligen Augen, dieses himmlische, zaubervolle Lächeln lindernden Balsam in ihre wunde Seele! — Die Ruhe währt nicht lange. Ein munterer Zeisig, der frei im Zimmer umherschwirrt, setzt all seine fiederigen Kräfte in Bewegung, sich bemerklich zu machen. Er hüpft vorsichtig auf das Buch, vom Buch auf die Hand, von der Hand auf die Schulter des Mädchens. O, ihm ist wohler als des Verwalters Papagei, der an klirrender Kette hinter den starken Stäben seines Bauers lärmend herumschreit! Mit den Aeuglein mustert der kleine Schelm die altmodischen Buchstaben und zwitschert's dann laut hinüber, was er gelesen, zu den Reseden, Nelken, Levkojen, welche die Fenster in bunter Pracht schmücken. Diese beugen die Köpflein zum Danke und senden balsamische Düfte zurück, die den Treibhauserzeugnissen des Grundherrn in Nichts nachstehen.

Wieder blickt Juliane durch das Fenster und senkt dann rasch das Auge. Die Wange entfärbt sich und der tiefen Blässe folgt eine dunkle Röthe, die bis zu den Schläfen hinaufzieht. Unwillkürlich klappt sie das Buch zu und preßt beide Hände gegen die Brust, um das hochwallende Herzblut zu dämpfen. Warum so gar erschrocken und verlegen? — Der Antwort dürfen wir nicht lange harren. Die Thüre öffnet sich, der alte Jacques tritt ein, und hinter ihm — Georg Jertrand.

Juliane lud die Eingetretenen zum Sitzen ein und blickte fragend auf Vater Jacques, denn trotz der freundlichen Grüße sahen beide so ernst und finster drein, als hätten sie eben erst im heftigsten Wortwechsel gestritten.

„Erschrick nicht, mein Kind!“ sprach freundlich der Greis, die Unruhe des Mädchens bemerkend; „wir bringen keine Hiobspost. Du sollst nur Schiedsrichterin sein in einem Falle, der dich nicht weniger als Georg interessirt. Ich weiß, daß Ihr einander mehr als gut seid und begünstigte vom ersten Augenblicke an diese Zuneigung, in der festen Hoffnung, mit Gottes Beistand, Zeit und Geduld ein paar Menschen glücklich zu machen. Aber der tosende Strudel der Jugend zischt und brandet und brauset, bis der Damm der Ordnung durchbrochen und das Ziel gewaltsam errungen ist. Das junge, feurige Blut erwägt nicht in seinem vermessenen Kreisen, daß jeder ungesetzlichen, gewaltsamen That aus dem eigenen Samen unbedingt die Strafe erblüht.“

„Man soll nicht scheiden, was Neigung und Liebe vereint,“ entgegnete heftig der Jüngling, „dann fallen diese Dämme von selbst. Ich verlange ja kein Unrecht, sondern nur freie, unabhängige Wahl des Mädchens, mit dem ich fortan Freude und Leid, Arbeit und Segen, Tag und Nacht, ja mein ganzes Ich theilen soll. Ist dieses Verlangen unbillig?“

„So spricht Georg,“ fuhr der Greis ruhig fort. „Vor einer Stunde suchte er mich auf, um in dieser Frage meinen Rath zu hören. Warum auch nicht? Ich kenne Euch beide von der Wiege an, liebe Euch wie Kinder und sprach darum meine Ansicht nach tiefinnigster Ueberzeugung und leider nach eigener Erfahrung unumwunden aus. Georg glaubte mir zum ersten Male nicht. Meine besten Worte, meine triftigsten Gründe waren in den Wind gesprochen und verwehten, ohne daß ein Körnlein auf guten Boden fiel. Welche Zunge wird da nicht stumm? Ueberzeuge Einen, der nicht hören will! — Als letztes Mittel schlug ich dich selbst zur Schiedsrichterin vor. Georg versprach, deiner Entscheidung zu folgen, sie laute: ja oder nein! Sieh ..."

„Bitte, Jacques," unterbrach der Jüngling, „laßt mich sprechen! Jeder ist sich selbst der beste Anwalt." Und nun erzählte Georg von dem Zwiegespräch, das an demselben Morgen zwischen ihm und seinem Vater stattgefunden. „Ich glaubte sicher," fuhr er fort, „mein Vater würde sich mit der Stimme des Volkes, die dich vorschlug, zufrieden stellen. Dem ist nicht so. Er bindet seine Zusage, das Glück seines Kindes an einen Zufall. Nicht anders mag ich in dieser Sache die Ansicht, das Urtheil des Einzelmannes nennen. Wirst du Rosenmädchen, Juliane, so sind meine Sorgen gehoben. Aber des Mannes Pflicht ist es, an das Schlimmste zu denken. Lautet die Wahl des Grundherrn uns ungünstig, was dann beginnen?" —

„Kommt Zeit, kommt Rath," rief Jacques dazwischen.

„Nein, nein! ich mag auf diesen schwankenden Brettern der Ungewißheit nicht länger stehen. Es muß entschieden, es muß klar werden, nur in der Klarheit wohnt der Frieden. Es bleiben uns dann nur zwei

Wege: entweder entsagen und ein freud- und liebeleeres Leben hinschleppen, uns zur Qual, Andern zur Last, — oder mit kräftiger Hand den eigenen Herd aufbauen und mit dem Glücke, mit der Arbeit um das tägliche Brod ringen. — Entsagen kann ich nicht," setzte entschieden der Jüngling bei, „jetzt weniger als je, wo ich dich, Juliane, vor mir sehe; aber ein Weib, eine Familie zu schützen, zu nähren, dazu fühle ich Muth und Kraft in mir vollauf. Jetzt entscheide, Juliane, sprich offen, wohin sich dein Entschluß neiget?"

„O, diese Wahl ist leicht!" rief freudig die Jungfrau. „Viel tausendmal lieber folg' ich dem armen Georg durch Leid und Freud', als dem reichen Pächterssohn in sein Erbe. Ich vertausche ja nur Gleiches mit Gleichem, Armuth mit Armuth, ich kann dann rechtlich meine Geschwisterchen mitnehmen, die ich nie und nimmer verlassen werde. O, dein Vater soll eine Freude haben, wenn er uns zu Zeiten besucht und sein Beifall . . ."

„Das wird nicht geschehen, mein Kind," unterbrach Jacques die lebhafte Sprecherin; „denn diese Verbindung, wiewohl arm, müßte gegen seinen Willen, ohne seinen väterlichen Segen geschlossen werden. Und spätere Verzeihung, spätere Aussöhnung hoffet ja nicht von dem unbeugsamen Sinne dieses Mannes!"

„Gegen seinen Willen, — ohne seinen Segen!" wiederholte bestürzt das Mädchen und blickte fragend auf Georg.

„So ist es!“ sprach dieser dumpf vor sich hin.

Enttäuscht ließ Juliane das Haupt sinken. Was Georg schonend verschwiegen, stand in diesem Augenblicke klar vor ihrer Seele. Der Vater hatte ihren Platz einer anderen bestimmt und verfolgte unerbittlich dieses Ziel. Wie Nebelbilder stürmten hundert und hundert bunte Gedanken auf sie ein, rascher und rascher rollte das Blut durch die Adern und drang in mächtigen Strömen zum Herzen, daß es hoch aufzuckte und unter seinen gewaltigen Schlägen die Brust sich hob und senkte. Es war ein kurzer, aber schwerer Kampf. Endlich erhob die Jungfrau den thränenschweren Blick. „Ich habe kein Recht,“ sprach sie tonlos, „den Brand der Feindschaft, die Flamme des Hasses zwischen Vater und Sohn zu schleudern. Ohne die Einwilligung deines Vaters, Georg, entsage ich. Entweder mit seinem Segen oder niemals! Folge seinem Gebote und ...“

Die Stimme, schwächer und schwächer geworden, versagte. Der Jüngling war überwältigt zurückgetreten und blickte staunend, ehrfurchtsvoll empor zu dem in seiner Entsagung so schönen, so hehren Bilde, zu dieser seligen Verklärung von Reinheit und Güte, von Pflicht, Treue und Liebe. „Ich habe mich nicht getäuscht,“ rief der alte Jacques, nicht länger der tiefsten Rührung Meister, während er die Hand des Mädchens erfaßte und Thräne um Thräne in den wallenden Graubart herniederträufelte; „ich habe mich nicht getäuscht. Dein Entscheid, Juliane, ist der einzig richtige.

Hätte ich so vor fünfundvierzig Jahren zu meinem Vater gesprochen, stünde ich jetzt nicht als armer, verlassener Mann vor Euch, der schmerzlich auf endlose Tage der Buße und Reue zurückblickt, sondern als ein geachteter, wohlhabender Kaufmann. O, mich lehrten die Schläge des Unglücks, daß ohne der Eltern Segen keine glückliche Ehe sich gründet. Der Eltern Segen ist Gottes Beifall; ohne ihn wird die Arbeit zur Qual, die Freude zur Galle, die Ehe zum Fluche! — Der Eltern Segen bauet den Kindern Häuser, der Eltern Fluch reißet sie nieder." —

Die Männer entfernten sich. Juliane aber kniete nieder vor dem Bilde der milden, holden Himmelskönigin, um von ihr, der Mutter der Schmerzen, Ruhe, Trost und Stärke zu erflehen. —

III.

Im Schlosse.

„Am Graben hängt der Mauerring zersprungen,
Sich überneigend in die seichte Fluth;
In dürrem Reiserwerk, zum Nest verschlungen,
Heckte in der Scharte dort die Sperberbrut.
Die morsche Brücke liegt an rost'gen Ringen,
Vom Schuttgeröll' der Zinnen eingerammt;
Das Thor umgittern üppig wilde Schlingen,
Um Schloß und Angeln grünt des Mooses Sammt."

O. v. Redwitz.

So ein festes Stammschloß altadeliger Geschlechter zu betreten, weckt ein eigenthümliches, feierliches Gefühl. Das Auge prüft forschend die colossalen Quader, durch weingemischten Mörtel, Moos, Flechte und Wurzel zu einem zähen, compacten Ganzen verwachsen. Es berechnet, wie lange sie dem nagenden Zahne der Zeit noch trotzen möchten. Der geistige Blick aber schaut zurück in die graue Vorzeit, wo diese Schießscharten, nach innen verengt, diese terassenförmig aufsteigenden Schanzen, die breiten, tiefen Wälle und üppigen Grasgärten, diese starken Thürme, auf deren Mauern zwei Wägen bequem sich ausweichen könnten, diese eisenbeschlagenen Thore einem ernsten Zwecke dienten und manche kühne Siegesfreude scheitern machten. Wer aus den vernarbten Wunden, den Scharten dieser verwitterten Steinmassen lesen könnte, würde von manchem Sturm vernehmen, der tosend darüber hinheulte, von manchem wilden Kampfe, der ringsum tobte und, wie die brandende Woge am Felsenriff, an der eisernen Stirne der Vertheidiger zerschellte. Wo einst Sturmleitern standen, da ranken und steigen jetzt an den hohen Wänden Epheuflechten mit ihren dunkelgrünen Herzblättern keck und fröhlich hinauf, klettern, sich windend, sich ringelnd und biegend, über die Mauer hinweg und blicken, zu dichten Guirlanden sich formend und verschlingend, neugierig in den weiten Schloßhof. Unser Weg dahin führt über die Zugbrücke, die nun so manches Jahrzehent fest ruht auf dem soliden Unterbaue, wenn auch Räder und Schrauben, Seile und Ketten, die einst sie hoben und senkten, noch drohend in der steinernen Thorfassung paradiren. Wir schreiten über den stillen Hof, durch die langen Corridors, aus denen schwüle, gepreßte Kellerluft uns entgegenströmt. Schritt für Schritt geht es die breiten Stufen empor und jeder Tritt tönt dumpf zurück und verhallt in immer leiseren Wellen an der hohen, endlosen Wölbung.

Post festum — nach dem Feste zu kommen, ist und bleibt eine unerquickliche Geschichte. Neugierig, sehnsuchtsvoll betrachtet man den Ort, wo Andere beim Becherklang am funkelnden Strahle der Freude sich ergötzten, und muß sich das Weitere — denken. Bei unserem Eintritte durch die halbgeöffnete Flügelthüre empfängt uns ein großer Speisesaal in vielgestaltigem Schmucke. Mitten hindurch zieht sich eine lange Tafel, als Postament schwere, gedrehte Säulenfüße, von denen jeder recht gut einen modernen Tisch abgeben könnte. Rings herum laden reich gepolsterte Armsessel, mit breiter Rückwand, altmodischer Stickerei und zierlichem Schnitzwerke zum Sitzen ein. An den beiden Hauptwänden prangen ohne Rücksicht auf Licht oder Stellung, in lebensgroßen Porträts die edlen Ahnen des Burgherrn, welche sich um Kirche, Reich oder das eigene Haus besonders verdient gemacht. Die einen schauen helmbewehrt, in blanker Rüstung, mit Schild und Schwert gar trotzig in den friedlichen Saal; andere in weiten Mänteln, Halskrausen, Baretts oder stattlich gelockten Perücken wägen als Staatsmänner mit klugem Blicke das Geschick der Völker und wieder andere, im einfach schönen Gewande der Kirche mit Krummstab und Inful, erheben das Auge begeistert zum Himmel, dem Endziel irdischen Strebens. Die Seitenwände ziert eine kleine Waffensammlung, welche jedes Jahrhundert repräsentirt. Wir sehen Bogen und Pfeile, Armbrüste mit eisernen Bolzen, schwere Eisenrüstungen mit Schild, Schwert und Lanze, den sprühenden Flammberg und enggeketteten Panzer bis herauf zur Büchse mit Feuerrad, zum Degen und zur Muskete mit sicherem Schlosse. Was an Raum noch bleibt, nehmen phantastisch zusammengestellte, prachtvolle Möbel ein. Man sieht da Mahagoni-, Palissander- und Ebenholz, mit buntem Schnitzwerk beladen, vergoldet und verschnörkelt, mit dem adeligen Wappen fournirt. Mitten in dieser kleinen Kunst-, Antiquitäten- und wundervollen Rococowelt steht der silbergelockte Grundherr am hohen Bogenfenster und blickt hinaus über Berg und Thal, Flur und Wald, Wiesen und Seen. Es ist ein stolzer imponirender Mann, kerzengerade, wettergebräunt, von Kopf bis zu Fuß ein Baron, ein gedienter Soldat. Unter dichten Augenbrauen zucken noch Augen wie Lichter, in kleinen Kräuseln decken gebleichte Haare die hohe Stirne und der melirte Schnurrbart, gedreht und gewichst, behauptet kühn seine Stellung wie in früherer Zeit und folgt starr und steif als ein treuer Wächter jedem Zuge der Lippen. Auf einem Feldstuhle ihm zur Seite ruht als mildes, versöhnendes Wesen die Herrin, eine edle Gestalt, ein fast durchsichtiges Antlitz, lang und schmal, ganz begraben in grauen Atlas und durchsichtige Spitzen. Besorgt beachtet sie den Gatten, der seit einigen Tagen unschlüssig sinnt und grübelt und manchmal gar tief Athem aus der Brust schöpft.

„Habt Ihr noch nicht entschieden?“ fragte sie theilnahmsvoll. „Es sind nur noch drei Tage bis zur Verkündigung von der Kanzel herab, und diese ist ohne Euer Wort nicht möglich.“

„O, ich weiß das, Henriette; aber je mehr ich sinne und überlege, je näher die Stunde rückt, wo ich als Seigneur von Salancy mein Wort entscheidend in die Wagschale werfen soll: desto schwankender, desto unzuverlässiger komme ich mir selber vor. Sollte denn mit dem Bleichen der Haare der Verstand schwächer, das Urtheil unsicherer werden? — Seit Jahren entschied ich als Seigneur im Namen und Auftrage des heiligen Stifters und war jedesmal in der ersten Stunde, in welcher man mir das Protokoll überreichte, einig mit mir selbst, tief überzeugt von der Richtigkeit meiner Entscheidung, welche das ganze Dorf auch immer mit lautem Beifall billigte. Nun habe ich das Wahlinstrument schon seit acht Tagen in Händen, und stehe noch immer wie ein Schilfrohr, das sich vor jedem Windstoße beugt, zwischen tausend Zweifeln. Guter Rath ist da theuer. O, ich wollte, es käme ein zündender Lichtstrahl vom Himmel und brächte mir mit einem Male Klarheit!"

„Ihr nehmt die Sache viel zu schwer, mein Theuerer. Drei Mädchen sind es, welche man Euch vorschlägt. Eine davon wird und muß besser, muß tugendhafter sein, als die andern. Dieser erkennt die Rosenkrone zu nach Pflicht und Gewissen, nach innigster Ueberzeugung, und Ihr habt Eurer Verpflichtung als Seigneur Genüge gethan."

„Wähle Einer nach Ueberzeugung," entgegnete ernst der Gutsherr, „wo keine vorhanden! Ja, Rücksichten, Mitleiden, Vorurtheile und Einflüsterungen umschwirren wie Bienen meinen Geist, aber das Eine, was wirklich Noth thut, fehlt: die Ueberzeugung. Nennt mir die Tugendhafteste und ich bin Euch zu hohem Danke verpflichtet."

„Wollt Ihr denn nicht Louise, die Tochter des Verwalters, wählen? Er ist unser Dienstmann, und wir kennen das Mädchen seit Jahren als brav und gut. Diese Wahl liegt so nahe . . ."

„Nein!" unterbrach der Gutsherr; „gerade weil er in unserem Dienste steht, nicht. Das ganze Dorf würde behaupten, ich habe sie gewählt um ihres Vaters willen, um meinem eigenen Hause Lob und Glanz zu spenden. Die hehre Achtung vor der Unparteilichkeit fiele weg."

„Gut, dann ernennt Jacobine, des reichen Bauern Tochter, zum Rosenmädchen. Ihr Ruf ist rein und fleckenlos wie frisch gefallener Schnee."

„Noch weniger. Ihr Vater versprach, hundert Franken unter die Armen des Dorfes auszutheilen, wenn seine Tochter Rosenmädchen würde. Indirect möchte er durch diese Lockspeise den Sieg erringen. Soll dieser reiche Prahler mit einer Handvoll Franken die Palme erkaufen, den Armen in den Koth treten dürfen? Nein, nein! Da sei Gott vor."

„Ei, gut!" rief lächelnd die Herrin, „jetzt ist die Wahl leicht. Es bleibt nur noch die arme Waise, Juliane Grandson; sie wird also Rosenmädchen. In ihrem Lobe sind ohnehin Alle einstimmig."

„Auch nicht!" versetzte allen Ernstes der Seigneur. „Juliane hat nicht weniger, aber auch nicht mehr Recht als die beiden Mitbewerberinen. Ob arm, ob reich, bleibt unbeachtet. Aber was kann Louise dazu, daß ihr Vater unser Verwalter, was Jacobine, daß ihr Vater ein reicher Prahler ist? Darf ich den Zufall, die Schwäche des Vaters der Tochter als Schuld anrechnen und sie zurücksetzen? — Und nun, meine theuere Herrin, nennt mir die der Rosenkrone würdigste!"

„Unmöglich, Herr. Anfangs hielt ich die Sache für Kinderspiel und konnte Euer Zaudern nicht begreifen, — jetzt sehe ich mich in ein Meer von Zweifeln versenkt. Und doch muß Etwas geschehen. Alle Bewohner von Salancy harren Eueres Wortes, und ehe dreimal die Sonne unsere zackigen Bergspitzen dort drüben röthet, muß es gefällt sein. So laßt in Gottes Namen alle Zweifel fahren und entscheidet rasch! Es ist das Sicherste."

„Nicht rasch," warf der Seigneur ein, „richtig entscheiden ist die schwere Kunst, damit Keiner das Urtheil aus rechtlichen Gründen anzutasten wage. Soll ich der Erste meines Namens sein, der leichthin das heilige Vermächtniß verwaltet? — Ich würde Schmach auf unser altadeliges, hochberühmtes Geschlecht werfen, und müßte mich schämen, diesen Saal wieder zu betreten. Unsere edeln, stolzen Ahnen, die am Herde, im Felde Großes geleistet in Rath und That, würden verächtlich den Blick abwenden von dem unwürdigen Enkel und die Bilder aus ihren Rahmen stürzen. Nein, es muß der richtige Weg noch gefunden werden!"

„So laßt den Zufall walten!" rieth die Dame; „er gelte als Gottesgericht. Ich nehme drei gleiche Blättchen Papier und schreibe die drei Namen der Vorgeschlagenen darauf. Sodann falte ich dieselben gleichförmig zusammen, rüttle und schüttle sie in einem Körbchen durcheinander, und die Trägerin des Namens, welchen Ihr mit abgewandtem Gesichte zieht, sei Rosenmädchen. Genügt auch das nicht?“

„Nein! — für ein Spiel ist die Sache zu heilig und die Zuflucht zum Loose unwürdig der Ehre des Seigneurs von Salancy.“

„Jetzt winkt mir ein guter Gedanke!“ rief plötzlich die Dame, nachdem sie lange im Stillen gesonnen und allerlei Pläne rasch erdacht und eben so schnell verworfen hatte, und ein lichter Freudenstrahl erleuchtete bei diesen Worten ihr blasses Antlitz; „ein Gedanke, der sicher zum Ziele führt. Was der Gutsherr nicht bestimmen konnte — zur Ehre der braven Jungfrauen sei es gesagt, — das sollen diese selbst vollbringen. Sie sollen ohne Zwang, ohne fremdes Einmischen aus ihrer Mitte und durch sich selbst die Würdigste ernennen und ihren Namen laut aussprechen, sonder Haß und über jeden Zweifel erhaben.“

„Herrlich! köstlich!“ jauchzte der Gutsherr nach kurzem Bedenken und kehrte sich kurz und leicht wie ein Tanzmeister auf dem Absatze herum. „Frauenklugheit ist und bleibt unübertroffen. Erkläre nur rasch, wie beginnen?“

„Ueber das Wie bin ich selbst noch nicht einig. Vorsicht ist nöthig, denn das Frauenherz birgt zehntausend Falten, jede Falte tausend Gefühle und jedes Gefühl hundert Geheimnisse, die ihr Männer nimmer ergründet. Ueberlaßt mir vertrauensvoll die Ausführung, denn ein Weib wird doch des Weibes Herz kennen! Bis morgen um diese Zeit soll Klarheit leuchten im wirren Dunkel und diese Entscheidung wird einen neuen Blüthenzweig in den Kranz unseres erhabenen Hauses flechten.“ —

Wer wird dem Frauenherzen, das sich willig wie eine Windrose dem leisesten Hauche erschließt, eine kleine Portion Neugierde verargen? Die eigenen vier Pfähle, die Familie sind der kleine Kreis, worin die Gattin, die Jungfrau belehrend, mahnend und schaffend ihr segensvolles Wirken entfaltet, und aus den Früchten, welche des Gatten, der Brüder Thätigkeit erbeutet, mit sorgsamer Hand den süßen, bleibenden Kern losschält. Jene, welche kühn und üppig über das schmale Feld hinausranken und wie Flatterreben einen weiten Spielraum suchen unter Land und Leuten, werden statt des gesunden Kernes nur taube, klappernde Schalen erbrechen, gefüllt mit Staub und Steinen und widrig wimmelnden Thierchen. Was dagegen unerwartet, urplötzlich hereinragt aus der lärmenden Welt in das stille, häusliche Walten, spannt mit frischer, doppelter Kraft die Wißbegierde des Weibes und treibt die Pulse zum rascheren Schlage, die Zunge zum flüchtigeren Gange. Was der Mann kaum achtet, gibt der Frau reichen Stoff zum Forschen, zum Denken und Plaudern für lange Tage.

An jenem Abend begab sich Juliane Grandson

spät zur Unruhe, — Ruhe wenigstens kann man's nicht nennen, wenn das Köpfchen sich bald hebt, bald senkt, bald hinüber, bald herüber wirft und ein süßer Schlummer vergeblich auf sich warten läßt. Und diese Unruhe war nur zu gegründet. Jedermann wird das zugeben, wenn wir erzählen, daß im Laufe des Mittags ein herrschaftlicher Lakai in voller Galauniform in das bescheidene Stübchen trat und mit respectvoller Verbeugung im Auftrage seines Gebieters eine Einladung auf das Schloß für den nächsten Morgen um neun Uhr überbrachte.

Nun ging's an ein Sinnen und Erwägen, an ein Grübeln und Studiren, das nimmer ein Ende fand. „Was wird die Herrschaft wollen?" war die stehende, nach allen Seiten hin erörterte Frage. Mehr als einmal pausirte die Nadel, um das Ganze wiederholt von vornherein zu überlegen und so gewiß den richtigen Grund zu treffen. „Vielleicht ist der Würfel schon gefallen, und diese Ehre, ein herablassendes Wort soll mich entschädigen? — Die Herrschaft wählt unabhängig und ist Niemand Ersatz oder Verantwortung schuldig. Vielleicht ist sie noch zweifelhaft und ich soll für Louise freiwillig zurücktreten? — O, wenn der edle Herr wüßte, wie schwer die Entsagung fällt, daß Alles, Alles auf dem Spiele steht und kein Fünkchen Hoffnung mein gepreßtes Herz mehr belebt! Doch wer kümmert sich um die Armuth?" —

Verlassen und unter steter Arbeit aufgewachsen,

sucht die Armuth Schutz und ist darum empfänglicher für die verheerende Leidenschaft der Liebe, die gewaltsam wie ein Sturmwind hereinbricht. Alle ihre Wünsche, alle ihre Neigungen vereinigen sich alsdann in dem Wesen, das sie fesselt. Aber wie häufig wird die Armuth nicht getäuscht und verrathen? wie selten gelangt sie zum Ziele? — Ihre Liebe blüht nur, um zu welken und reichen Schmarotzerpflanzen das Feld zu räumen. Glückliche Liebe ist für sie eine vom Himmel gefallene Blume.

Langsam und trübe, unter düsteren Träumen schlichen die Stunden der Nacht vorüber, bis endlich die Sonnenkugel am östlichen Himmel emportauchte und mit glühendem Purpur die Bergspitzen umstrahlte. In langem, weitem Bogen stieg sie empor, so zaudernd, so gemächlich, als habe sie heute die rechte Bahn gefehlt, als hinkten die feurigen Rosse. Sonst mußte Juliane mit der Zeit geizen und wetteifern, so rasch entrannen die Stunden — heute kroch der Zeiger träger als eine Schnecke von Stelle zu Stelle und besann sich hundertmal, bis er endlich sieben, bis er acht Uhr und noch etwas weiter zeigte.

„In Gottes Namen!“ seufzte das Mädchen und legte die Arbeit bei Seite. „Ich will mein Werktagskleidchen nicht vertauschen. Wofür auch den eigenen Schmerz schmücken, das tiefe Weh mit Putz umhüllen? Meine Mutter selig sagte hundertmal: Hausgemacht, reinlich und einfach genüge und sei für den Armen immer anständig, immer das Beste."

Mit diesen Worten langte die Waise in das Weihwasserkesselchen an der Wand, besprengte sich unter dem Zeichen des Kreuzes, empfahl sich mit einem frommen Blicke der hohen Himmelskönigin und überschritt getrost die Schwelle des Hauses.

Nicht wenig erstaunte Juliane, als sie auf dem Wege zum Schlosse ihre beiden Rivalinen, Louise und Jacobine, traf.

„Sprich! weißt du, warum?" riefen beide wie aus einem Munde schon von ferne und eilten auf sie zu.

„Nein! Ich wollte von Euch Aufklärung. Ihr, der Quelle weit näher, sprecht Ihr! — Wißt Ihr, warum?"

„Ach nein!" klagte Louise, „wir wissen nichts, noch weniger als nichts und zerbrechen uns seit Stunden nutzlos die Köpfe. Wer es entziffern könnte! — Kommt nur und eilt, damit wir bald Gewißheit erlangen!"

Und raschen Schrittes eilten die beiden Mitbewerberinen voraus. Sie prangten im schönsten Schmucke, dem Spitzen, Seide und Sammet nicht mangelten, und sicherlich, Niemand hätte, unbekannt mit den Vorgängen, die einfache, bescheidene Juliane für die Dritte gehalten.

Derselbe Diener, welcher gestern die Einladung überbracht hatte, erwartete heute die Jungfrauen am

Portale und geleitete sie in den Speisesaal. Ein freundlicher Empfang ward hier denselben von Seite der Herrin. Es half kein Sträuben, kein Zieren — alle mußten Platz nehmen in den weiten Armsesseln, an der gutbesetzten Tafel und mit der Gebieterin des Hauses den Morgenimbiß theilen. Es gab Butter und Käse auf frischgrünen Blättern, kalten Braten und saftigen Schinken, in lange Schnitten gespalten, Semmel und Backwerk und als Letze süßen Rothwein in hohen Stengelgläsern, die beim Anstoßen gar hell und zauberisch klangen. Dazu wußte die Herrin allerlei zu erzählen und zu fragen.

„Ei," klügelte Louise im Stillen, „das bedeutet ein Examen in bester Form." Und nun ließ sie ihr Züngelchen spazierengehen wie ein schnurrendes Rädchen und suchte auf Alles gar zierlich und fein zu antworten. Aber auch Jacobine merkte den Spuk. Rasch spannte sie alle Segel auf, um ihrer gesprächigen Nachbarin den Rang abzulaufen, und dachte kaum mehr an's Essen. Nur Juliane blieb still und in sich gekehrt. Das Alles kam ihr vor wie eine schimmernde Decke für spätere Tage der Entsagung. Nur wann die Dame sich fragend nach ihr wandte, gab sie Antwort, aber alsdann ruhig, bescheiden und überlegt.

„Und nun, liebe Mädchen," sprach zuletzt die freundliche Herrin, „weil Niemand mehr zugreift, will ich Euch als Nachtisch noch eine große Freude bereiten. Am nächsten Sonntag ist also die Verkündigung des

„Rosenmädchens.“ Weiß der liebe Himmel, wen der Seigneur bestimmen wird. Es scheint mir fast, als wenn ihm dieses Jahr die Wahl recht schwer fiele. Am liebsten möchte er wohl Euch alle drei zugleich wählen, — doch das bleibt ein frommer Wunsch. Darum hat er mich beauftragt, Euch auf's Schloß zu laden, und sich entschlossen, Jeder, auch den Nichtgewählten, als Andenken an das Fest des heiligen Medardus ein kostbares Geschenk, einen Hausschatz von bleibendem Werthe zu verehren. Das Geschenk ist um so werthvoller, weil Jede für sich allein, nach eigener Lust, ohne Scheu vor den Andern wählen darf. Deßhalb begleite mich immer nur Eine in das anstoßende Zimmer. Louise, du bist die Aelteste und folgst mir zuerst; dann hole ich Jacobine und zuletzt als die Jüngste, Juliane.“

Mit diesen Worten erhob sich die Dame und führte Louise in das anstoßende Cabinet. Ueberrascht blieb diese bei ihrem Eintritte stehen. Ein herrlicher Blumenflor, der sich in einem Halbkreise entfaltete, erhob seine hundertfarbigen Blüthen fast bis zur Decke. In der Mitte desselben stand ein Tisch, mit himmelblauem Teppich belegt. Auf dem Teppiche ruhten drei Kissen von dunkelrothem Sammet, geziert mit gleichfarbigen Quasten. Sie dienten nur als Unterlage für weit köstlichere Dinge. Auf dem zur Rechten blitzte und glitzerte ein schwer silbernes Halsgehänge, ein großes Schaustück mit dem Bildnisse des regierenden Fürsten als Schlußstein daran. Auf dem zur Linken glänzten und funkelten, von silberner Nadel gehalten, ein paar goldene Ringe, zwei Hände versinnlichend, die sich in Liebe und Freundschaft fest umschlingen. Auf dem dritten lag ein Rosenkranz, aus hellrothen, geschliffenen Perlchen geflochten, die ein schönes Kreuzchen von Elfenbein an die blauseidene Schnur schloß.

„Nicht wahr, Louise, hier gibt's schöne Dinge?" bemerkte grüßend der Freiherr, welcher zur Seite stand; „jetzt wähle dir einmal ganz nach Lust und Belieben!" Wiederholt glitt das Auge des Mädchens prüfend von

Kissen zu Kissen, bis es lüstern auf den funkelnden Reifen haften blieb. Die Hand, gehorsam dem Blicke, erhob sich und deutete nach diesen. „Löse selbst ab, was du wünschest,“ sprach der Seigneur, um jeden Zweifel zu heben. Wenige Augenblicke später glänzten die Ringe an ihrer Hand und wurden von dem Baron sofort durch ein paar gleiche ersetzt.

Nun führte die Herrin Jacobine herein. Schnell das Auge und noch schneller das Urtheil, überflog sie forschend die Kissen, löste ohne weiteres Bedenken die Halskette ab, und ließ sie entzückt durch die Finger gleiten. Eine neue kam an ihre Stelle und nun ward Juliane gerufen. Mit Gleichmuth betrachtete die Waise die hübschen Reife, das gliederreiche Gehänge. Was sollten ihr Brautringe, wo Entsagung oder widerrechtliche Liebe ihr einziges Loos blieb? Was die schimmernde Kette, um vielleicht nutzlos im dunklen Schreine zu lagern? — Fast ohne Zögern hob sie den Rosenkranz vom Kissen, schlug ihn wie zum Gebete um die Hand und trat zu ihren Gefährtinen.

„Und nun, liebe Mädchen,“ sprach die Herrin, „hätte ich, bevor wir scheiden, noch eine kleine Bitte. Wir Frauen möchten gern Alles wissen und es interessirt mich ungemein, zu erfahren, warum Ihr gerade so und nicht anders gewählt. Nicht wahr, Louise, du schlägst mir meine Bitte nicht ab?“

„Die Ringe gefielen mir zu gut, gnädige Frau, und ich — dachte — — wirklich — —“

„Sie bald praktisch anwenden zu können," ergänzte lächelnd der Seigneur, während die Sprecherin das Auge zu Boden senkte.

„Und du, Jacobine?" fragte die Dame weiter.

„Ei, mein Grund ist leicht gesagt," entgegnete das muntere Mädchen, „er liegt auf platter Hand. Es ist das schönste Collet, das je mein Auge erblickte, und alle pikardischen Mädchen werden mich darum beneiden."

„Und du, Juliane, mit deinem Rosenkranze, aus echten Granaten gewunden, der diesen Geschenken an Werth in nichts nachsteht?"

„Das kenne ich nicht, gnädige Frau," betheuerte die Gefragte; „aber jede Waise braucht eine starke, feste Stütze in der Welt. Er soll mein Schutz und Hort sein in den trüben Stunden des Kampfes und der Entsagung."

„Und wer glaubt Ihr, daß von Allen am Besten gewählt?" schloß ernst der Gutsherr. Ueberrascht blickten die Mädchen bald auf die Geschenke, bald auf einander. Eine dunkle Ahnung dämmerte in ihren Seelen, daß diese Wahl nicht ohne schwere Bedeutung gewesen. „Nun, meine Kinder, sprecht offen und ohne Scheu!" wiederholte sich noch einmal die Frage.

„Juliane — ohne Zweifel!" erklärte nach kurzem Bedenken mit rücksichtslosem Freimuthe Jacobine, während Louise verlegen nur ein halblautes Ja beisetzte.

„Wir stimmen vollkommen bei!" schloß der Seigneur das kleine Frühfest und geleitete sammt Gattin die

Geladenen zum Ausgange des Schlosses, wo man sich freundlich verabschiedete.

Am nächsten Sonntage verkündigte der Herr Pfarrer von der Kanzel herab der zahlreich versammelten Gemeinde: Juliane Grandson als das vom Seigneur ernannte Rosenmädchen.

IV.

Der Festtag.

„O Neckargrund, so liebetraut!
Wann hat solch' selten stolze Schaar
Dein klarer Spiegel je geschaut?
Wann durfte je solch' bräutlich Paar
Dein waldesgrüner Arm umranken?
Der Minne duftige Gedanken,
Soviel in deinem Herzen weben,
O sieh'! Sie tauchen auf zum Leben!" —
O. v. Redwitz.

Vögel und Blumen sind doch gewiß früh munter; — mit dem ersten Schimmer des jungen Tages hüpfen die befiederten Sänger auf der Nester Rand, um laut einen „guten Morgen" zu zwitschern nach allen Seiten hin zu ihren schläfrigen Nachbarn; und die Blumen entfalten die Kelche, welche sie gegen den Nachtfrost sorgsam geschlossen, beim frühesten Morgengrauen und saugen gierig den kosenden Kuß perlender Thautropfen. Blumen und Vögel sind früh; aber die jungen Leute von Salancy kamen beiden am Feste des heiligen Medardus um Vieles zuvor. Diese hatten den Dorfbewohnern, eingewiegt in süßen Schlummer, den Blumen, die noch traurig die Köpflein senkten, den Vöglein, die noch im Nestchen huscherten und zum Schutze gegen die kühle Morgenluft die Flügel fester anzogen, sie hatten selbst dem frühesten Tagesschimmer mit Glück den Vorrang streitig gemacht. Die bleichen Lichtstreifen, welche manchmal hinter den Bergen emportauchten, sich bald wie Ringe um die Kuppen zogen und bald wie duftige Nebelkappen auf die Felsspitzen setzten, zerstoben, von unsichtbarem Hauche gejagt, rasch wieder und machten der jungen Schaar keine Sorgen. Bis der Tag über die Joche hinweg, in die Klüfte hereinlugte, mußte ihr Werk vollendet sein.

Unbemerkt hatte sich eine kleine Abtheilung der Wohnung Julianens genähert und nach kurzer Berathung über den geeignetsten Platz zur Arbeit gegriffen. Hacken, Spaten und Schaufel regten und sputeten sich so emsig und lautlos, als sei eine Rotte gieriger Schatzgräber zur Stelle. Kein Wort ward gesprochen. Nur manchmal vernahm man ein stöhnendes Seufzen, wenn Spaten und Schaufel rasch die feuchte Erde durchschnitten, oder einen hellen, schrillen Schrei, wenn unvermuthet Eisen auf Eisen stieß. Nicht eher gönnte man sich Rast und trocknete den Schweiß von der Stirne, bis ein tiefes Loch, das die ringsum aufgeworfene Erde noch tiefer erscheinen ließ, den Gräbern entgegenstarrte. Schwere Steine wurden noch herbeigeschafft und kurze Holztrümmer zu Keilen geeignet. Jetzt ward Ruhe. Harrend und ermüdet lehnte sich Jeder auf sein Instrument. Besorgt blickten sie bald nach den fernen Bergen, wo die ersten Lichtstrahlen, siegreich mit der Dämmerung kämpfend, hervorbrachen, bald nach dem Dorfe hinab. Sie sollten nicht lange vergeblich warten. Eine schwarze, langgestreckte Masse wälzt sich langsam die Straße herauf, wie ein ungeheuerer Lindwurm aus alter Zeit, der auf hundert Füßen einherkriecht und unheimlich mit dem buschigen Schweife wedelt und schlägt. Näher und immer näher rückt der sonderbare Zug und gestattet uns allmälig zu unterscheiden. Schwarz, wie im Feuer gebrannt, der Rumpf, — blüthenweiß, saftig glänzend der Leib, — ein grüner, dichter Wipfel als Schluß, — eine majestätische Fichte, größer als ein Mastbaum, von mehr als dreißig Burschen auf den Schultern getragen. Ein Jüngling schreitet voran und leitet jede Bewegung. O, wir kennen diesen Gang, diese schlanke Figur, — aber wer wird ein Geheimniß ausplaudern? Manchmal halten die Träger kurze Rast. Wein und Brod geht alsdann durch die langen Reihen, und freigebig sorgt ihr Führer dafür, die geleerten Stärkungströpflein durch frische zu ersetzen. Endlich gelangen sie auf den Platz. Ohne die Last abzusetzen, werden die bethauten Zweige mit blauen, grünen, gelben und rothen Bändern geschmückt und selbst Silber- und Goldstreifen mischen ihren schimmernden Glanz darein. Zwei reiche Kränze, aus Epheu und Buchs, Rosen und Veilchen, Levkojen und Nachtschatten und hunderten von Blüthen auf Weiden geflochten, werden, während die Träger Mann für Mann sich bücken, den glatten Stamm hinaufgeschoben, und der größere unter der astigen Krone, der kleinere inmitten des Stammes befestigt. Auf ein Zeichen des Führers sinkt die geschwärzte Spitze in die Vertiefung, der Stamm hebt sich, von kräftigen Händen gestützt, bis zur Hälfte empor, und ein Seil, um die Mitte geschlungen, hilft die furchtbare Wucht vollends emporschaffen, bis der geschmückte Gipfel des Maienbaumes gerade in den Himmel schaut. Erde und Steine rollen in die Grube, werden festgetreten und eingerammt und als Schlußstein folgen die hölzernen Keile. Und wie der erste Schlag fällt, steigt die Sonne in all ihrer Pracht am Himmel empor und beleuchtet den stattlichen Maien und eine fröhliche Gruppe, deren frohes Morgenlied als Begleitung der letzten Schläge weithin hallt über die bethauten Triften und Fluren:

„Maibaum auf!
Im Morgenthau
Auf blumiger Au —
Die Tugend zu ehren,
Das Gute zu mehren —
Drum schüttle dein Haupt!

Maibaum auf!
Nicht Trug noch Schein,
Zum fröhlichen Sein,

Die Lust heut' erglühe,
Die Freud' uns erblühe —
Drum schüttle dein Haupt!

Maibaum auf!
Zum festlichen Thun,
Julianen zum Ruhm',
Zum Preise der Jugend,
Die huldigt der Tugend —
Drum schüttle dein Haupt!" —

Als Juliane an jenem Morgen zu ihrem Fenster hinausblickte, war der Platz leer; ein riesiger Geselle aber hielt Wache vor ihrer Thüre und winkte ihr mit lautem Dröhnen und Rauschen einen freundlichen Willkomm. Ihre kleinen Geschwisterchen wußten sich nicht satt zu sehen an den herrlichen Bändern und Blumen da droben, und konnten nur bedauern, daß sie ein wenig zu hoch hingen.

Nach dem Hochamte begab sich Juliane auf den Kirchhof, an das Grab ihrer Eltern. Thräne um Thräne perlte nieder auf die Blumen, welche die friedliche Stätte umgrenzten, während ihr Geist sich im andächtigsten Gebete für die Ruhe der Hingeschiedenen erhob. Es waren Thränen, es waren Worte des Dankes für jede gute Lehre. Hatte ja doch der Samen, welchen die christlichen Eltern mit sorgsamer Hand in das jugendliche Herz gestreut, sie zu dem höchsten Ziele emporgeführt, das ein Mädchen von Salancy erringen konnte. Gefaßt und beruhigt verließ sie die Stätte des Friedens. Eine innere Stimme sagte ihr, daß ihr Gebet erhört sei, daß die Geister des Himmels sie freudig umschwebten.

An diesem Tage wurde in jedem Hause von Salancy etwas früher und rascher getafelt, um ja rechtzeitig zur Stelle zu sein. Auf dem Sammelplatze war bald Alles in voller Bewegung und man konnte an den Aufbruch denken. Zwölf Jünglinge des Dorfes in ihrem besten Schmucke, die schwarzen Hütchen reich verziert mit bunten Bändern und Rosmarinzweigen, und zwölf Jungfrauen, weiß gekleidet, Rosabänder um die Hüften geschlungen und niedliche Myrrhenkränze im Haare, zogen, von Allen gefolgt, hinauf zu dem winkenden Maibaum, zu Julianens Behausung. Nach wenigen Minuten trat sie hervor, im schönsten Gewande, das ein Mädchen schmücken kann, im weißen Kleide der Unschuld, mit weißer, flatternder Schärpe umgürtet, die kastanienbraunen Haare in langen Ringelzöpfen wallend, jedoch ohne Kranz. Sonst glich Juliane einer zarten, halbentfalteten Knospe; heute einer kaum erblühten Rose, die frisch im Morgenthau duftet.

Schnell wurde der Zug geordnet und setzte sich allgemach in Bewegung. Voraus die Geiger, Pfeifer und Trommelschläger mit ihren fröhlichen Weisen und wirbelnden Märschen, sodann die Jünglinge mit Fahnen und Kränzen, die Jungfrauen, in ihrer Mitte als Rosenmädchen Juliane, und zum Schlusse eine Schaar Waffenträger in ernstem, gemessenem Schritte. So zogen sie hinauf auf das Schloß, von Alt und Jung in bunten, dichten Schaaren umschwärmt. Im stärksten Gewühle bemerken wir den alten Jacques mit seinem treuen Hunde. Sein Hut, sein messing=beschlagenes Gehänge ist heute gar festlich geputzt; er selbst blickt so freudig, so verklärt ringsum, als habe er dieses Werk gestiftet und heute eine große Schuld gesühnt.

An der Zugbrücke salutiren zwei Musketiere und der Seigneur selbst in voller Uniform, mit Tressen und Fangschnüren reich besetzt, seine Beamten und Diener als Geleite hinter sich, empfängt die Gefeierte am Portale. In diesem Augenblicke rufen die Glocken der Dorfkirche zur Vesper. O, es ist ein erhebender, festlicher Jubelklang dieses Glockengeläute, das die reine Metallstimme in klangvollen, wogenden Schwingungen weit fortträgt über alle Höhen und so auch den Fernsten auffordert zum Gebete, zum freudigen Aufblicke zu Gott.

Der Seigneur reicht Juliane die Hand, und so ziehen sie hinab zur Kirche. Er geleitet sie durch alle die dichten Reihen hinauf zum Chore, zu einem eigens dazu bestimmten Betstuhle in dessen Mitte. Dem Rosenmädchen gebührte nach dem Priester der erste Platz — und selbst der Seigneur trat zurück, um die Tugend zu feiern, welche den Stolz verstummen, die Rivalität erbleichen läßt. Alles muß weichen zur Verherrlichung der Gefeierten, denn ihre Gegenwart soll Alles verdunkeln, ihr Ruhm jeden Unterschied des Standes tilgen und vor dem erhabenen Bilde der Tugend jedes andere verlöschen. Ihr Platz sei in der Mitte Aller, Niemandes

Eigenthum und vor Allen ausgezeichnet. Juliane ist an diesem Tage die wahre Gebieterin von Salancy; aber ihre Würde hat nichts gemein mit den Ehren und Stellen, welche der Staat, der Grundherr oder die Gemeinde verleiht. Ihre Würde ist die Liebe, die Hochachtung, die Bewunderung Aller. Darum stehe ihr Thron da, wo sie von Allen gesehen werden kann, damit ihr Beispiel für Alle flammend leuchte, auf Alle mächtig wirke und den Keim der Tugend in Aller Herzen säe.

Sobald die Vesper geendet und die letzten Töne des erhebenden Gesanges verklungen waren, schritt der Priester, von seinen Assistenten gefolgt, vom Altare hinweg mitten durch die gedrängten Schaaren. Ihm folgte Juliane, abermals vom Seigneur geleitet, und diesem sein Gefolge, der Syndicus und die vornehmsten Einwohner des Ortes. Langsam bewegte sich die Prozession, welche unabsehbare Volksreihen in schönster Ordnung schlossen, unter den Klängen der Musik nach dem Schlosse zur Kapelle des heiligen Medardus, um dort nach altem Brauche öffentlich und feierlich die Krönung zu vollziehen.

In der Kapelle des heiligen Medardus angelangt, kniet Juliane in Demuth auf der letzten Stufe des Altares nieder. Der Seigneur nimmt die Rosenkrone, mit einem breiten, blauen Bande umwunden, mit flatternden Streifen und vorn mit einem glänzenden Ringe von Silber geziert, von einem Seitentische und überreicht sie mit gebogenem Knie dem Priester. Der Diener des Herrn setzt sie nieder auf den Altar, kniet hin und spricht vereint mit dem Volke ein andächtiges Gebet für die Kirche, den Fürsten, das Land und seine Bewohner. Sodann besprengt er die Rosenkrone mit geweihtem Wasser, incensirt sie mit Weihrauch und spricht unter dem Zeichen des Kreuzes feierlich den Segen darüber. Und nun wendet er sich, den Tugendpreis in der Hand, in eindringlicher, feuriger Rede zur Königin des Tages:

„Unaussprechlich ist, was mein Herz in diesem hehren Augenblicke erfüllt, da ich im Namen, im Auftrage und an der Stelle unseres besten und liebreichsten Vaters, des heiligen Medardus, meine Hand erheben soll, um in dir, meine Tochter, nicht etwa die leibliche Schönheit und Grazie, oder vergängliche Reize, womit dich der gütige Schöpfer so reichlich geschmückt hat, nicht etwa Ehre und Ansehen, Hoheit und Würde, Reichthum oder welche irdischen Güter sonst immer, womit dich etwa die Welt ausgezeichnet hätte, — nein! nichts von all' dem, sondern um in dir die edelste und kostbarste Himmelsgabe, das glänzendste Geschenk der göttlichen Gnade, die höchste Errungenschaft menschlicher, freieigner Mitwirkung — um in dir die Schönheit, den Adel der Tugend feierlich vor den Augen des Volkes zu krönen, zu krönen mit einer Krone, nicht von Gold oder Silber, wie geborene

Fürstinen der Erde sie tragen, sondern mit einer Krone, welche Gottes Allmacht selbst geformt, so schön, so lieblich duftend, vom reinsten Hauche geröthet, wie keines sterblichen Künstlers Hand sie nachbilden kann. Nimm hin diese Krone, aus Rosen geflochten! — Wie die Tugend längst dein Herz geschmückt und umkränzt hat, so möge fortan dieses schwache und doch so tiefbedeutsame Sinnbild dein Haupt schmücken und umkränzen, als ein äußeres, sichtbares Anzeichen deines inneren, unsichtbaren Tugendkranzes. Möge diese deine Tugend nie sich mindern, nie verwelken, vielmehr immer sich mehren und verklären, ewig jung und ewig frisch erblühen; denn Gold und Silber, Perlen und Geschmeide, Ehre und Ruhm und Alles, was die Erde beut, ist eitel und zerfällt, die Tugend überstrahlt, überlebt und besiegt Alles, sie ist ewig, unsterblich, wie die Wahrheit und göttliche Liebe! Mit Tugend reich geziert leuchte als Königin, wie heute, Allen, Jung und Alt, Groß und Klein, Hoch und Nieder immerdar voran, damit Alle dein Licht leuchten sehen und den Vater preisen, der im Himmel ist!" —

Mit diesen Worten tritt er zur knienden Jungfrau hin und setzt ihr die Rosenkrone auf das gesenkte Haupt. Mächtig, gewaltig rauschen jetzt die Töne der Orgel herab zur Gemeinde und hinauf zum hohen Gewölbe, dringen jubelnd hinaus und schwingen sich empor durch den blauen

Aether, durch der Wolken goldenen Saum zum Throne des Allerhöchsten. Dann rieseln, zittern, fluthen und brausen in gewaltigem Strome die feierlichen Klänge des „Tedeum" durch die heiligen Räume. Wen sollte es nicht ergreifen, wenn er wie aus Einem Herzen von tausend und tausend Stimmen denselben Gott, dieselbe Liebe, in Dankbarkeit und Ehrfurcht, in denselben Tönen anbetend lobsingen hört? Wer sollte nicht freudig in voller Begeisterung seine Stimme erheben zu diesem herzinnigen Confiteor der Gläubigen, das in bewegtem Drange emporsteigt; zu diesem hochherrlichen Credo, das überzeugt und überzeugend am Altare sich beugt, und im Triumphe über den Unglauben heiße Gefühle des Dankes stammelt; zu diesem erschütternden Gloria der Christengemeinde, in das selbst die himmlischen Heerschaaren freudig miteinstimmen? Und zum Wogen der Töne schlagen die Waffenträger draußen mit dröhnenden Musketensalven den Tact und die Mörser auf den Schloßwällen brummen Schlag auf Schlag einen Contrabaß, der mit blitzender, feuriger Zunge Stunden weit durch Schluchten und Thäler dahin summt.

Juliane hat, von tiefer, innerer Bewegung übermannt, das Haupt gesenkt. Thräne um Thräne tritt aus dem Auge und perlt über die tiefrothe Wange; sie läßt sie ruhig, ungehindert niederrinnen, und lautlos bewegen sich ihre Lippen im stillen Gebete. — —

Kurze Zeit später treffen wir Alle auf dem großen, freien Rasenplatze vor dem Schlosse. Ringsum sind Tische,

Bänke und Buden aufgeschlagen. Die Salancyaner lagern sich in weiten Kreisen zu einem frohen, ländlichen Feste, und wer gerade nicht Platz mehr findet, nimmt den grünen, blumengewirkten Teppich der Natur zum weichen, schwellenden Polster. Niemand schließt sich aus. Wir bemerken die Geistlichen, die Gutsherrschaft und den Syndicus, wie sie vergnügt von Tisch zu Tisch wandern, sich mit Jedem, auch dem Aermsten freundlich unterhalten und das Fest durch ihre Gegenwart erheben und beleben. Eine muntere Mädchenschaar bringt die gekrönte Rosenkönigin herbei und führt sie inmitten des Platzes, um hier nach altem Brauche den letzten Act der Huldigung, den Tribut ihrer Vasallen zu empfangen. Sie ist an diesem Tage wirklich Gebieterin von Salancy, und wenn auch ihre süße, gefahrlose Herrschaft nur wenige Stunden dauert, wenn sie auch am andern Morgen zurückkehrt in ihren niedrigen Stand: so müssen ihr doch alle Ehren einer Fürstin erzeigt werden.

Zuerst nahte sich der Grundherr, um mit freundlichem Lobe, außer andern hübschen Gaben, fünfundzwanzig Livres, den Ertrag des „Rosengrundes,“ in ihre Hände zu legen. Sodann folgten Paar für Paar die Jünglinge und Jungfrauen, welche sie zur feierlichen Krönung geleitet, um wie seit dreizehn Jahrhunderten als treue Vasallen ihren Tribut zu übergeben. Den Reigen eröffnete ein Jüngling mit einer Pfeife von Horn, in die er dreimal mit kräftigem Zuge hineinstieß, während seine Begleiterin ein halbes Hundert Nüsse auf den Boden zu den Füßen der Königin hinkollerte. Sodann kamen zwei Paare zu gleicher Zeit, um den Haushalt der erwählten Fürstin mit den Grundelementen des Lebens nach besten Kräften zu bestellen. Sie brachten eine halbe Maß frischen Quellwassers, zwei kleine Weißbrode, jedes einen Sou werth, und als Zuspeise einen Käse, im Werthe von drei Sous. Damit aber den Speisen die Würze, dem Trunke das Feuer, dem Leben die Freude nicht fehlte, eilte ein Mädchen herbei mit einem großen Salzfaß voll Salz und einer Maß klaren, funkelnden Weines, während ihr Führer abwechselnd zwei weiße und zwei farbige Federbälle von Hand zu Hand spielen ließ. Alsdann nahte sich ein Pärchen langsamen Schrittes, um auch den Hausrath des Rosenmädchens von Salancy nach dem Gebote alter Verpflichtung und Sitte zu ordnen. Sie stellten einen Tisch vor die Gefeierte mit einem weißen Napfe, sechs weiße Handtücher und sechs Schüsseln darauf. Zum Schlusse ergänzte ein anderes Paar das Küchen- und Tischgeräthe des Hauses mit zwei zinnernen Töpfen, zwei Gläsern und zwei Messern.

Noch immer mangelten zwei Geschenke und Juliane sah sich vergeblich darnach um. Es waren die wichtigsten, die einflußreichsten für ein Mädchen, und wer sie überreichte, konnte zu Zeiten eine tiefinnere Bedeutung damit vereinen. Diese Gaben fehlten und Niemand wollte wissen, wo sie geblieben. Wo auch nur Vater Jacques bleiben mochte, ihr Beschützer und Rathgeber seit der Eltern Tod? Noch nicht einmal seinen Glückwunsch zur heutigen Ehrenfeier hatte er ihr dargebracht! O, diese Frage war nur die Einleitung, das Vorspiel zu einer zweiten, die noch näher am Herzen lag. Warum ließ sich Georg allein unter all ihren Bekannten und Gespielen nicht sehen? Sollte sein Vater Mittel gefunden haben, das gegebene Wort zu wiederrufen und mit gebietender Gewalt den Sohn zur Entsagung zu zwingen? Trüber und immer trüber umflorten diese Bilder ihr Auge und gossen bitteren Wermuth in den schäumenden Becher der Freude.

Aus diesen düsteren Gedanken weckt sie plötzlich ein zottiger Vorreiter, der sich muthig durch die Umstehenden Bahn bricht, mit lautem Gebelle seinen Herrn ankündet und sich knurrend und wedelnd zu den Füßen der Jungfrau hinstreckt. Ueberrascht tritt diese zurück. Es folgt wirklich der alte Jacques, mit ihm Pächter Jertrand und in der Beiden Mitte Georg. In der einen Hand schwingt der Jüngling einen langen, gefiederten Pfeil mit schneidender Spitze, dem Sinnbild der Alles erreichenden Liebe, und in der andern einen großen Blumenstrauß, um mit seinen Blüthen und Blättern die dornige Bahn des Lebens zu bestreuen. Beide Gaben überreicht er Juliane, die vergeblich eine verrätherische Röthe, das leuchtende Geständniß des Auges zu verbergen strebt.

„So, mein Sohn,“ spricht lächelnd der Pächter,

nachdem er und Jacques der Gefeierten zum herzlichsten Glückwunsche die Hand gereicht; „jetzt ist der Bann gelöst und deine Strafe gehoben. Laß dir's eine Gedenktafel sein, auch als Mann noch, die Wind und Wetter nicht umstürzen!“

„Welche Strafe?“ fragte erstaunt das Mädchen.

„Welche? — Ei, ganz einfach die Strafe für den Ungehorsam. Das Ei geberdet sich klüger als die Henne. Der Herr Sohn ließ im brausenden Dünkel der Jugend den Verstand sammt der Leidenschaft durchgehen, wollte dem Vater den Gehorsam künden, über alle Meere in fremde Länder wandern und weiß der liebe Himmel, was noch. Erst dein ruhiges, selbstständiges Wort brachte ihn wieder in's rechte Geleise und zeigte ihm, wie sehr diese Wetterfahne eine brave, pflichtgetreue Gefährtin als Stütze bedürfe. Aber jedem Vergehen gegen die Pflichten, ob groß oder klein, folgt unausbleiblich die Strafe. Deßhalb mußte mir Georg am Tage deiner Verkündigung geloben, dich von jener Stunde bis zu dieser nicht mehr sehen zu wollen.“

„Und er hat redlich Wort gehalten, wenn es auch noch so schwer gehen mochte,“ bemerkte Jacques mit einem wohlgefälligen Blicke auf die blühende Jungfrau. Nie hatte er sie so schön gesehen, als in diesem kleidsamen, weißen Gewande. Das Morgenroth der Hoffnung hatte alle ihre Reize reicher und schöner entfaltet und die Siegesgewißheit der Liebe ihrem Antlitze den

Stempel der vollendeten, weiblichen Schönheit aufgedrückt.

„Wir wollen nur hoffen," meinte Jacques wieder, „daß jetzt auch der Vater ..."

„Sein Wort hält!" rief der Pächter. „O Jacques, Jertrand hält sein Wort und wenn Eisen bricht und Felsen bersten. Ihr sollt nicht länger zweifeln! Damit ein Fest das andere verdränge, so sei heute über vier Wochen die Hochzeit. Schlage ein, Juliane! Ich mache den Freiwerber für meinen Sohn."

Ohne ein Wort zu sprechen, blickte Juliane nach ihren Schwesterchen, welche sie der Obhut einer Nachbarin anvertraut hatte. Der wackere Pächter verstand den Blick.

„Diese kommen mit, braves Mädchen," setzte er gerührt bei; „Kinder bringen Leben in's Haus und Unterhaltung für den Großvater vollauf!"

Da reichte Juliane dem biedern Manne beide Hände entgegen und Thränen der süßesten Freude benetzten ihr Auge.

In diesem Augenblicke nahten sich auch Louise und Jacobine, um die Rosenkönigin zu bewundern. Als sie durch Vater Jacques erfuhren, wie für Juliane bei dieser Wahl Alles, das ganze Lebensglück auf dem Spiele gestanden, reichten sie ihr freudig und neidlos die Hand. „Wir wollen deine Brautjungfern sein!" riefen beide wie aus Einem Munde, und Juliane gestand es mit tausend Freuden zu.

Das Fest währte, bis die Sternlein am Himmel aufzogen und den fröhlichen Theilnehmern nach Hause leuchteten. Pächter Jertrand hielt Wort. Nach vier Wochen segnete der Herr Pfarrer Georg und Juliane als eheliches Paar ein, und Jertrand hatte nie Ursache, zu bereuen, ein Rosenmädchen von Salancy seinem Sohne zur Gattin, sich selbst aber zur Stütze und Pflege für seine späteren Tage gegeben zu haben. —

Die Martinsgans.

Wo Zwei kochen und schmalzen,
Wird gern die Suppe versalzen;
Wo schüret des Mannes Hand,
Da wird sie versalzt und verbrannt.

Wer kannte in ganz — — r — Herrn Franz nicht mit seinem spitzen „Schlote" und den schmalen Krempen d'ran, mit seinem langen, blauen Fracke, vulgo Schwalbenscheere, und den großen, gelben Knöpfen d'rauf? — Mit Jung und Alt stand er mehr oder minder in Berührung. Es war eine jener stereotypen Figuren, die nie älter werden und ob ihrer Gemüthlichkeit allgemein beliebt sind, mit denen man schon als Kind gern gespielt, und die man nach langen, langen Jahren fast unverändert wieder findet; einer jener beliebten Allerweltsmenschen, die, stets freundlich, gesprächig, friedlich und munter, bei Gleichgestellten im besten Geruche, und bei allen Hochgestellten durch ständige, tiefe Complimente in Gunst und Gnaden stehen. In früheren Jahren hatte Herr Franz die Stelle eines herzoglichen Bedienten und Hoflakaien vertreten. Als aber der Herzog zur Zeit der französischen Schreckensherrschaft unfreiwillig mediatisirt wurde, da traf natürlich auch die Diener gleiches Loos, und durften sich letztere Glück wünschen, daß ihnen die spätere Regierung einen anständigen Pensionsgehalt aussetzte. Außer dieser Pension und der süßen Erinnerung bewahrte Herr Franz aus jenen guten, alten Zeiten eine ganz besondere, vom Hofe ererbte Tugend, nämlich eine außerordentliche Vorliebe für alle Titulaturen. Er wußte Jedermann in der ganzen Stadt bei allen Titeln zu nennen, die ihm gebührten und nicht gebührten, und vergaß selten einen. Sich selbst hörte er am liebsten „Herr Saalmeister" begrüßen. „„Herr Bedienter!"" geht nicht," sagte er oft, „und „„Herr Lakai!"" lautet zu schlecht." Aber „Herr Saalmeister!" wenn man rief, blieb er auf dem Tupfe stehen und ward freundlicher als ein Eidechschen im Sonnenschein. Uebrigens mochte er auch „Herr Franz" wohl leiden, denn der Name stammte noch von seinem gnädigen Herrn selig. Ich glaube wirklich, der Mann hatte gar nie einen andern Namen, denn er hörte keinen, die ganze Nachbarschaft wußte keinen, und selbst sein Weibchen rief man schlechthin: „Frau Franzin," und nur wenn es eine Bitte galt: „Frau Saalmeisterin."

Herr Franz hatte sich nämlich noch als Pensionist ein junges Weibchen angeschafft, „aus purer Langeweile," wie er oft treuherzig versicherte. Die böse Welt lächelte ungläubig dazu und wollte noch einen ganz andern Grund wissen, denn Klara — so hieß sein Weib — war lange Jahre bei dem Veteranen als Magd, oder besser als Köchin, oder noch besser als Haushälterin in Condition gestanden, und hatte sich stets vortrefflich mit ihrem Dienstherrn vertragen. Dem sei, wie ihm wolle, Franz hatte keinen Fehlgriff gethan. Klara hielt den alten Herrn gut, war treu und brav, verstand Küche und Hauswesen aus dem Fundamente und handthierte unablässig vom ersten Sonnenstrahl bis zu des Nachtwächters allbekanntem Liedchen. Sie strafte das verhängnißvolle Heirathssprichwort:

„Jung und Alt,
Schlägt sich bald!"

in aller Wahrheit Lügen. Dazu sprang in dem niedlichen Häuschen auf den Bergen, das die Eheleute mit Stolz ihr Eigenthum nannten, Gottes Segen bereits in drei Exemplaren lärmend und schreiend herum und machte schon manchmal dem lieben Papa die Hosen ein wenig eng.

Wie alle Hofleute, so war auch Herr Franz ein großer Liebhaber von guten Bissen, Raritäten und Leckereien. Recht gut, recht viel, recht billig, und wenn möglich — ganz umsonst war sein Losungswort, und die längst entschwundene, herzogliche Küche sein Exempel. Dabei hielt er sich für einen Hauptkochverständigen und suchte diese Meisterschaft jeder Zeit durch eine möglichst scharfe Kritik selbst über das Beste zu bewahrheiten. Es läßt sich denken, daß diese üble, danklose Gewohnheit zu manchen Ehestands-Kammerverhandlungen und zu manchem Mißtrauens-Votum führte. Ueber Alles ging dabei dem Verwöhnten gebratenes Federvieh. „Ein gebratener Vogel," behauptete er hundert Mal und netzte dabei hörbar die Zunge am Gaumen, „gleichviel ob groß oder klein, zahm oder wild, ist und bleibt ein Herrenessen, eine Delikatesse. Nur Schade, daß diese Dinger so selten wider Einen fahren."

In gerechter Würdigung dieser besondern Tugenden oder Untugenden des Hausherrn hatte die besorgte Klara am 4. Oktober 185— zur Feier und Verherrlichung seines Namens- und Geburtsfestes als Festgeschenk einen herrlichen „Schustervogel" gekauft und zubereitet. So nennen die Leute in —r— gern spottweise die Gänse, weil die Meister vom Pech diesen ganz absonderlich zugethan sein sollen.

Treten wir Mittags bei dem Saalmeister ein! An's Mitessen dürfen wir freilich nicht denken. Der blaue Frack hängt ruhig an der Wand und der „Schlot" als Schutz und Schirm darüber. Sein Inhaber sitzt mit der Familie zu Tisch, hat die weißen Hemdärmel ein wenig zurückgeschlagen, schaut weder rechts noch links und arbeitet vollauf mit beiden Backen. Sollte man nicht meinen, seine Lunge wäre eine Dampfmaschine, welche die Gurgel als Hebel und diese die Backen als Räder treibt, so geht das Schluck auf Druck und Druck auf Schluck hinunter? Endlich findet der Vielgeplagte einmal Zeit zum Reden: „Trefflich, Klärchen, ganz trefflich!" meint er und kaut emsig weiter, „das heiße ich das Gute mit dem Nützlichen vereinen."

„Wie so das?" fragte lächelnd die junge Frau, freudig erregt durch die süße Hoffnung, heute einmal die höchsten Gipfel aller Wünsche ihres Gatten erklommen zu haben. „Sieh, Klärchen, das will ich dir erklären. Die Federn, so du gezupft, und das Fett, so du gewonnen, ist das Nützliche, und der Vogel, d. h. das Fleisch, so wir essen, ist das — — Gu — te, — a — ber — — ....“

„Auch heute ein Aber!“ fährt Klara ärgerlich von ihrem Sitze in die Höhe. „Nein, Franz, du wirst nie und nimmer zufrieden. Was denn aber? Die Gans ist so groß, als nur ein junges Thier sein kann, die Sauce ist — ohne mich loben zu wollen — köstlich, das Fleisch ist so weich, so mürb, so saftig, so zart, daß es im Munde schmilzt und zerrinnt wie frisch gefallener Schnee in der Mittagssonne. Was soll nun eigentlich fehlen?“

„Die Gans ist gut,“ wiederholte der Saalmeister und kaute unaufhaltsam weiter, „auch jung — auch fett — auch weich — — aber“ —

„Was denn?“

„Haben wir denn für heute Abend noch sammt den Kindern?“

„Es ist möglich; für dich habe ich auf alle Fälle die Leber aufgehoben.“

„Und auch noch für — — morgen?“

„Warum nicht gar?“ rief vor Zorn lachend und weinend Klara; „du ißt wie ein Drescher und doch soll ein Schustervogel drei Wochen langen.“

„Siehst du? mein Aber!“

„Dein Aber ist ein unvernünftiges.“

„Nein, Klara, nein! das ist vernünftig. Die Gans ist gut, aber — keine Herzogsgans!“ argumentirte und kaute Herr Franz ungestört weiter. „Du lieber Himmel! das waren Gänse — die hatten Schenkel! — Ich will d'ran denken, weil ich lebe. Freilich, da wurde auch nichts gespart: Gänsnudel, Welschkorn, Haber, Erbsennudel, Mehl, kurz — Alles im Ueberfluß!“

„Das kann ich freilich nicht,“ entgegnete Klara. „Dafür ist deine Pensionisten-Kasse auch keine Herzogs-Kasse. Und wer weiß, ob Alles so wahr ist? Du standst vielleicht im Vorzimmer und sahst sechs bis acht Viertel auf einer Platte abtragen: da hat der Herr Saalmeister wohl geglaubt, die seien alle acht von einer Gans, nicht wahr?“ fragte spöttisch die schmollende Ehehälfte.

Herr Franz überlegte sich das Ding ein wenig und langte dabei das letzte Stückchen, den Kragen, heraus. „Nein, nein!“ rief er endlich, „das hat er nicht geglaubt; übrigens ist bei einer Herzogsgans — merk' dir das! — nichts unmöglich. Ihr Weiber wollt immer die Superklugen machen, und seid und bleibt doch nur „Kuchelpraktikanten.“ Wir Männer sind die Meister.“

„Ja wohl! im Essen, im Reden und Großsprechen,“ entgegnete Klara schnippisch.

„Nein, Klärchen, in der That!“ behauptete keck der Saalmeister, während er den Mund abwischte und die leeren Teller zusammenschob. „Ich will dir's beweisen. Laß nur gehen! Die **Martinsgans** kauf' ich. Da sollst du Respekt bekommen!"

„Will wohl sehen," meinte Klara und räumte ab.

Eine Frau vergißt selten ein Versprechen. Sankt Martin stand bald vor der Thüre, und Klara übersah nicht, ihren Gatten an sein Wort zu erinnern. Dieser machte sich also am Vorabend des Festes rechtzeitig nach dem Geflügelmarkte auf den Weg, und nahm zu aller Vorsicht eine starke Leine mit, um sein Opfer fesseln zu können. Je näher er aber dem verhängnißvollen Platze zuschritt, desto unzuverlässiger, desto schwankender kam er sich selbst vor. Rasch citirte er noch einmal in seinem Gedächtnisse all die Merkmale, woran man eine junge Gans erkennt, wie er sie seit längerer Zeit mit großer Ausdauer auf den verschiedensten Bierbänken gesammelt hatte. Jetzt biegt er um die Ecke und steht mitten im Gewühl. Herz, was wünschest du? Geflügel jeder Art in Unmasse: wildes, selbst im Tode noch schön in der federigen Nationaltracht, zahmes in Käfigen und Körben und die Schustervögel in langer Reihe hingebunden auf Karren, Zainen und Handwägelchen. Herr Franz schaut gierig und verlegen von einer Seite zur andern. Wer kann sich auch bei diesem Heiduckenlärm auskennen? bei diesem Wogen und Rufen, Schieben und Feilschen, Drängen und Schreien, Stoßen und Fluchen? Und dazu noch all die Viecher mit ihrem Zwitschern und Gatzen, Aechzen und Schnattern, Pfeifen und Gackern! „Muth,

Fränzchen, nur Muth!" ermuntert der Käufer sich selbst; „du kennst ja alle Regeln auswendig, kauf' nur ...." Noch ist der Selbsttrost nicht vollendet, da watschelt schwer beladen eine kleine, runde Köchin des Weges und ruck! — fliegt der Gaffer auf die Seite. „Er Tölpel, Er dummer!" schreit eine lange, dürre Figur, „tret' Er auf Seine Füße!" Den Worten folgt eine zornige Ellbogenbewegung und ruck! — kutschirt Herr Franz wieder auf seinen alten Platz zurück und noch darüber hinaus.

Mäuschenstill duckt sich der Saalmeister die Reihen hinab und macht endlich vor einer langen Reihe Gänse Halt. „Die Stimme ist das Hauptmerkmal," repetirt er bei sich; „die Jungen schreien: geh — gih — geh —; die Alten: gah — gah — gah, und die Großältern: goah — goah — goah! — Gott bewahre vor den letzten!" — Kühn haut er die vorderste Gans auf den Schnabel und ruft: „Plaudere!" — Statt zu plaudern, führt das beleidigte Thier ein paar derbe Hiebe nach der Hand des Angreifers, daß bald das helle Blut darnach läuft. Die Schwestern bemerken den Kampf und schlagen ein entsetzliches Gezetter auf, als säßen alle lebendig im Feuer. „Da unterscheide Einer die Stimme, wenn alle gackern und schreien," ruft ärgerlich der Käufer und greift dem Thiere unter die Flügel, ob auch gehörig Fett vorhanden sei. Vergebliche Mühe! dazu gehören geübtere Hände. Er findet nichts als Federn, nichts als Knochen. Jetzt langt er nach den Füßen. „Sind diese klein, schön roth und noch zart, so ist das Thier jung; sind sie groß, ausgetreten und verkrustet, dann laß stehen!" Gewaltsam reißt er die Füße hervor und zieht und zieht, bis das Thier seine Flügel losgearbeitet und sie

klatschend und schallend dem Visitator um die Ohren schlägt, daß ihm Hören und Sehen vergeht, und die ganze Umgebung laut auflacht. Die Händlerin bindet das Thier wieder fest, der Saalmeister wischt sich die staubigen und thränenden Augen ab und langt noch einmal zu. Er will das letzte Mittel versuchen und tastet nach dem Schlüsselbein, ob es hart oder weich ist. Er biegt und drückt, und drückt und biegt, — es gibt nicht nach. Er wendet alle Kraft an, — da haut er=

grimmt die Händlerin mit einem Korbe über die Decke, reißt das schreiende Thier aus seinen Fäusten, jagt ihn vom Stande und schimpft hintendrein, daß es alle Gänse weit übertönt: „Er bricht ja dem Thiere das Kreuz! — Was will Er denn? — Er Unverstand — Er!“

Was nun beginnen? — Rathlos steht der Kochkünstler da und blickt verlegen und Hülfe suchend nach allen Seiten. Gern wäre er mit leeren Händen heimgekehrt, wenn nicht die Scham, dieser fadenscheinige Deckmantel des eigenen Nichts, ihn abgehalten hätte. Endlich entdeckt er im Gewühle eine Nachbarin, ihres Zeichens eine Hebamme, die gleichen Zweck zu verfolgen scheint. „Halt!“ calculirt er schnell gefaßt, „der schleichst du nach. Die muß den Einkauf verstehen, und was sie zu theuer findet, nimmst du. Im Nothfall sprichst du sie um ihren Beistand an, — aber nur im Nothfall!“

Gesagt, gethan.

„Die ist mir zu schwer, Frau Bärbel,“ ruft freundlich nickend die Hebamme, während sie auf einen großen, feisten Schustervogel deutet und lachend weiter geht. „Ihr bekommt schon noch einen Liebhaber.“

„Gott sei Dank! — mir nicht,“ denkt Herr Franz und athmet wieder frei auf. „Ich gehe ja auf eine schwere aus. — Was kostet der Vogel?“ fragt er laut.

„Ach, guter, gnädiger Herr! heben Sie nur das Thier mal auf. So schwer wie Blei. Es hat aber auch sein Theil Futter gefressen. Wer's nicht weiß, glaubt's nicht. Weil Sie's sind, gnädiger Herr, drei Vierundzwanziger."

„Ist das nicht zu theuer?"

„Nein, gnädiger Herr, nein! Es darf Sie nicht gereuen. Ich versichere Sie, gnädigster Herr, Sie haben noch nie ein stärkeres Thier auf Ihrem Tische gehabt. Sie werden an mich denken."

„Der gnädige Herr" läuft Herrn Franz durch den ganzen Körper und prickelt ihm bis in die Fingerspitzen. Stolz langt er in seine Tasche und zahlt aus. Dann ruft er einen Knaben herbei und miethet ihn als Lohnbedienten zum Heimtragen, denn „ein gnädiger Herr" kann doch seinen Einkauf nicht selbst schleppen.

Auf Martini dürfen wir in der kleinen Behausung auf den Bergen nicht fehlen, natürlich nur als Zuschauer. Der Tisch ist blank gedeckt und die Suppe bereits abgespeist. Herr Franz wartet schon ein Viertelstündchen auf sein Meisterstück, den Gansbraten, rückt unruhig auf dem Stuhle hin und her und blickt jeden Augenblick nach der Thüre. Die Kinder schnappen vor Sehnsucht nach Luft und selbst der blaue Frack am bekannten Nagel macht allerlei verdächtige Bewegungen. „Ach, Franz!" ruft endlich die Frau unmuthig zur Thüre herein, „komm doch heraus! Die Gans bratet und bratet und sticht sich immer härter."

„Warum nicht gar? Du wirst nicht ordentlich gefeuert haben. Ich verstehe schon: nichts als Neid — purer Neid. Wart', ich will helfen." Mit diesen Worten eilt er hinaus, rafft einen großen Haufen dürrer Späne, die ihm gerade zur Hand liegen, zusammen und schiebt sie in den Ofen unter die Bratenröhre. Die Hitze läßt nicht lange auf sich warten. In der Pfanne puppert's und protzelt's und siedet's und prickelt's und zischt's, als stäcke ein Rind am Bratspieße; im Ofen prasselt's und knittert's und knattert's und pufft's wie in einem Eisenhammer, und die Kinder reißen im Zimmer vor Hitze und Qualm Thüre und Fenster auf. „Es riecht schon! — du brennst ja Alles zusammen," ruft Klara entsetzt und reißt die dampfende Pfanne aus der Röhre. Sie findet den Braten leidlich gebräunt und trägt ihn ohne weitere Umstände auf.

Herr Franz lächelt still vergnügt, setzt sich in Positur, schlägt die Hemdärmel zurück, zieht sein Messer auf dem Feuerstahl ab und beginnt zu tranchiren. Er probirt da, er probirt dort, — es geht nicht; er sticht oben, er sticht unten — nichts als Bein; er schneidet hüben, er schneidet drüben — nichts als Knochen, die weder biegen noch beugen. Er wetzt sein Messer noch einmal und arbeitet dann eine volle halbe Stunde, daß ihm der helle Schweiß von der Stirne tropft und hat noch nicht eine Portion heruntergehobelt.

„Ein prächtiger Mustervogel!" höhnelt Klara; „hab' mir's doch beim Rupfen gedacht, denn die Federn stacken so fest wie Eichbäume. Kinder, eßt Klöß' und schaut euch die Gans dazu an! Nur zu, so verderbt ihr euch die Zähne nicht!" Herr Franz schob traurig seinen Braten auf die Seite und mußte wohl oder übel dem Beispiele der Kinder folgen. So allein rutschten die Klöße freilich recht schlecht. „Ich wollte dich nicht beleidigen," hub Klara wieder an, „sonst hätte ich das Thier recht tüchtig gebläut. Das hätte vielleicht ein wenig gefruchtet, jetzt ist es zu spät."

„Aber was thun?" fragte der Hausvater kleinlaut nach einiger Zeit.

„Ja, was ist zu thun? Wir müssen sie heute Nachmittag noch einmal in die Röhre schieben, vielleicht wird sie doch genießbar. Gutes ist nichts zu erwarten. Du mußt aber zu Hause bleiben und regelmäßig Holz nachlegen."

Der Saalmeister fügte sich schweigend in sein Schicksal. Die Frau ging in die Kirche und spazieren, er blieb zu Hause und schürte das Feuer, wozu sein Sohn Karl das Holz beitrug. Von Zeit zu Zeit untersuchte er den Braten mit einer zweizinkigen Gabel. Vergebliche Mühe! Je mehr er schürte und feuerte, desto schlechter fiel die Probe aus. Traurig stand er vor dem Ofenloche und sann auf Mittel. „Halt, jetzt hab' ich's!" rief er endlich und machte vor lauter Freude einen Luftsprung, als wäre er zehn Jahre alt; „das hilft und hilft es nicht, so kann's nicht schaden. Gebläut wird sie."

Mühsam schleppt er den Hackstock, worauf gewöhnlich das Holz gespalten wird, aus dem Hofe in die Küche, zerrt seinen Braten darauf und bewaffnet sich und Karl jeden mit einem tüchtigen Prügel. „D'rauf,

Karl! Takt halten! nur d'rauf!" kommandirt der Vater, und nun fällt Puff auf Puff, Hieb auf Hieb und Schlag auf Schlag, daß es klatscht und hallt und schallt, wie auf einer Tenne. „Nur zu! — es hilft schon!" ruft frohlockend der Saalmeister, als Fetzen um Fetzen sich lossplittern und nach allen Ecken spreußeln. Wer weiß, wie lang Vater und Sohn noch fortgebläut hätten, wenn nicht Klara zurückgekehrt und dem schallenden Klopfen nachgegangen wäre.

„Haltet ein, haltet ein!" bat sie unter der Thüre und wollte sich todtlachen, „sonst läuft die ganze Nachbarschaft zusammen. Ist denn heute das ganze Haus verrückt? Wer wird denn eine Gans bläuen, wenn sie schon halb gebraten ist?"

„Es war das letzte Mittel," versicherte Franz allen Ernstes; „vielleicht hat's geholfen."

„Vor'm Braten sicherlich," spottete Klara, „denn da müßte ich erst alle Fetzen wieder zusammenflicken. Hole jetzt nur dein Beil, Herr Hofkoch, und hacke das alte Gehäuse vollends in Stücke. Ich stecke dann die ganze Geschichte in einen Hafen und decke ihn fest zu, damit er bis zum Nachtessen dämpfe. Nur Schade für das theure Holz!" —

Beim Nachtessen theilte Herr Franz gegen alle Gewohnheit überreichlich aus. Die Kinder kannten sich gar nicht vor Freude bei diesen Portionen und griffen muthig zu. Aber bald fanden sie das Ding ein wenig sehr hart und machten allerlei Grimassen. „Nehmt die Finger und Zähne, Kinder!" mahnte die Mutter die bitter Getäuschten; „mit Messer und Gabel läßt sich da nicht viel machen. Bei einem solchen Vogel hört alle Tischmanier auf."

„Ja wohl," fiel seufzend der Vater ein, „Karl, nimm beide Hände! Sieh, so mußt du's machen," und er riß an einem Beine herum, daß sein ganzer Körper wackelte. „Iß, Marie, du hast gute Zähne! Iß, Nanni, du verzogenes Ding! Wart', ich will dir helfen!" und ein Knochengerippe schwang sich über der Armen.

Viele Hasen sind des Hundes Tod. Endlich ward das Ungethüm doch bewältigt. Ein Haufe von Sehnen, Flechsen, Knorbeln und Beinen bezeichnete die Stätte, wo es gelegen. „Ein wahres Herrenessen, ein solcher Vogel! Bald wieder, Herr Saalmeister!" spottete Klara. Der aber schüttelte wehmüthig sein Haupt, band seine Zähne ein und dachte sich seinen Theil.

Herr Franz hatte in jener Nacht einen wüsten Traum. Menschenfresser, von denen er einmal in seiner Jugend gelesen, verfolgten unablässig seine Spur, um ihn lebendig zu braten. Ein Riese von einem Wilden holte ihn ein, packte ihn am Schopfe und schwang drohend seinen Spieß. Wildes Geheul schlug an seine Ohren — er wachte auf! O wie froh war sein Herz, als er ringsum statt der Spieße sein warmes Bettchen spürte! Doch, was ist das? — Horch! „O Gottle, o Gottle! wie bin ich so krank! O, wie ist mir's so übel!" jammert Marie, das ältere Mädchen, und weint eine Arie dazu aus allen Tonarten. „O Mutterle, o lieb Mutterle, hilf mir! Deine Nanni stirbt," jammert das jüngere Mädchen wo möglich noch lauter. „Au weh, au weh!" schreit Karl ohne Unterlaß; „o Vater, hilf! Mein Magen zerreißt, ich spür's schon. O hilf — er bekommt ein Loch! Au weh!" —

Entsetzen packt den Saalmeister. Er springt mit beiden Füßen aus dem Bette. Kaum, daß er seine Unterhose findet. Klara steht bereits in der Küche und bräut für die kleinen Patienten einen Kamillenthee. Sie würdigt den Gatten trotz aller Fragen, trotz aller Geschäftigkeit, die er entwickelt, keines Wortes, keines Blickes. Die Kinder trinken die Reihe herum Thee, als säßen sie an einem Gesundbrunnen, und jammern vor wie nach fort. Nur Karl beginnt ein umgekehrtes Exercitium, als habe wirklich sein Magen ein Loch bekommen. Klara probirt noch allerlei Hausmittel, aber nichts will anschlagen. „Jetzt schaff' nur Hülfe!" ruft sie in Verzweiflung und stimmt laut in das Jammergeschrei der Kleinen mit ein. „Wenn ein Unglück mit den Kindern passirt, so trägst du sammt deiner Unzufriedenheit die Schuld, so wahr ein Gott im Himmel lebt."

Da wird's dem armen Franz wohl angst und bang um's Herz. „Ich hole die Frau Margareth, die Hebamme; die ist bei Kindern gut. Ich bringe sie sogleich. Gebt Euch nur zufrieden!" bittet er im größten Schrecken vor weiteren, schlimmen Folgen, stürzt in seine Sonntagshose, die noch am Stuhle hängt, zieht einen Stiefel an, nimmt in der Eile den andern in die Hand, legt seinen Frack über den Arm, damit er sich nicht erkälte, und stürzt davon.

Bald kehrte er mit der Tochter Aeskulaps zurück. Frau Margareth war, wie die Leute sagen, eine „gescheidte Frau.“ Im Geheimen hatte sie zu Zeiten mehr Kunden wie mancher praktische Arzt. Dafür behauptete sie auch kühn und dreist, niemals bei einer Kur etwas verdorben zu haben. Den größten Theil ihrer weiblichen Patienten heilte sie sogleich von vorn herein durch bloße Unterhaltung; denn sie war das lebendige, wandernde Neuigkeitsbureau der Stadt, wußte Alles am ersten, Alles am besten, kannte jede Familie, jedes Haus, von der Dachlucke bis zum Keller. Dabei führte sie ein Plauderment, das weit und breit seines Gleichen suchte. Ein berühmter Naturforscher hatte von ihr behauptet, daß, wenn sie je stürbe, ihr Maul extra todtgeschlagen werden müsse. Und gut war ihr zuzuhören, denn mit Ausnahme eines Ausdruckes sprach sie ganz vornehm. Diesen Ausdruck mochte sie um keinen Preis ändern, denn sie führte ihn seit dreißig Jahren, und Gewohnheit ist ein eisernes Hemd. Er war gleichsam mit ihr verwachsen und leistete bei allen Gelegenheiten die wichtigsten Dienste. Galt es Freude und Lust, so jubelte er aus voller Brust mit; herrschte Kummer und Trauer im Hause, so verkörperte er ihre Theilnahme, ihr Beileid und sprach Trost ein; zum Verwundern war er wie gemacht; wußte sie weder Rath noch Mittel, so deckte er ihre Unwissenheit und bewahrte den alten Ruhm. Kurz, nur der kann die Tragweite dieses Musterausdruckes bemessen, dem er je in Freude oder Leid erschallte. Es war ein Haupt-, nein, ein Universalausdruck und hieß: „Söllt' mer's nit denke!"

„Wo fehlt's denn, Kinderlein?" forschte theilnehmend Frau Margareth. „Nur still, nur Geduld! ich will schon helfen. Gib mir dein Aermchen, Marie! — Der Puls geht ziemlich ruhig. Zeige mir dein Züngelchen! — Ei, das ist belegt! Söllt' mer's nit denke! Ein wenig Magenleiden, nicht wahr?"

„Viel, o viel!" jammerten alle Drei wie aus einem Munde.

„Nur Geduld, Kinder! Ein wenig Magendrücken, Aufstoßen, Uebelkeiten — nicht wahr? Söllt' mer's nit denke!" Die Kinder bejahten Alles. „Wahrscheinlich eine Ueberladung des Magens," entschied Frau Margareth mit wichtiger, bedeutungsvoller Amtsmiene. „Was habt ihr denn gegessen, Kinder?"

„Gerade nichts Unrechtes, Frau Margareth," platzte der Saalmeister heraus.

„O ja, recht viel Unrechtes," widersprach heftig Klara. „Er hat einen alten Schustervogel gekauft und den mußten die Kinder mit Gewalt verschlucken." Und nun erzählte Klara in vollen Zügen die ganze Historie.

„Söllt' mer's nit denke!" rief die Hebamme, als die junge Frau geendet, und konnte nur mühsam ihre Schadenfreude unterdrücken. „Jetzt ist die Sache leicht zu erklären. Das zähe Fleisch liegt den Kindern im Magen. Gehen Sie nur sogleich in die Apotheke, Herr Saalmeister, und holen Sie um sechs Kreuzer Cremor tartari, das wird helfen. Und merken Sie Sich das alte Sprichwort:

Männer, laßt das Kochen sein,
Sonst kehrt's Hungerleiden ein!

Söllt' mer's nit denke! Der Herr Franz hat sich anführen lassen. Wenn Sie wieder einen solchen Vogel erhandeln, müssen Sie zugleich ein Führchen Reisig dazu kaufen, oder zuvor nach dem Taufschein fragen. Die Leute werden lachen, wenn sie das erfahren. Der Herr Saalmeister — es ist zu merkwürdig — kauft eine alte Gans und läßt sich übertölpeln! Ei, ei, söllt' mer's nit denke! der große Koch- und Speisekünstler läßt sich von einer alten Bäurin prellen!"

„Nein, nicht ich," eifert heftig und gereizt Herr Franz, „nicht der große Koch- und Speisekünstler, sondern — Sie wurden geprellt. Ja, Frau Margareth, staunen Sie nur! Die Schande bleibt Ihnen; Sie sind die Angeführte."

„Ich?" fragt diese erstaunt. „Söllt' mer's denn denke! Wer hat denn die Gans gekauft, ich oder Sie? O, mein Braten war köstlich, so zart und so saftig wie vom Konditor. Die Ausrede wird wenig fruchten, Herr Franz."

„Und doch bleibt Ihnen die Schande, Frau Margareth," betheuert dieser auf's Neue und nur noch entschiedener. „Sie hatten die Gans in der Hand und im Handel, welche ich kaufte. Das Thier war Ihnen nur zu schwer. Besinnen Sie Sich nur! O, ich weiß noch prächtig Ihre Worte, als Sie dieselbe musterten: „„Die ist mir zu schwer, Frau Bärbel!““ Erinnern Sie Sich?“

„Um Gottes willen!“ schreit die Hebamme und schlägt die Hände zusammen, „diese haben Sie gekauft? Das glaub' ich gern, daß die Kinder krank sind. Die alte Bäurin ist seit langen Jahren eine meiner Kundschaften. Ich kenne die Frau und die Gans und ihren ganzen Hausstand. Gerechter Himmel! Das war ihre Raufgans, so lange ich mich nur erinnere. Söllt' mer's nit denke! Schöpfer meines Lebens! Diese Gans war schon nicht mehr jung, als das erste Kind dieser Frau getauft wurde, und das sind accurat — accurat dreizehn Jahre!“ —

Die unbändige Heiterkeit aller Anwesenden mitten in der Noth zu schildern, will ich mir ersparen. Selbst die Kinder vergaßen den Respekt vor dem gestrengen Papa, Bauchschmerzen und Magengrimmen, und lachten weidlich mit. Herr Franz aber schlich sich leise davon nach der Apotheke, verwünschte im Innern sein Mißgeschick und seine unselige Kritik, und dachte

An die Moral von der Geschicht':
Kauft keine alten Gänse nicht!

Zehn Tausend Thaler.

I.

Anmarsch.

In ihr Herz kann ich nicht sehen,
Aber das muß ich gestehen: —
Ein ein holder Angesicht
Sah ich all' mein Leben nicht.

Dem aufmerksamen Beobachter bietet sich wohl kein interessanteres und wechselvolleres Bild des Lebens und seiner Träger aus aller Herren Länder, als in den Bahnhöfen und namentlich in den Bahnhofrestaurationen großer Städte. In diesem Augenblicke ist so ein Wartsaal noch der Tummelplatz des buntesten Rennens und Treibens, des vielgestaltigsten Sorgens und Schaffens, und im nächsten — steht er still und leer. Seine marmorirten, goldgefaßten und mit Spiegeln belegten Wände sehen melancholisch und trotz aller Zierrathen eintönig und langweilig herab. Sie wecken in dem Zurückbleibenden ein ganz eigenthümliches Gefühl von Leere und

Mißbehagen. Das ist einmal der charakteristische Zug unserer neuen Institute. Was wir sonst tropfen- und löffelweis wie eine Mixtur, was wir mit Muße und Bedacht in langen Stunden und Zwischenräumen genossen und erlebten, das überfällt uns jetzt, von den Klammern und Angeln der Technik und Industrie zusammengepreßt, wie eine compacte Masse mit einem Schlage, blendet und fesselt für den Augenblick unsere Sinne, entschwindet aber dann eben so rasch und total und läßt uns unbefriedigt, sehnsüchtig sitzen. Das ist die Herrschaft des Dampfes und der Maschinen, welche in Minuten und Secunden „macht,“ und darum für eine Idee, für einen höheren Gedanken oder eine poëtische Anwandlung, die sich nach dem Gesetze der Praxis und des Geldes nicht rentiren, keine Spanne Zeit herschenkt.

Solchen zeitgemäßen Gedanken mochten auch die drei Herren nachhängen, welche am Abend des 12. Januar 18 . . allein in der Restauration zu — — —g saßen, denn sie arbeiteten langsam und stillschweigend an ihren verkohlten Cigarren und blickten trübselig in die halbleeren Biergläser. Man sah übrigens weder Reisetaschen noch Koffer bei ihnen, weder Pelzröcke noch warme Shawls, welche auf das Ziel einer Reise deuten ließen. Sie waren vielmehr in ganz alltäglicher Tracht und jedenfalls Einheimische, die da ihren Abendtrunk nahmen oder die Nachtzüge erwarteten, um vielleicht einen Bekannten zu begrüßen oder auch nur, um fremde

Gesichter kommen und gehen zu sehen. Dazu hatten sie freilich keinen günstigen Zeitpunkt gewählt, denn wer nicht reisen muß, bleibt im Winter schön zu Hause, so behaglich sich's auch in den geheizten Coupees fahren mag. Zu ihrem Glücke reichten sich in ———g von vier Weltgegenden her die Eisenstränge zu einem festen Knoten die Hände, so daß es immer, bei Tag und Nacht, selbst in den schwersten Tagen des Winters, Fremde gab.

Es wird sich jedenfalls lohnen, die kleine, vereinsamte Gesellschaft ein wenig schärfer in's Auge zu fassen, um so mehr, da allmälig Leben in sie zu fahren scheint. Der am Tischende droben sitzt, gleichsam als Präsident der dreiköpfigen Versammlung, kerzengerade wie ein Lineal, steif wie ein Korporal mit „drei Strichen," ernst und würdevoll wie ein Indianer-Häuptling, die kurzen Haare wie ein Cacadu in die Höhe gestrichen, den schwarzen Schnurrbart sorgfältig gedreht, daß die Spitzen drohend links und rechts hinausstechen, vor den geschwächten Augen glänzende Brillenscheiben in massiver Silberfassung, Manschetten und gewaltige Vatermörder steif wie Pappendeckel, an den Fingern schwere Goldringe, — das ist der Hypothekenamts-Actuar Herr Ferdinand Sommer. Man erkennt auf den ersten Blick den lebendigen Actenfascikel, den Bureaumenschen, ganz abgesehen von der bleichen Gesichtsfarbe, der natürlichen Folge einer üppigen Zimmerluft, und den zarten, für seine Größe wirklich zu kleinen Händchen, die er gern vor sich auf den

Tisch legt, oder mit der Cigarre spielend vor dem Munde paradirt oder, ein wenig in die Weste geschoben, auf der Brust zur Schau trägt.

Sein Nachbar zur Rechten ist eine hübsche, üppig aufgeschossene Figur, gewandt und beweglich, keinen Augenblick ruhig und wenn auch nur die Cigarre von einem Mundwinkel zum andern tanzt, den gelben Flachskopf zierlich zusammengestrichen und von der Stirne bis zum Genick in zwei Hälften gescheitelt, ganz modern gekleidet, wie die Aushängfigur in einem Kleidermagazin, den größten Theil des Gesichtes von einem starken, blonden Krausbart umrahmt, gegen den das tiefe Dunkelroth der Nase und Wangen ein wenig verdächtig absticht, als habe der Eigenthümer früher in einer Weinhandlung als Reisender servirt. Und wirklich, es war so. Jetzt freilich stand er selbst da als Prinzipal, als Eigenthümer, wenn auch nicht einer Weinhandlung oder eines Engros-Geschäftes, so doch eines Spezereikrames in der Stadt. Ueber seiner Ladenthüre prangten in goldenen Lettern die Worte: „Hugo Silberling et Comp." Die vier letzten, in der Handelswelt so oft mißbrauchten Buchstaben waren jedoch nicht so ernstlich gemeint, wenn nicht der Laden als stummer Associé gelten sollte. Er hatte sie vielmehr als kluger Mann nur beigefügt, um der jungen Firma von vornherein einen besseren Klang zu geben.

Zur linken Seite des Herrn Actuars wiegt sich gemächlich auf seinem Stuhl ein junger, wohlbeleibter und kräftig gebauter Mann, der übrigens so gut wie die beiden andern Herrn nicht mehr als einige dreißig Winter zählt. Die starke, fleischige Hand ruht schwerfällig auf dem Tisch, die schwarzseidene Binde, leicht in einen Knoten geschürzt, fällt zwanglos auf das blendende Linnen herab, welches die breite Brust deckt, eine weite, graue Joppe gönnt dem Körper Raum zu jeder Bewegung, das etwas lichte Haupthaar ist kurzweg zurückgestrichen, und auf dem breiten, glatten, völlig bartlosen Gesicht thront die Gutmüthigkeit in höchst eigener Person. Es ist das Bild eines einfachen, schlichten, aber thätigen und intelligenten Bürgers. Als solcher und nichts Anderes wollte Paul Falk auch gelten. Er war ein junger, geschickter Meister der edlen Goldschmiedezunft und hatte erst seit Kurzem sein eigenes Geschäft übernommen.

Die drei Herren standen auf ganz intimem Fuß und conversirten mit dem vertraulichen „Du," ein sicheres Zeichen, daß sie öfter zusammenkamen. Vielleicht verband sie irgend ein geheimes, gemeinschaftliches Band und wir kommen sicherlich darauf, wenn wir ein wenig auf ihre Unterhaltung achten, die allmälig in Fluß kommt.

„Nun, mein lieber, goldiger Falk," sprach der Actuar und setzte seine verlöschende Cigarre mit einigen kräftigen Zügen wieder in Brand, „werden wir denn nicht bald das Vergnügen haben, dich als glücklichen Bräutigam zu begrüßen? In vierzehn Tagen wird deine Schwester getraut und du bist, um mich so auszudrücken, von Hauspolizei wegen gezwungen, dir sofort eine Lebensgefährtin zu acquiriren, wenn du etwa nicht selbst scheuern, wischen, betten, einmarkten und kochen willst. Ha, ha! — in dieser Amtirung möcht' ich dich sehen."

Der Sprecher lachte bei diesem Gedanken und die Andern stimmten munter mit ein. „So ist's, meinte Falk, „wer den Schaden hat, darf für den Spott nicht sorgen. Uebrigens, meine Herrn, ich hab' ja eine Köchin. Und wenn sie auch gerade das Pulver, die Geschicklichkeit, Ordnung und Reinlichkeit nicht erfunden hat, so mag's eben eine Zeit lang gut thun."

„Freundchen! — Freundchen!" rief der Actuar langsam und feierlich und erhob drohend die kleine, weiße Hand. „Ich warne dich allen Ernstes vor jeder Mägdewirthschaft. Das ist eine gefährliche Vogelruthe, an der schon mancher Gimpel haften blieb, eine scharfe Falle, in der Viele, wenn nicht ihr ganzes Glück, so doch ihre Mannesehre hängen ließen. Hüte dich — hüte dich! Ich rathe dir als guter Freund."

„Was will ich machen? Meine Schwester kann und darf ich nicht länger zurückhalten und eine Frau vermag ich für den Augenblick nicht aus dem Boden zu zaubern. Noth kennt kein Gebot."

„Nun, ich sollte doch denken, ein junger Meister, der ein rentables Geschäft, der sein eigenes Haus besitzt, könnte in Punkto Ehestand nicht verlegen sein.

Du ahnst es vielleicht nicht, mein Freund, aber ich wette d'rauf, hundert und hundert schöne Mädchenaugen ruhen sehnsüchtig auf dir. Du dürftest nur den Blick verstehen wollen. Ich kenne das."

„Ja, heirathsfähige Mädchen gibt's freilich genug in der Stadt, aber damit allein ist dem angehenden Geschäftsmann nicht geholfen. Ich habe meiner Schwester fünf tausend Gulden hinauszuzahlen. Einen Schluß daraus — dächt' ich — kann sich wohl jeder selbst ziehen."

„Bravo! — so ist's recht," rief jetzt Herr Silberling und schlug fröhlich in die Hände. „Das wollte ich nur hören. Ei, mein trautes Vöglein pfeift jetzt eine ganz andere Melodie! Wie oft hast du mich getadelt und verspottet, wie oft einen Protzen, einen Filz, einen Wucherer getauft, dessen höchste Idee der Geldsack, und dessen einziger Maßstab für Menschenwürde und Erdenglück der silberne Klingklang sei? Lehrt die Noth beten, he? Kommst du jetzt zur Einsicht, daß man mit erheiratheter Tugend und Bravheit allein keine Wechsel zahlen kann, und daß ein Gewerbsmann ohne Geld dasteht wie eine Firma ohne Geschäft?"

Der Goldschmied blickte bei diesem Vorwurfe verwirrt und verlegen zu Boden und brauchte einige Secunden, bis er entgegnen konnte: „Ich werde eine brave, tugendhafte Jungfrau immer schätzen und achten, und sei sie auch noch so arm."

„Ja, ich auch," versicherte der Kaufmann lachend.

„Das hat keinen Anstand, aber zur Frau kann ich sie nicht brauchen, und du ebenso wenig."

„Ein armes Mädchen," erklärte der Actuar würdevoll und salbungsreich, „das eine sparsame, tüchtige Hausfrau macht, ist Goldes werth und erspart zehn- und zwanzigmal, was ein reiches einbringt. Das merket Euch!" —

„Still, Freund Sommer, still!" wehrte Silberling und rückte scherzend hinweg. „Deine Ansichten und Bestrebungen sind zu bekannt. Aus deinem Munde klingen solche Worte wie Spott. Wir verlangen trotzdem auch brave Frauen, aber sie dürfen nicht „ohne" sein. Der Geschäftsmann muß einmal auf diesen Artikel sehen, denn ohne Geld und ohne Mittel unterliegt er der Concurrenz."

„Das hätte ich wohl weniger zu fürchten," versicherte Falk, „aber mein größter Schrecken ist der Anfang mit Schulden. Denkt Euch fünftausend Gulden Schulden! Jahre gehen hin, bis man ein solches Sümmchen abzahlt. Bringt aber die Frau ein ähnliches Capitälchen mit, so thut sich ein Jungmeister leicht, kann sorglos arbeiten und einen schönen Sparpfennig für seine Kinder zurücklegen."

„Also dann habe ich alle Ursache, die Gerüchte, welche mir hinterbracht wurden, in Zweifel zu ziehen. Gestern erst erzählte man in meinem Laden, deine Sache mit der schönen Spenglers Seppi sei vollständig geordnet und du — ein glücklicher Bräutigam."

„Es könnte wohl sein,“ meinte Falk und ließ traurig das Haupt sinken. „Offenherzig gestanden: vor Fräulein Josepha habe ich allen Respect und alle Hochachtung.“

„Schön gesprochen, Freundchen, ganz gut!“ spottete der Actuarius. „Wir kennen diese Phrasen und wissen sie als alte Practiker unter solchen Umständen prächtig zu deuten.“

„Deutet, wie Ihr wollt! Josepha ist ein nettes, liebenswürdiges Kind, das müssen ihr selbst Neider zugestehen, für ein Bürgersmädchen tüchtig gebildet, dabei häuslich erzogen, fleißig, geschickt, anspruchslos, von Herzen brav und fromm, wie wenige in der Stadt gehen.“

„Also vorwärts, Freund Lobredner! Wo fehlt's dann noch?“ forschte Silberling und fixirte den verlegenen Meister mit einem scharfen Blicke.

„An der Hauptsache, wie Ihr's zu nennen beliebt. Der Meister Spengler kann seiner Tochter höchstens so viel Hunderte mitgeben, als ich zu einem schuldenfreien Anfang Tausende brauche.“

„Nicht wahr, edler Tugendredner und vortrefflicher Sittenprediger,“ spottete Silberling, „wenn's Wasser hoch geht, lernt man schwimmen? Ja, in der Praxis stellt sich gar Vieles anders, als im lobesamen Worte. Folge meinem Beispiel — ich rathe dir's auch als guter Freund, — und laß dich nicht voreilig einfädeln, denn die Reue ist ein schlimmer Rechner. Sieh, ich behandle die Geschichte ganz im kaufmännischen Styl. Zur Zeit mache ich nicht weniger als drei Damen den Hof, einfach — um zu sondiren."

„Den Vorzug aber ..."

„Hat ohne Zweifel," unterbrach er sofort wieder den Actuar, „hat Fräulein Lucia, des pensionirten Herrn Rentbeamten Töchterlein. Der Grund ist leicht zu errathen. So ein gutes Rentamt soll eine wahre Goldquelle sein, und ich vermuthe, daß der alte Herr bedeutend „Späne" im Hintergrunde hat. D'rauf kommen konnte ich aber trotz aller Mühe und trotz aller List noch nicht, denn der Herr Papa ist schlau und verschlossen wie ein Börsenmäkler. So lange ich aber meinen Wechsel nicht sicher ziehen kann, wird nicht an die Angel gebissen, — dafür steh' ich."

„Das heißt mit andern Worten," erklärte der Actuar und spielte dabei wohlgefällig mit seiner kleinen Hand an der Vorstecknadel, „die Herren machen den armen Mädchen, wenn sie zutraulich und unklug genug sind, die Köpfe warm, und ziehen sich dann, wenn die Sehnsucht des Geldbeutels nicht gestillt wird, stillschweigend zurück. Ist das ein ehrliches Spiel? Ich, meine Herrn," fuhr er fort und warf sich stolz in die Brust, „ich trete mit offenem Visir auf die Bahn des Lebens. Ich sage Jedermann sogleich beim ersten Begegnen frei und unverholen, was ich suche. Das Vermögen einer Dame, welche meine Lebensgefährtin werden will, muß an Interessen gerade so viel abwerfen, als ich verdiene. Mein Gehalt beträgt 800 Gulden, kommt an Zinsen ein gleiches Sümmchen dazu, so gibt's ein anständiges, sorgenfreies Haushalten."

„Der Gedanke ist so übel nicht," lachte Silberling, „ich fürchte nur, es dürfte beim Denken bleiben."

„Was dann? Wenn ich diesen Gedanken nicht realisiren kann, so bleibe ich, was ich bin, ein ehrbarer Junggeselle."

„Und ächter Hagestolz für alle Zeit," ergänzte Silberling mit ziemlicher Bestimmtheit.

„Wer kann das wissen? Ich verlasse mich auf meinen guten Stern, der mir schon manchmal im Leben geleuchtet hat. Solche Dinge gestalten sich oft unvermuthet, oft von der Nacht zum Morgen."

Ein schriller, gedehnter, gellender Pfiff drang in den Wartsaal. Draußen hörte man schweres Aechzen und Stöhnen, dann kurze, pustende Stöße, als gehe der Maschine der Athem aus, und der Abendzug vom Norden her rollte langsam in den Bahnhof. Sofort hörte man die Conducteure laut den Namen der Station in die Waggons rufen, um die schlummernden Passagiere zum Aussteigen zu mahnen. Erschreckt sprangen diese heraus und trippelten voll Hast auf dem Perron hin und her und schrien in einem Athemzuge nach Reisesack, Hutschachtel, Koffer, Gepäckträger, nach Kutscher, Omnibus und Gasthof, oder stürmten in den Wartsaal, um müde vom Fahren und Sitzen sich sofort wieder zu setzen. Der Erste, welcher hereinkam, war eine schmächtige, lang gestreckte Figur, der unvermeidliche Sohn Albions. Ein ächtes Musterexemplar von einem Engländer. Man sah von dem ganzen Burschen nichts als die Augen, welche unter dem breiten, tief in die Stirne gedrückten Wachstuchhut hervorlugten. Alles Andere von Kopf bis zu Fuß umhüllten ein paar große Shawls. Er verlangte mit schnarrender Stimme Thee und schälte sich gemächlich aus der künstlichen Wollenhaut los. Bald blinkte darunter ein frühreifer, gelber Nankinganzug vor, dessen Stoff sich übrigens bei näherer Visitation als warmes, gelbes Tuch auswies, und auf der Brust schimmerte die rothe Decke von Bäbeckers Reisehandbuch. Zum Schlusse postirte er sich möglichst unartig in eine Ecke, den Unaussprechlichen auf dem Stuhle, die langen Spindelbeine quer über den Tisch gestreckt, und grinste starr und steif in das Büffet. Unsere Bekannten lachten und übersahen fast die Familie, welche nun, sicherlich auf einem Umzug begriffen, nach und nach hereinwallfahrte. Das war ein anständiges Häuflein Kinder, in allen Größen wie die Orgelpfeifen, und in allen möglichen Anzügen und Einbänden, um sie gegen die Kälte zu schützen. Die Kinder hielten sich fest und zutraulich an den Händchen, um sich nicht zu verlieren, das kleinste auf der Mutter Arm lachte und jauchzte fröhlich den hell schimmernden Gasglocken entgegen und streckte sehnsüchtig beide Aermchen darnach aus, während der Vater, in jeder Hand eine Reisetasche, unter den Armen Schirme, Stöcke und Päcke, nach dem Kellner eilte und mit diesem verhandelte, um die Geduld und den Appetit seiner kleinen Gesellschaft nicht zu lange auf die Probe zu stellen. Die drei Heirathscandidaten nickten einander bedeutungsvoll zu und betrachteten dann eine Schaar wilder Pelzmänner, welche schwerfällig hereinbrach. Man hätte die Musterreiter in den gewaltigen Pelzen für grimmige Bärenjäger aus Grönland, Spitzbergen oder Sibirien halten können, wenn nicht die Gesichter gar so glatt und gutmüthig aus der struppigen Hülle gelugt hätten. So waren es ganz zahme Leute, Reisende, die in Wein, Essig, Spiritus, Tuch, Cigorien, Tabak, Seiden, Bänder, Spitzen, Eisen, Strümpfen, Geschmeide, Zucker und Glas Geschäfte machten und nur die Pelze ihrer „Häuser" trugen, welche von einem Reisenden auf den andern übergehen, dem Mann nach Innen Wärme, dem Geschäft aber nach Außen auch im Winter Glanz und Reputation geben.

„Nein, so schwach besetzt habe ich lange keinen Zug gesehen," bemerkte Herr Silberling und bog sich spähend über den Tisch, ob er unter den Angekommenen keinen Bekannten entdecken könnte. „Lauter fremde Gesichter."

„Und wir haben einen Metzgersgang gemacht," klagte Herr Sommer. „Auch nicht ein einziges hübsches Frauenbild dabei, welches Herz und Auge erfreuen konnte. Morgen gehe ich wieder in meine gewohnte Abendkneipe."

„Das wundert mich nicht," meinte gleichgültig der junge Goldarbeiter, „denn wer in dieser Jahreszeit nicht unbedingt reisen muß, bleibt schön zu Hause und wer ..."

Geräuschvoll öffneten sich jetzt noch einmal die beiden Flügelthüren und herein trat eine stattliche, schon ältere Dame in einfachem, aber ganz modernem Reisecostüm und verbeugte sich leicht, freundlich, doch würdevoll gegen die Anwesenden. Ihr folgte eine jüngere Dame, kaum im Beginne der Zwanziger und allem Anscheine nach ihre Tochter. Es war eine blendende, glänzende Erscheinung, und doch wieder so einfach, so schlicht und wunderlieb, wie es meine schwache Feder kaum zu schildern vermag. Ein schwarzer, gesteppter Seidenmantel, der leicht zurückgeschlagen war, und ein einfaches, graues Reisekleid umschloß die schlanke, anmuthige, in all' ihren Theilen so vollendete und üppige Gestalt. Unter dem netten, runden Winterhütchen, das weder Schleier noch Feder schmückte, stahlen sich ein paar schwarze Flechten hervor und umrahmten ein zartes, interessant bleiches, fast durchsichtiges Gesichtchen von seltener Schönheit und Regelmäßigkeit der Züge. Die Dame schwebte leicht, graciös herein wie auf Flügeln. Ein einziger Blick aus den großen, tiefdunklen, strahlenden Augen traf im Vorübergleiten die drei Herren, dann senkten sich die Augensterne züchtig zu Boden und ließen sich von den langen, seidenen Wimpern beschatten. Diese saßen beim ersten Anblick stumm und starr. Nur der Actuar hatte fast instinctmäßig seine kleine Hand auf die Brust geschoben, um wenigstens den Haupttheil seiner körperlichen Vorzüge zu produciren. Der rechte Moment des Vorüberschreitens war versäumt, aber nachträglich noch machten alle drei zugleich, auf einen Zug wie Marionetten, eine tiefe, ehrfurchtsvolle Verbeugung, und verfolgten mit gespannten Blicken die herrliche Gestalt.

Die beiden Damen blieben an einem Tische mitten im Saale stehen und schienen sehr unschlüssig, ob sie länger da verweilen und zu Abend essen oder sofort in die Stadt fahren sollten. „Wie meinst du, Emma?" fragte endlich die Mutter und ließ das graue, tiefliegende Auge ringsum durch den Saal schweifen.

„Ganz, wie dir beliebt, Mutter," antwortete eine helle, klangvolle Silberstimme, die den drei aufmerksamen Beobachtern tief zu Herzen drang.

„Es wird das Beste sein, wir fahren in die Stadt," entschied diese nach kurzem Bedenken. „Später könnten wir keinen Fiaker mehr bekommen. Wir logiren uns eben in einem guten Gasthofe ein, bis wir eine passende Wohnung gefunden und unsere Angelegenheiten in Ordnung gebracht haben. Du hast doch nichts vergessen, Emma? Deinen kleinen Shawl, den Regenschirm, die Handtasche?"

„Die Handtasche?" wiederholte Emma betreten und

langte mechanisch nach dem linken Arme, wo sie dieselbe gewöhnlich tragen mochte.

„Ei freilich! Ich übergab sie dir auf der letzten Station und empfahl sie deiner ganz besondern Aufmerksamkeit.“

„Die Handtasche?“ — wiederholte das Fräulein nochmals, langte nach dem rechten, nach dem linken Arm, rüttelte am Kleide, am Mantel, sah nach der Thüre zurück, — „ich habe sie wirklich nicht.“

„Allmächtiger Himmel! — was sagst du?“ rief die Mutter ängstig. „Besinne dich! — du mußt sie haben.“

„Ich bin wie von Sinnen,“ jammert das Mädchen, strüpft rasch die Glacéhandschuhe ab und dreht noch einmal Alles um und um. Dann preßt es voll Schrecken die bildschönen, schneeigen Hände auf das Herz und haucht kaum hörbar: „O Mutter, wirklich nicht!“

„Um Gottes willen!“ stöhnt diese laut auf und Todtenblässe deckt ihr Antlitz. „Emma, Emma, was hast du gemacht? Die Tasche enthält unsere Legitimation, unsere Schlüssel, unsere Papiere, all' unser...“ Die Stimme versagt ihr, die Augen schließen sich, sie tastet und greift nach dem Tische und droht zusammenzubrechen. Ein gellender Hülferuf der Tochter dringt durch den Saal, welche die Ohnmächtige in ihren Armen auffängt und mit ihr auf einen Stuhl sinkt.

Wie ein Blitz fahren unsere Bekannten zugleich von den Sitzen, während die paar andern Reisenden, so noch anwesend sind, sich nur widerstrebend von ihren

Tellern, Schüsseln und Gläsern trennen oder gar nur phlegmatisch, gleichgültig nach der erschreckten Gruppe umschauen. Falk stürzt hinaus und bringt in Ermanglung eines andern Gefäßes in der hohlen Hand Wasser, welches er der Schwerathmenden in's Gesicht spritzt. Silberling packt ohne Bedenken die Saladiere vom Tische und schüttet der Ohnmächtigen Essig, Oel, Salz und Pfeffer zugleich in's Gesicht. Der Actuar aber reißt eine Aracflasche vom Büffet, seine Hand zittert, fehlt das Ziel und überfluthet so statt der Leidenden die Tochter mit der duftenden Flüssigkeit.

Endlich schlägt die Dame die Augen auf. In demselben Augenblicke tritt ein Conducteur in den Saal und blickt verwundert auf die bewegte Scene. „Das sind ja die Damen," ruft er und eilt mit langen Schritten herbei. „Sie haben Ihre Tasche im Waggon liegen lassen. Hier ist sie."

Bei dem Anblicke des Kleinodes erhebt sich die Mutter wie neu belebt und streckt sehnsüchtig beide Arme darnach aus. Emma aber küßt in der überströmenden Freude ihres Herzens dem glücklichen Finder zärtlich die Hand, wofür ihn der Actuar nach Herzenslust hätte durchprügeln mögen. Die Mutter gewährt überdieß dem redlichen Manne einen kräftigen „silbernen Handdruck," was diesen zu unzähligen, respectvollen Verbeugungen veranlaßt. Dann aber wendet sie sich zu den drei Herren und stattet ihnen in den gewähltesten und verbindlichsten Ausdrücken ihren innigen Dank ab, und Emma schließt sich mit niedergeschlagenen Augen, einen wie gehauchten Anflug von Roth auf den Wangen, den Worten der Mutter an. Da stehen sie, die kühnen Ritter, verlegen, glühend wie die drei jüdischen Knaben im Feuerofen und stottern abgebrochen etliche unverständliche Brocken von Entschuldigung daher für ihr ungeschicktes Wesen.

„Einen Wagen, Emma!" bat jetzt die Mutter mit leiser Stimme.

Alle drei hatten die Bitte erhascht und zugleich stürmten sie hinaus und winkten, schrien und pfiffen einem Fiaker herbei. Auf dem Rückwege lief der gewandte Silberling den Andern den Rang ab und hatte das Glück, Fräulein Emma seinen Arm bieten zu können. Der Herr Actuar dagegen genoß die hohe Ehre, der angegriffenen Mutter als Stütze dienen zu dürfen, und Falk humpelte mit Shawl, Schirm und Tasche nicht weniger vergnügt und selig hintendrein.

„Zum englischen Hof!" herrschte Silberling dem Kutscher zu und hob die Damen sorgfältig in den Wagen. Leise aber flüsterte er: „Darf ich es wagen, mich morgen nach dem Befinden der Damen zu erkundigen?" —

Die mißtrauischen Gefährten hatten sein Flüstern erlauscht. Rasch drängten sie sich vor, um gleichfalls die kühne Bitte zu wagen, — da knallte der herzlose Droschkenführer, daß ihnen die Peitsche um die Ohren pfiff, die Pferde zogen an und sehnsüchtig starrten sie den dahinrollenden Rädern nach, beide fest im Herzen entschlossen, auch ohne Erlaubniß den kühnen Schritt zu wagen.

Zugleich traten sie wieder in den Saal. Silberling streifte wie von ungefähr den Conducteur, welcher sich eine Erfrischung geben ließ, präsentirte ihm eine Cigarre und fragte leise: „Wer sind die Damen?"

„Noble Leute," antwortete dieser mit wichtiger Miene und zündete an. „Eine reiche Wittwe mit ihrer Tochter, welche sich hier niederlassen wollen. Wohl dem, der das Goldfischlein einthut."

Silberling hatte genug gehört. Seine Gefährten, die sehr nahe standen, aber auch. Sonst war die kleine Gesellschaft stets zusammen aufgebrochen. Heute schied Einer nach dem Andern, unter einem nichtigen Vorwande forteilend. Eine halbe Stunde später aber standen alle drei vor dem englischen Hofe. Jeder spähte aus einer andern Ecke nach den erleuchteten Fenstern, jeder dachte sich geborgen in seinem Verstecke und doch gewahrte Einer den Andern. —

II.

Taufgräben.

Und a Ringel am Finger
Und a rothseiden Band,
Und ich will dich erlösen
Vom ledigen Stand.

Volkslied.

Am andern Morgen kam Paul Falk, der sonst mit dem ersten Morgenstrahl in seine Werkstatt trat, nicht zu seinen Gehülfen und zum Frühstück sehr spät. Seine Schwester Franziska, ein gutes, munteres Mädchen, dem die rosige, wonnige Hoffnung der Braut auf der Stirne geschrieben stand, saß bereits am Tische, hatte den Kaffee eingeschenkt und erwartete ihn mit der lebhaftesten Ungeduld. Endlich schlich er langsam herein mit einem kaum verständlichen, melancholischen „Guten Morgen."

„Herr Bruder!“ rief Franziska verweisend und schob ihm einen Stuhl hin, „du bist heute Nacht sehr spät heimgekommen. Es scheint fast, du hast dich aus lauter Liebesgram und Liebeszweifel der Nachtschwärmerei ergeben. Das ist ein schlechtes Metier, mein Bester, und hat schon manchen reichen Hansen auf die Bankerottbank gebracht; einen jungen Geschäftsmann ruinirt es noch viel eher. Du weißt, unsere Eltern selig mochten diese „nobeln Nachtstudien“ nicht leiden. Und sieh, wirklich,“ fuhr sie ernster fort und hob dem Bruder sanft das Kinn in die Höhe, „du siehst heute aus, wie übrig geblieben, wie Einer, der seine Qual für wenige Stunden im Weine ertränkt hat, um am nächsten Morgen mit Gewissensbissen in der Brust, mit Haarweh im Kopfe und Nadelspitzen im Magen doppelt dafür gefoltert zu werden.“

„Franziska!“ bat Falk und strich mehrmals mit der flachen Hand über die Stirne, um die verrätherischen Falten zu glätten.

„Nun, Freund Paulus, hab' ich Recht?“ drängte diese ohne Rücksicht. „Nicht wahr, es ziehen Spinnweben um die Augen?“

„O du Späherauge von einem Mädchen, du loses,“ schalt dieser, „aber — Recht hast du. Wem sollte ich die Geheimnisse meines Herzens lieber offenbaren als meiner Schwester und von wem einen besseren und treueren Rath zu erwarten haben? Du sollst Alles wissen, Franziska, und mir beistehen, denn Frauenklugheit geht selten fehl."

„Also, Herr Bruder, ich bin ganz Ohr."

„Gestern Abend war ich mit dem Actuar Sommer und Freund Silberling in der Restauration und erlebte da ein ganz eigenthümliches, extraordinäres Abentheuer, das mir das Concept völlig verrückte und das Blut in Wallung setzte. Statt später heimzugehen, gerieth ich noch in eine Wirthschaft, unter eine lustige Gesellschaft und mag da in der Hoffnung, in dem Jubel meines Herzens des Guten ein wenig zu viel gethan haben."

„Was? — in der Hoffnung, in dem Jubel deines Herzens?" fragte Franziska neugierig. „Hast du vielleicht Aussicht auf das große Loos, ohne gesetzt zu haben? Oder ist uns ein reicher Vetter in Brasilien selig im Herrn entschlafen, der nie existirte? Oder will wie vor alten Zeiten ein liebreizendes Königstöchterlein in dein goldiges Bürgerhaus niedersteigen, um den verlassenen Schäfer zu trösten und aus purer Liebe die sittsame Hausfrau zu spielen?"

„Kein Loos, kein Vetter und kein Königstöchterlein, Schwester, aber eine Königin des Herzens, ein Mädchen aus der Fremde, so lieb, so sittig, so züchtig, so einfach, und doch so erhaben, so herrlich und prachtvoll schön, wie unsere Stadt — dich natürlich ausgenommen, — kein zweites birgt."

„O du armseliger Schwärmer!" drohte Franziska

und erhob die Hand. „Ich verkaufe dein unwahres, gezwungenes Höflichkeitslob spottbillig, denn mein Lebensloos, Brüderchen, ist gezogen und mein brasilianischer Vetter mit Gottes Hülfe gefunden. Wo und wann und wie für dich einmal gezogen wird, das merke ich schon, weiß nur der Himmel."

„Mein Lob ist ächt und recht," behauptete der Goldarbeiter fast verletzt, „und ich wollte Gott danken, wenn er mir eine Lebensgefährtin senden würde, wie du mir, Schwester, warst. Doch, vielleicht!" — Und nun erzählte er weitläufig die ganze Begebenheit und schilderte mit glühenden Farben die edle Fremde. „Sie sind reich, sehr reich," schloß er begeistert, „sie wollen sich hier niederlassen und von ihrem Gelde leben. Ja, Schwester, du mußt diese Gestalt, diese Haltung, dieses zarte, bleiche Gesicht, dieses dunkle Augenpaar sehen, und du wirst sicher meinem Lobe, meinem sehnsüchtigen Verlangen beistimmen."

„Welchem Verlangen?" fragte Franziska ernst und sah den Bruder groß an.

„Fräulein Emma zur Nachfolgerin unserer unvergeßlichen Mutter selig, zur Herrin in diesem Hause zu machen."

„Und die gute, brave Spengler-Seppi?" rief das Mädchen bestürzt, mit starrem Blicke und faltete in tiefem Bedauern die Hände.

Diesen strengen, durchbohrenden Blick konnte Falk nicht ertragen. Er schlug die Augen zu Boden und antwortete erst nach mehreren Secunden, wohlweislich die gestellte Frage umschiffend. „Bedenke, Schwester, welch' außerordentlicher Vortheil es für dich und für mich wäre, wenn ich deinen Vermögensantheil sofort baar hinauszahlen könnte und noch ein schönes Capital in Händen behielte, um meinen Laden zu vergrößern, meine Auslage modern und neu zu arrangiren und mit den schönsten und neuesten Erzeugnissen der Mode zu spicken!"

„Und Seppi?" fragte Franziska nochmals mit dem Tone tiefster Wehmuth in der Stimme.

„Ist ein braves, herzensgutes Mädchen," entgegnete ihr Bruder zögernd, „aber für einen Geschäftsmann zu arm. Nicht erst seit gestern, Franziska, sondern seit Wochen schon laborire ich an diesem Gedanken und habe deßhalb bis zur Stunde keinen ernsten Schritt gethan."

„Hast du dem Mädchen kein Versprechen gegeben?" —

„Mit klaren Worten nie." —

„Keine Hoffnungen gemacht?" —

„Je nachdem!" meinte Falk, dann setzte er zögernd bei: „Daß ich nicht wüßte!" —

„Alle Welt hält Euch für Verlobte." —

„Was kümmert mich das müßige Geplauder der Leute? Ein Jeder sorgt für sich. Noch bin ich frei und ledig und kann mich also um jedes Mädchen bewerben." —

„Ich will hierüber nicht urtheilen, und mische mich,

wie du wohl weißt, niemals in solche Heirathsprojecte. Das sind Dinge, die ein Jeder mit seinem eigenen Gewissen ausfechten muß. Kann ich dir in Etwas dienen, so geschieht es mit schwesterlicher Freudigkeit, — ich verhehle aber nicht, daß mich Seppi ungemein dauert, wenn ihre Hoffnung getäuscht werden sollte."

„Ich darf nicht zaudern," sprach Falk nach kurzem Bedenken, ohne die letzten Worte seiner Schwester zu beachten, „denn der Actuar und Silberling verfolgen jedenfalls denselben Plan, und dieser Schlaukopf von einem Speculanten hat sich schon zu einem Besuche eingeschmuggelt. Ich könnte freilich auch hingehen und mich nach dem Befinden der Damen auf die gehabte Affaire erkundigen, aber ..."

„Das Herz wackelt mir schon bei dem bloßen Gedanken," ergänzte Franziska spöttisch, „und zu einem Galanthomme und Complimentenreißer fehlt mir das rechte Zeug."

„Ganz richtig, Fräulein Braut, — also einen andern Weg! Ich denke, wir lassen uns einfach und nobel nach dem Befinden der beiden Damen erkundigen und zwar senden wir unsere Köchin."

„Dies ist wenigstens das beste Mittel," erklärte Franziska heiter, „die Sache bekannt zu machen und die Klatschzungen der ganzen Stadt in Bewegung zu setzen."

Falk stutzte und grübelte lange im Stillen. Endlich hatte er's gefunden. „Weißt du, wie? Ich schreibe heute nur ein paar verbindliche Zeilen und morgen" — fuhr er langsam und zögernd fort — „morgen sende ich einen hübschen, geschmackvollen Gegenstand aus meinem Laden hin als sprechendes Zeichen meiner Verehrung und Hochachtung. Daran denken meine Nebenbuhler nicht und so werfe ich beide mit einem Schlage aus dem Felde."

„Trefflich calculirt, Brüderchen, und gewiß die beste Probe, um zu erfahren, ob es in Wirklichkeit honette, anständige Leute sind, oder nur angezogenes, vagirendes Gesindel. Sind es Damen von Ehre, so senden sie dein Geschenk mit Protest zurück und du bist für immer abgefertigt. Wird es angenommen, so ist's Lumpenpack und du kannst um diesen Preis noch Vieles absetzen."

„Franziska!" rief Falk vorwurfsvoll und warf der kühnen Sprecherin ein paar bitterböse Blicke hin. „Wie kannst du nur so etwas denken?"

„Warum denn nicht?" entgegnete diese, ohne sich im Mindesten um die Erregung des zärtlichen Helden zu kümmern. „Reisende Speculantinnen sind nichts Neues unter der Sonne und Vorsicht kann dir nichts schaden."

„Nun, was soll ich denn anfangen? Du verwirfst und verspottest Alles, was ich vorbringe, ohne mir besser zu rathen."

„Gib dich einfach, wie du bist: ein Bürger, schlicht und bescheiden! Ist das Mädchen wirklich der wunderbare Tugendspiegel, wie du schilderst, so wirst und mußt du siegen trotz aller Phrasen, Complimente und Geckengeschichten des Signore Sommer und des Monsieur Silberling."

„Ja, ich muß mich doch rühren." —

„Ohne Zweifel, und damit du siehst, wie ernstlich ich es meine, will ich selbst die Zwischenträgerin machen." —

„Du, Herzensschwester?" —

„Nur schön ruhig im Gemüthe! Ein hübsches Bouquetchen ist eine zarte, sinnige Huldigung, die keine Dame beleidigen kann. Die Frau Wirthin ist meine Jugendfreundin und wird mir unter dem Siegel der Verschwiegenheit gern jeden Gefallen thun. Bis ich vom Markte heimkomme, ist den Damen deine theilnehmende Erkundigung nach ihrem Befinden, ein artiges Compliment und noch obendrein ein Bouquet in deinem Namen zugestellt. Verlaß dich d'rauf!" —

Mit diesem Versprechen erhob sich die Schwester. Falk wollte, dem Drange seines Herzens folgend, ihre beiden Hände ergreifen, stieß darüber den Kaffeetopf sammt Tassen auf den Boden und suchte beschämt und verwirrt die Thüre.

Ungefähr eine Stunde nach dieser Unterhaltung stand der Kaufmann Herr Hugo Silberling in seinem Laden, das vollendetste Conterfei des neuesten Pariser Modebildes. Von dem etwas geschweiften, schmalgeränderten Seidenhut und der goldgefaßten Lorgnette bis zu den buttergelben Handschuhen, dem elastischen Röhrchen und den mit blinkenden Knöpfen besetzten

Glanzstifletten fehlte auch nicht ein Tüpfchen daran. Er wollte von seiner Mama, die ihm das Hauswesen führte, Abschied nehmen, schwenkte sich graciös noch einmal links, noch einmal rechts und fragte mit dem Tone innerster Befriedigung: „Alles in Ordnung?"

„In bester Ordnung!" versicherte die Mutter nicht ohne Stolz und ließ ihr Auge wohlgefällig auf dem geliebten Sohne haften. „Wenn du in diesem Aufzuge das Herz der jungen Erbin nicht rührst, so ist Alles eitel Mühe."

„Denkst du? Eine starke Festung fällt nie auf einen Sturm. Eigentlich sind das nur Präliminarien, diplomatische Kunststücklein, zu deutsch Handelskniffe, um zu sondiren, welchen Silberausfluß diese schöne Bergader mit der Zeit verspricht. Ist das einmal festgestellt, so kann der Hauptangriff sofort losgehen."

„Du bist und bleibst ein schlauer, berechnender Kopf," lächelte die Mutter; „für einen Kaufmann freilich eine unerläßliche Bedingung."

„Es ist nur so hinderlich, daß alle diese Väter und Mütter, welche heirathsfähige Töchter zu vergeben haben, die abscheuliche Gewohnheit besitzen, gerade diesen Punkt in ein undurchdringliches Dunkel zu hüllen. So hat dieser alte, essigsauere Rentbeamte bis jetzt alle meine Nachforschungen zu Schanden gemacht. In diesem Falle freilich, so ein paar Frauenzimmern gegenüber, werde ich bald reinen Wein haben."

„A propos, Hugo, nur nicht übereilen!" warnte

die besorgte Mutter. „Brich mit der Rentbeamtentochter ja nicht ab, bevor du bei der fremden Dame festen Fuß gefaßt! Der Klügste setzt sich oft zwischen zwei Stühle.“

„Bei Leibe nicht, Mutter! Ich spiele da und dort und noch an zehn Plätzen das schöne Kind, und jede Dame muß sich für die allein Bevorzugte halten. Ein Hinterpförtchen für den Fall der Noth lasse ich mir überall offen. Ja, ich darf schon vorsichtig sein. Es gilt, alle meine Schritte möglichst geheim und sicher zu thun und zugleich diesen steifen, eingebildeten Actuar Sommer und den ungeleckten, langweiligen Goldarbeiter vom Honigstocke fern zu halten.“

„Nun, diese Nebenbuhler sind nicht gefährlich.“

„Nein, bei Gott nicht! Ich hoffe fest, wenn meine Erkundigungen gut ausfallen, Mutter und Tochter in acht Tagen zu erringen.“

„Beide? — O, auf die Mutter verzichten wir, denn zwei Hennen in einem Neste hacken sich die Augen aus. Nein, nein, wenn wir nur die Tochter und ihr Geld haben, die Mutter kann wieder weiter ziehen oder sich in einem Dachstübchen einquartiren und mit den Katern und Spatzen auf den Dächern liebäugeln.“

„Es wird sich Alles finden, Mutter,“ tröstete Hugo etwas verlegen.

„Mit dem Mädchen allein — ja!“ erwiederte diese mit allem Nachdruck, — „denn es mag geartet sein, wie es will, so werde ich es nach meinem Kopfe ziehen. Nur erst herein damit in's Haus, und dann stehe ich für Alles. Jetzt geh' und gib kein unüberlegtes Versprechen!" —

Der Stutzer folgte als ein gehorsamer Sohn, wenn auch nicht mehr in der rosigen Laune, welche ihn vor einer halben Stunde beseelte.

An diesem Tage erschien Herr Actuar Sommer wenigstens um eine ganze Stunde früher in seinem Bureau, und zwar im neuen Frack und besten Hut. Sobald seine Collegen nachkamen, wurden sie in Kenntniß gesetzt, daß er heute einen sehr, sehr wichtigen Geschäftsgang zu machen habe und sie seine Funktionen mitversehen möchten. Das war wohl die einfachste Methode, denn er selbst war zum Amtiren unfähig. Die Zahlen flimmerten, flunkerten und sprangen wie Muckenköpfe vor seinen Augen, die schweren, dickleibigen Hypothekenbücher tanzten und hüpften auf den Tischen und Regalen wie gespenstige Heuschrecken, und seine Gedanken waren überall, nur nicht bei den Kapitalien, die er Posten für Posten auf ganz falsche Seiten verbuchte. Er warf die Feder weg und trat würdevoll aus der Amtsstube. Die Parteien, welche auf den Gängen geduldig ihrer Erlösung harrten, verbeugten sich tief und der Herr Actuar ließ ein starkes, wiederholtes Husten hören, als spürte er vor lauter Anstrengung schwere Brustbeklemmung. Das war jedoch nur der geheime Glockenzug für seinen Vertrauten, den er sich in aller Frühe erkoren und gehörig instruirt hatte. Die Thüre zum Botenzimmer öffnete sich und heraus kam ein Gerichtslaufer, Namens Simon, mit dem unschuldigsten Gesichte von der Welt und einem schweren Actenbündel unter dem Arme. Er schlenderte nachlässig durch die Gänge und traf an einem abgelegenen Platze zufällig auf den Actuar, der ebenso zufällig dastand und sich besann, ob er nichts in seinem Zimmer vergessen. Nun, den rechten Mann hatte Sommer gewählt; ein Individuum, das schon sechsmal seinen Stand verändert, zehnmal an der Thüre des Zuchthauses nur so vorbeigeschlüpft, mit allen Wassern getauft und in allen Listen und Schlichen, Practiken und Liebeshändeln gewürfelt war wie Keiner.

„Also, Simon," sprach der Actuar mit gedämpfter Stimme, „bei unserer Verabredung bleibt's und Ihr Rath soll befolgt werden. Ich gehe jetzt in den „Englischen Hof" zum Frühschoppen und bin wirklich gespannt, ob sich Ihre Combinationen realisiren werden oder nicht. Sie könnten Sich ebenso gut täuschen und dann ist mir der Rang abgelaufen."

„Wenn der Herr Actuar heute Mittag zum Amte kommen, vorausgesetzt, daß Sie überhaupt kommen," versetzte der Bote mit aller Bestimmtheit, „so werden Sie strahlen vor Vergnügen und ein vergnügter Abend winkt Ihrem gehorsamsten Diener."

„Daran soll's nicht fehlen," versprach der Heirathscandidat, durch die Worte des Boten vollständig beruhigt.

„Kommen Sie nur bald nach und behalten Sie die Einfahrt des Gasthofes fest im Auge, damit uns nichts entgeht. Kennen wir einmal die Bewegungen und Absichten unserer Gegner, so können wir ihnen leicht entgegenarbeiten.“

„Wollen der Herr Actuar ganz außer Sorge sein und ja nicht über dem Gläschen den Ausgang der beiden Damen verpassen! Ich werde jede Mücke sondiren, welche sich unter die Einfahrt des Englischen Hofes wagt, und mich wie von ungefähr, aber rechtzeitig auf der Straße sichtbar machen. Der Herr Actuar sind dann durch wichtige Amtsgeschäfte verhindert, ich geleite die beiden Damen zur Wohnung des Buchbinders Weigler, der zwei hübsche Zimmer zu vermiethen hat, und ist das bereinigt, so springe ich direct über die Straße und miethe für den Herrn Actuar Sommer vis-à-vis beim Conditor Goes. Bis morgen früh muß Alles wohnen.“

„A propos! — nicht vergessen — ein wenig sondiren,“ mahnte dieser noch und ließ Daumen und Zeigefinger spielend hin- und hergleiten, als wollte er Geld zählen.

Der Bote nickte, sie trennten sich und zehn Minuten später saß der Actuar in dem großen Gastzimmer des Englischen Hofes, um ein Gläschen Bordeaux — wie er dem Oberkellner ganz unnöthiger Weise vordemonstrirte — zur Stärkung seines angegriffenen Magens zu sich zu nehmen. Er hatte sich so placirt, daß er durch das Fensterchen neben der Thüre ganz gut die Einfahrt im Auge hatte, jedoch von außen nicht gesehen werden konnte. Der aufmerksame Beobachter durfte keine Viertelstunde warten, so sah er Fräulein Franziska hereinschlüpfen, und seine vier Augen erspähten selbst das Bouquet in dem nicht fest geschlossenen Handkörbchen an ihrem Arme. Seine schöne Hand zitterte, als er nach dem Glase langte, seine Lippen zuckten und es wurde ihm schwach und heiß um die Stirne. Er athmete erst wieder leicht auf, als das Mädchen nach wenigen Minuten hinaushuschte und sein Körbchen sorglos in der Hand schlenkerte. „Das war für einen Besuch zu kurz," calculirte er, „viel zu kurz, aber — das Bouquet ist abgegeben." Er stärkte seine Geister auf's Neue mit einem tüchtigen Zuge, schlug sich das Ding zu Faden und bildete am Ende sein Conclusum ganz richtig so, daß die Schwester seines Nebenbuhlers sich einer Mittelsperson im Hause bedient haben müsse. Kaum darüber im Reinen, sah er seinen Freund Silberling anfahren und stolz, kühn und gravitätisch in's Haus steigen. Der Oberkellner kam ihm mit tiefen Bücklingen entgegen und erhielt statt jeder Erklärung und als besten Geleitbrief, der selten fehlschlägt, ein blinkendes Geldstück mit dem gemessenen Auftrag, Herrn Kaufmann Silberling bei den fremden Damen zu melden. Diensteifrig stürzte der Kellner fort und Silberling spazierte, seine Rückkehr erwartend, mit großen Schritten ungeduldig im Gange auf und ab. Der Actuar aber duckte sich, schlich an das Fensterchen und öffnete es behutsam, um die Botschaft auch zu vernehmen. Seine Knie wackelten, sein Herz klopfte hörbar, kalter Schweiß drang ihm auf die Stirne und die Furien der Eifersucht schnürten ihm die Brust zusammen. Endlich erschien der dienstbare Geist und meldete: „Die Damen sind leider gerade mit ihrer Toilette beschäftigt. Sie lassen ungemein bedauern, Herrn Silberling für den Augenblick nicht empfangen zu können. Sie lassen für die große Aufmerksamkeit und Theilnahme verbindlichst danken, bis es ihnen vergönnt wird, persönlich ihren Gefühlen Worte leihen zu können."

„Also darf ich wieder kommen," schloß Silberling. „Melden Sie den Damen mein gehorsamstes Compliment und ich würde mir erlauben, des Mittags meine ganz ergebenste Aufwartung zu machen und" — setzte er leise und vertraulich bei — „spioniren Sie ein wenig, wie „schwer das Mädchen wiegt.""

Der Oberkellner verbeugte sich, lächelte verschmitzt und half dem hoffnungsvollen Ehestands-Candidaten wieder in seinen Fiaker. Sommer aber fühlte einen Stein von seinem Herzen, strich sich über die Stirne, rieb seelenvergnügt die Hände und bestellte sich noch ein Gläschen, wobei er es durchaus nicht übersah, auch sich bei dem Oberkellner, dieser wichtigen Vertrauensperson, ein silbernes Denkmal zu setzen. Dafür berichtete ihm dieser nach einer guten halben Stunde ganz wie von ungefähr und mit der gleichgültigsten Miene von der Welt, daß die beiden Damen, welche gestern Abend gekommen, so eben ihren ersten Ausgang machten.

„Und ich," versicherte Sommer und langte nach seinem Hute, „ich darf nach meinem Bureau eilen. Es werden Parteien genug warten."

Unter dem Portal traf er die beiden Damen. Sie sahen die Straße hinauf, die Straße hinab, offenbar unschlüssig, wohin sie sich wenden sollten. Die Mutter war auf das Nobelste gekleidet. Sie trug ein schillerndes Damastkleid, einen schweren Seidenmantel, und den geschmackvollen Hut zierte eine prachtvolle Feder. Wunderliebst stach dagegen in seinem mehr als einfachen Wollenkleidchen und Ueberwurf und dem runden Hütchen ohne allen Ausputz das Mädchen ab, so daß dieser Contrast selbst dem Laien in Modesachen auffallen mußte. Sommer fand die Tochter noch viel, viel reizender als gestern Abend, so daß er seine Brust ordentlich beklommen fühlte und Stirne und Wangen fieberhaft glühten, als er sich tief vor den Damen verbeugte und ganz gehorsamst nach ihrem Befinden erkundigte. Der aufmerksame Herr empfing trostreichen Bescheid und so viele süße, verbindliche Dankesworte von Mutter und Tochter zugleich, daß er in der glücklichsten Verlegenheit wohl hundertmal „bitte — bitte!" — stotterte, bei jedem „bitte!" auf's Neue den Hut zog und eine zierliche Verbeugung schlug.

„Sie schlagen das Wenige, was ich gethan, wirklich zu hoch an," versicherte er endlich mit der süßesten

Stimme, die er nur hervorzaubern konnte. „Es ist nicht der Rede werth.“

„Für uns doch,“ entgegnete die Mutter und unterstützte ihre Behauptung mit einer graciösen Kopfbewegung; „wir wissen als schwache Frauen und als Fremde die zuvorkommende, aufmerksame Hülfe der drei Herren doppelt zu schätzen und werden denselben stets eine dankbare Erinnerung bewahren.“

Die „drei Herren“ genirten den Actuarius ein wenig. Er suchte deßhalb von diesem Thema abzulenken und wenn möglich seine eigene werthe Person in den Vordergrund zu schieben. „Ich glaubte vorhin bemerkt zu haben,“ begann er wieder, „daß die Damen über die Richtung, welche sie einschlagen wollten, im Zweifel waren. Sollte dies der Fall sein, so würde ich mich unendlich glücklich schätzen, Ihnen meine geringe Localkenntniß zur Disposition stellen zu dürfen.“

„Sie sind wirklich zu freundlich,“ versicherte die Mutter mit einem huldvollen Lächeln; „ich wage es kaum, Ihre Güte ferner in Anspruch zu nehmen.“

„Befehlen Sie, gnädige Frau,“ bat der Actuar stürmisch und schwungvoll, „und Ihr ergebenster Diener wird mit Blitzesschnelle Ihre Wünsche vollziehen.“ Wie zur Bekräftigung dieser Worte legte er die kleine Hand auf die Brust. Und o Glück! Fräulein Emma heftete einen Blick darauf, einen langen, festen Blick aus den großen, seelenvollen Augen, und der drang durch die kleine Hand und brannte bis tief in's Herz hinein.

Dann aber lispelte sie: „Mutter, wir sind fremd, stehen ganz allein, und sollten dieses freundliche Anerbieten nicht zurückweisen.“

„Du hast Recht, liebes Kind,“ meinte diese nach kurzem Bedenken, „und diese Umstände dürften auch unsere Zudringlichkeit entschuldigen.“

„Bei Gott — nur keine Entschuldigung!“ betheuerte Sommer. „Der geringste Ihrer Wünsche macht mich zum glücklichsten Menschen. Geruhen Sie nur zu befehlen!“

„Ihre seltene Güte und Freundlichkeit gibt mir Muth. Sehen Sie, mein Herr, wir sind das Gasthofleben nicht gewöhnt und fühlen uns unter diesen steifen, fremden Gesichtern sehr beengt. Wir möchten unser Domicil für die Zukunft hier aufschlagen und unser innigster Wunsch wäre, recht bald eine hübsche, freundliche Wohnung bei braven, ehrbaren Bürgersleuten miethen zu können. Vielleicht wären Sie so gefällig ...“

„Herr Actuar!“ trat in diesem Augenblicke ein Gerichtsbote militärisch grüßend zwischen diesen und die Sprecherin, — „der Herr Director lassen den Herrn Actuar dringend ersuchen, sofort auf's Amt zu kommen. Es stehen über zwanzig Parteien da, ihre Abfertigung ist ohne den Herrn Actuar rein unmöglich.“

„Ich werde schon kommen,“ versetzte dieser unwillig; „die Parteien sollen eben warten.“

„Der Herr Director lassen dringend und höflichst

ersuchen. Der Herr Actuar sind selbst Schuld, wenn Sie Sich unentbehrlich gemacht haben."

„Lassen Sie Sich ja nicht durch uns von Ihrem Berufe abhalten," bat Emma und ihr großes Auge ruhte einen Augenblick mit Wohlgefallen auf dem wichtigen Manne.

„Um keinen Preis der Erde!" betheuerte die Mutter und wollte sich sofort verabschieden und zurückziehen.

„Bitte, bitte, meine Damen, bleiben Sie!" rief der Actuar mit Ungestüm und seine Augen strahlten vor Vergnügen. „Es läßt sich glücklicher Weise Alles vereinigen. Dieser Mann hier ist mein Untergebener und besitzt eine bewundernswerthe Localkenntniß. Simon, Sie werden die Damen begleiten und denselben eine hübsche, anständige Wohnung zur Miethe verschaffen."

„Ei, da kann ich prächtig aufwarten! Ich weiß freie Logis nach Dutzenden und die Damen dürfen nur die Güte haben, mir zu folgen."

Jetzt wurde Abschied genommen unter zahllosen Dankesworten, Complimenten und Höflichkeitsformeln, bei welchen der Mund die Stelle einer klappernden Mühle vertritt, das Herz aber ganz unbelästigt bleibt. Die Damen folgten ihrem Führer, der Actuar aber stürmte anstatt auf sein Amt in ein Zwerggäßchen, um noch möglichst lang die holde Gestalt mit seinen Augen verfolgen zu können.

Am andern Morgen wohnten die Damen bereits in ihrer neuen Wohnung. Als sie die Fenster öffneten,

12*

um Rundschau zu halten, fiel ihr erster Blick auf Actuar Sommer, der gerade gegenüber logirte und ihnen ehrerbietigst einen guten Morgen wünschte. Doch auch Silberling und Falk hatten durch ihre Getreuen die neue Wohnung schon ausgekundschaftet. Fast gleichzeitig schlichen beide unten vorbei und bissen sich vor Ingrimm auf die Lippen, als sie gewahrten, wie listig und practisch zugleich ihnen der Actuar den Rang abgelaufen hatte. Dieser sah triumphirend hinab und jubelte in seinem Herzen, denn er wußte ein Geheimniß, in dessen Besitz er seine Nebenbuhler nie und nimmer ahnte. Sein Vertrauter hatte es ihm gestern Abend noch hinterbracht, und Frau Reichart hatte es gesprochen, gesprochen bei der Miethe in Gegenwart des Hausherrn und der Hausfrau, so zufällig und so gleichgültig, als sei das eine Sache, die sich von selbst verstünde. Sie gab ihrer Tochter zehntausend baare Gulden mit und behielt noch immer ein anständiges Sümmchen, um für sich sorgenfrei leben zu können, wenn der zukünftige Herr Schwiegersohn, wie sie lächelnd bemerkte, sich nicht mit der griesgramigen Schwiegermutter vertragen sollte. Sommer frohlockte und rechnete schon im Geiste die Zinsen und Zinseszinsen zusammen, wenn einmal diese beiden Summen zusammenflößen, während seine Gegner grollend auf Rache sannen und bei allen Göttern der Ober- und Unterwelt schwuren, ihm den reichen Fischfang zu entreißen. —

III.

Reisemarsch und Retiraden.

> Zierlich Bücken, freundlich Blicken,
> Manches flüchtige Liebeswort,
> Händedrücken, heimlich Nicken,
> Heimlich Grüßen hier und dort.

Wir lassen ohne Bedenken etliche Wochen vorübergehen, ohne uns besonders um die Bestrebungen, Hoffnungen und tausendfältigen Täuschungen, um die unzählbaren, nutzlosen Gänge, Manipulationen und Schleichwege, um die Herzensqual und Liebespein unserer drei Ehestands-Candidaten zu bekümmern. Jeder glaubte sich ganz allein im Besitze des silbernen Geheimnisses von den zehntausend Gulden und gab sich nach seiner Manier alle Mühe, die einfältigen Subjecte, wie man sich im Stillen zu tituliren beliebte, aus dem Sattel zu heben. In ihrem Eifer übersahen sie ganz, daß auch andere junge Männer sehnsüchtig die Augen zu der bleichen, stillen, bescheidenen Jungfrau erhoben und der „anständigen" Mutter beim Begegnen ehrfurchtsvoll aus dem Wege traten und beim Gruße den Hut bis zum Boden senkten. Ueber der Hauptbetze unter sich achteten sie auf diese Neulinge wenig, denn sie waren ohne Zweifel die Bevorzugten. Der glückliche Zufall in der Restauration hatte ihnen ein Vorrecht in die Hände gespielt, was Andere sich erst auf diesem oder jenem beschwerlichen Wege erringen mußten. Sie durften den Damen, welche sehr still und zurückgezogen lebten und des erwiesenen Dienstes stets mit Wärme und Dankbarkeit gedachten, Besuche machen, sich nach ihrem Befinden erkundigen und ihnen manchmal selbst kleine Gefälligkeiten erzeigen, — ein Vortheil, der für ihre ernstlichen Zwecke nicht hoch genug anzuschlagen war. Wer eigentlich von den Dreien bis dahin der Glückliche genannt werden konnte, wagte Niemand zu behaupten, und sie wußten es selbst nicht. Jeder dachte, träumte, hoffte so, — aber ein Wort der Bestättigung, Siegel und Brief dafür hatte Keiner. Im Gegentheil, wenn ja Fräulein Emma jemals den Einen oder Andern mit einem freundlichen Worte, mit einer speciellen Aufmerksamkeit ausgezeichnet hatte, so durfte er fest darauf rechnen, daß dieselbe Ehre bei erster Gelegenheit auch seinen Freunden blühte, um gleiches Maß und Gewicht wieder herzustellen.

Der Kampfplatz, auf dem die drei Helden ihre unblutige Fehde auskämpfen mußten, war ein sehr beschränkter. Die Minen, welche sie gegenseitig mit aller Sorgfalt und Schlauheit anlegten, stießen meistens schon beim ersten Gange auf einander. Den größten Vortheil aus diesem Umstande zog der Hausherr der beiden Damen, Buchbinder Weigler, welcher geschickt das Amt eines Turnierwartes an sich zu reißen wußte. Weigler zählte zu jenen vielen, vielen tausend Sterblichen, welche weder Staatspapiere noch Anlehensloose, weder Prämienscheine noch Spinnereiactien und Coupons belästigen. Ja, selbst um die Zinsfußtabellen in seinem Kalender mochte er sich nicht kümmern, denn seine Gläubiger rechneten ihm die fälligen Interessen auf den Tag und so pünktlich vor, daß ihm oft vor lauter Richtigkeit die Augen übergingen. Actuar Sommer kannte diese ewigen Verlegenheiten seines Herrn Nachbarn, wie er ihn herablassend titulirte, von der Amtsstube her und versäumte keine Gelegenheit, demselben ganz besondere und wichtige Gefälligkeiten zu erzeigen. Bald brachte er ihm unter der Hand einen neuen „Pfiff" bei, wie er mit Hülfe des Gesetzes seine Gläubiger hinhalten konnte, bald legte er seine Amtswürde und seinen Einfluß in die Wagschale, um eine längere Frist zu erzielen, und in einzelnen Fällen, wo weder Wort noch Würde bei ungestümen Drängern verfangen wollte, half er selbst mit Baarmitteln aus der Noth. Dabei studirte er das Schuldenwesen seines Clienten und entwarf einen Schuldentilgungsplan, der diesen in wenigen Jahren ohne alle Mühe auf dem Papiere wenigstens schuldenfrei machen sollte und einem Finanzminister alle Ehre gemacht hätte. Dafür rapportirten ihm nun Herr und Frau Weigler Tag für Tag getreulich, was in ihrem Hause passirte, wer ab- und zuging, was die beiden vornehmen und doch so liebenswürdigen Damen dachten, sagten, ausführten und vorhatten. Namentlich Herr Weigler wußte manchmal so liebe Dinge zu erzählen, welche die Damen gesprochen haben sollten, daß dem Actuar vor Freude das Herz im Leibe hüpfte. Freilich kam dann der Zuträger immer zum Schlusse mit einer Abkühlung in Gestalt einer recht schweren Bitte daher, die er mit lächelndem Munde beibrachte und die nun nicht abgeschlagen werden konnte.

Um dieselbe Zeit — schreibt unsere junge Chronik weiter — kam Kaufmann Silberling zu der Einsicht, daß seine Geschäftsbücher aus der Fabrik der Herren Rümpler et Comp. in Hannover durchaus nicht so gut und practisch seien, wie er seither geglaubt. „Die Norddeutschen haben das Pulver nicht erfunden. Warum den einheimischen Meistern das Brod entziehen? Wie würde mir ein solches Verfahren in meinem eigenen Geschäfte behagen?" raisonnirte er und suchte sofort den Buchbinder Weigler heim, um die Sache mit ihm zu besprechen. Er fand dessen Einbände außerordentlich solid und elegant, sein Papier weiß, glatt und dauerhaft. Ohne Zögern beglückte er den Meister mit bedeutenden Aufträgen, holte stets die fertigen Artikel persönlich ab, bereinigte ein anderes Mal seine Rechnung oder brachte Verschiedenes zum Repariren und Umändern. Selten verging ein Tag, wo er nicht in dem Hause zu thun gehabt hätte. „Ihre Arbeiten sind vorzüglich," bemerkte er mehr als einmal dem Buchbinder, „und dürfen keine Concurrenz scheuen. Nur Geduld! — Sie müssen noch eine Fabrik fertiger Geschäftsbücher an hiesigem Platze gründen. Für das nöthige Betriebscapital, Absatz, Correspondenz und

Buchführung will ich schon sorgen und in wenigen Jahren müssen Sie ein gemachter Mann sein."

Weigler war dem jungen, braven Herrn bei solcher Rede sehr dankbar und sehr devot, im Uebrigen aber, was nicht das Geschäft betraf, ein Stoffel. Die einfachste Frage über die Bewohner und die Bewohnerinnen seines Hauses beantwortete er verkehrt und sah dabei einfältig lächelnd und wie ein Simpel in die Welt hinein. Zum Glücke wußte die viel verständigere Hausfrau den neuen Kunden immer auf einige Minuten unter vier Augen zu treffen. Sie erzählte ihm dann mit geläufiger Zunge, wie reich und vornehm die beiden Damen seien und mit welch' großer Dankbarkeit und Verehrung sie jeder Zeit von dem jungen, liebenswürdigen Herrn Silberling sprächen. „Ei, ei!" lächelte sie dabei verschmitzt, „ich kenne das Frauenherz. Bei Fräulein Emma ist mehr im Spiel als Achtung und Freundschaft. Sie haben eine Eroberung gemacht, Herr Silberling, eine Eroberung, um welche sie die ganze Stadt beneiden wird." In dieser Melodie ging's meistens durch alle Tonarten und namentlich, wenn Silberling tüchtig bestellte und darauf bestand, als nobler Mann seine Schuldigkeit sogleich zu entrichten, bekam er Dinge zu hören, die ihm Herz und Börse schwindlich machten.

Um dieselbe Zeit — schreibt unsere Chronik weiter — erklärte Fräulein Franziska ihrem Bruder, dessen schlichtem Sinn eine solche Idee in alle Ewigkeit nicht gekommen wäre, wie unvortheilhaft und unpractisch er handle, alle Futterale und Etuis für seine Silberbestecke, Ringe, Ketten, Halter, Schnallen, Kreuze und Schmucksachen mit schwerem Porto von Frankfurt, Baden und Württemberg kommen zu lassen. Weigler sei wohl ein wenig leicht, aber ein geschickter Mann, der nach Vorlagen gewiß ebenso modern und jedenfalls billiger arbeite. Dabei fände sich Gelegenheit, meinte sie, in der bewußten Sache hie und da ein wenig zu sondiren. Der schwesterliche Rath leuchtete Falk vollkommen ein. Er packte sogleich eine Partie Muster zusammen und trollte seelenvergnügt zu Weigler. Dieser merkte prächtig, aus welcher Richtung der Wind wehte, und ließ wie von ungefähr bald da, bald dort ein Wörtchen fallen, was den Jungmeister, der sich nicht zu fragen getraut hätte, in Feuer und Flammen versetzte. Einmal bewunderte er die Geschicklichkeit des fremden Fräuleins, das bei ihm wohnte, in allen häuslichen, weiblichen und feinen Arbeiten, wie man solches nie in der Stadt gesehen, ein anderes Mal erzählte er von ihrer Herzensgüte und Mildthätigkeit und wieder von ihrem frommen, bescheidenen und schlichten Sinn, und wie alle Töchter der Stadt sich d'ran ein Exempel nehmen könnten. „Ja," meinte er eines Tages, während Falk Krone um Krone aufzählte, „Fräulein Emma ist brav, sehr brav, reich — schrecklich reich und doch ein echt bürgerliches Kind. Sie liebt die bürgerlichen Geschäfte über Alles und ich hab' ihr heute gerathen" — setzte er mit starker Betonung und einem listigen Blicke bei — „einmal den Goldarbeiter Falk — Sie kennen ihn doch! — zu besuchen, um sich zu überzeugen, daß unsere Werkstätten es mit denen der größten Handelsplätze aufnehmen können. Also aufgeschaut! Sagen Sie es dem Meister Falk: er soll ein kleines Andenken nicht vergessen, wenn Fräulein Emma etwas kauft. Manchmal knüpft und spinnt sich so ein Faden an, der das Herzchen umgarnt, nimmer reißt und zum Schlusse das Mädchen als sorgsame Hausfrau festhält."

Ueberglücklich eilte Falk davon und stöberte noch am Abend sein ganzes Lager durch, um möglichst viel Arbeit für den Meister zu finden.

So lebten die Buchbinderseheleute einige Wochen wie die Vögel im Hanfsamen. Sie gedachten keinen Augenblick mehr der vergangenen, trüben Tage und noch viel weniger ihrer zahlreichen Gläubiger. Dafür dachten diese um so fleißiger an sie. Namentlich Einer, welchen der Herr Actuar schon zweimal mit schönen Worten vertröstet, mußte gemerkt haben, daß ein frischer Wind durch die Buchbinderei strich. Er schickte dem Meister, welcher gerade in Gesellschaft seines Weibes den Mittagskaffee nahm, ein Brieflein und darin ein wasserblaues Wechselchen, unbedingt das abstoßendste Recept, welches man einer Familie, so Mangel an Ueberfluß leidet, verschreiben kann. Nachdem Weigler das Schreiben geöffnet und beim Anblicke des abscheulichen Zettels mehrmals seine Augen gewischt hatte, rückte er sein Hauskäppchen unruhig hin und her, strich mit der Hand durch die dünnen Haare, legte die Cigarre weg und schob seine Tasse zurück, als sei ihm der Appetit vergangen. „Der Lump, der elende!" brummte er zuletzt. „Ich wäre ihm nicht davon gelaufen."

„Gewiß dieser unverschämte Hauptwucherer, der dürre Holzmaier?" fragte die Frau. „Was will er denn?"

„Wir sollen seinen Wechsel, auf acht Tage Sicht lautend, entweder unbedingt acceptiren oder verweigern, damit er seine weiteren Schritte darnach richten könne."

„Er wird acceptirt," entschied die Frau gelassen und schellte dem Lehrjungen, um sich als Zuspeise beim Conditor noch einen Aepfelkuchen holen zu lassen.

„Und womit bezahlt?" fragte Weigler ziemlich heftig und ungehalten.

„Mit dem Gelde unserer treuen Hausfreunde und Verehrer. Laß mich nur machen! Es umflattern ja unser Haus nicht weniger als drei Paradiesvögel. Ob da Einer ein paar Goldfedern mehr oder weniger in seinem Gefieder trägt, wird wenig schaden. Man muß das Eisen schmieden, so lang es glüht. Wer kann denn wissen, wie lange die ganze Herrlichkeit noch dauert? Ich will nur zuvor mit dem vornehmen Chor da droben reden. Du thust dann einfach, was ich dir sage."

„Du wirst doch die Damen nicht einweihen wollen?"

„Gott behüt'! — aber einfädeln. Sei außer Sorgen und richte dich einstweilen zum Ausgehen!" —

Eine Stunde später stand der Buchbinder in der Amtsstube des Actuars und bat den gestrengen Herrn demüthig und devot um Aufklärung über einige äußerst gleichgültige Dinge. Dabei wandte er sich wiederholt nach dem Ofen, räusperte und hustete stark und hielt sein Taschentuch vor, um ja dero hochpreislichen Spucknapf und noch weniger dero hochgerichtlichen Stubenboden nicht zu beflecken. Das war ihr verabredetes Zeichen und der Actuar folgte beim Scheiden seinem Besuche fast auf dem Fuße, während die Schreiber spöttisch lächelten und sich verstohlene Blicke zuwarfen.

„Eine Neuigkeit, Herr Actuar, — wichtig, höchst wichtig!" flüsterte Weigler auf dem Gange und wischte sich den Schweiß von der Stirne, welche vor wie nach gleich trocken blieb. „Ich bin gerannt über Hals und Kopf, auf Leben und Tod. Herrje, das nennt man laufen!"

„Nun, was gibt's? Rasch, heraus! — rasch!" drängte Sommer und konnte seine Ungeduld kaum zügeln.

„Geduld — nur einen Augenblick! Ich bin ganz außer Athem — ich kann nicht sprechen. So, jetzt wird's gehen," meinte er endlich und athmete tief auf, während sein Gesicht vor Freude strahlte.

„So reden Sie doch! Die Neugierde bringt mich ja um. Reden!"

„Ja, reden, ja," stotterte Weigler wie geängstigt,

„morgen, Herr Actuar, übermorgen, ja, ist der Geburtstag von Fräulein Emma.“

„Wann? — wie? — was? — O Unglücksrabe, und ich habe für gar nichts gesorgt! Herr meines Lebens!“ Sommer rang die Hände, verdrehte die Augen hinter den großen Brillenscheiben und stieß einen schweren Seufzer aus.

„So eben hat's die Mama meiner Frau gesagt. Ich rannte wie besessen, wie ein Kurierzug daher, um Ihnen diese höchst wichtige Kunde zu bringen, denn jetzt . . . .“

„Jetzt gilt's!“ klagte Sommer und ließ trauernd sein Haupt sinken. „Jetzt, in der letzten Stunde, wo für gar nichts mehr entsprechend gesorgt werden kann. Ja, jetzt! O Sie Undankbarer . . .“

„Herr Actuar!“ rief Weigler mit Nachdruck und stülpte beleidigt seinen Hut auf, „das habe ich nicht verdient. Wenn Sie einen treueren Diener finden, nun dann will ich mich empfehlen. Adieu!“

„Närrischer Mann, so bleiben Sie doch!“ bat Sommer, rasch umgestimmt, und hielt den Erzürnten am Arme fest. „Sehen Sie denn meine fürchterliche Lage nicht ein?“

„Durchaus nicht.“

„So!“ meinte Sommer gedehnt und kämpfte mühsam die Eifersucht in seinem Herzen nieder. „Und Herr Silberling, Herr Falk und all die andern Schnapphähne, wissen Sie's?“

„Deßhalb bin ich ja hergestürzt," bemerkte Weigler triumphirend, „damit Sie Ihre Vorkehrungen treffen, damit Sie das Unmögliche noch möglich machen, während diese Jungen vielleicht nicht einmal eine Ahnung davon haben. Wenn die Damen reinen Mund halten, von uns erfahren sie nichts."

„Dank, lieber Herr Nachbar, besten Dank!" rief Sommer wieder leichten, frohen Herzens und drückte dem Bürger herablassend die Hand. „Zählen Sie in Allem und zu jeder Zeit auf meine Gegendienste."

„Herr Actuar, wir stehen in Ihrer Schuld. Meine Frau kennt das so gut wie ich und hat deßhalb heute mit ächt weiblicher List Ihre Partie ergriffen, um Ihnen unsern Dank durch die That zu beweisen. Sie erringen einen großen Sieg, ohne es nur zu ahnen, und zwar durch die verkannten Weigler's."

„Entschuldigt meine Uebereilung, bester Herr Nachbar! Es war nicht bös gemeint. Doch wie so denn? Redet! Ich stehe auf glühenden Kohlen."

„Die beiden Damen haben meiner Frau im Vertrauen gestanden, daß sie zur Vorfeier dieses Familienfestes gern einen Ausflug, eine kleine Partie machen möchten. Einen öffentlichen Vergnügungsplatz wollen sie nicht wählen. Es soll eben ein Kränzchen geben, mehr privat, geschlossen, so unter uns „Mädercher," wie man sagt."

„Und Ihre Frau?" fragte Sommer in banger Erwartung.

„Versprach sich zu besinnen und meine Wenigkeit rannte spornstreichs hierher. Das Weitere werden Sie wohl besser zu dirigiren wissen, als wir.“

„Ich? — Ich wüßte wirklich nicht,“ versicherte der Actuar und schnitt ein klägliches Gesicht.

„Nun, daß Gott erbarm'! Im practischen Leben stehen doch diese gelehrten Herrn oft unter den Schuljungen. Ja, Herr Actuar,“ fuhr er scherzend fort, „ich hab' meine Studia auch nicht umsonst gemacht. Mein Rath kostet eine Flasche Wein.“

„Es gilt — es gilt. Nur heraus damit!“

„Also Achtung!“ commandirte der Buchbinder und erhob wie ein docirender Professor die Rechte. „Sie schreiben sofort ein süßes Billetchen und bemerken, daß ein glücklicher Zufall Ihnen den Geburtstag von Fräulein Emma bekannt machte. Sie würden es sich zur größten Ehre rechnen, zur Feier dieses denkwürdigen Tages die Damen sammt ihren Freunden zu einem Ausfluge einladen zu dürfen.“

„Richtig, prächtig und wohin?“

„Meine Frau meint nach der Krebsmühle. Schöner Weg, gerade keine öffentliche Wirthschaft und doch hübsche Localitäten. Wir kennen die Müllersleute, sie werden uns gern den Gefallen thun.“

„Ich habe gegen diesen Platz nur ein Bedenken,“ opponirte plötzlich der Actuar und legte nachdenkend den Zeigfinger an die Lippen. „Mit einer gewöhnlichen Aufwarterei, Bier, Brod, Butter und Käs ist in einem solchen Falle wenig Ehre eingelegt. Da gilt's Etwas beischaffen, anständig, nobel serviren! Werden das diese Leute leisten können?"

„Doch nicht. Ich habe deßhalb mein braves Weib ersucht, für Sie als unsern hohen Gönner die Plage zu übernehmen. Sie war lange genug Köchin in gräflichen und fürstlichen Häusern und wird es zu richten wissen." Er sprach's und verbeugte sich ehrerbietig.

„Nein, Sie sind wirklich ein treuer Freund," jubelte Sommer und faßte den Biedermann in seiner Herzensfreude an beiden Händen. „In einer Stunde sende ich Ihnen dreißig Gulden Vorschuß. Lassen Sie nichts fehlen! Reicht's nicht, so wissen Sie, wo ich wohne. Die Belohnung für die freundliche Bemühung Ihrer guten Frau behalte ich mir vor."

„Um Alles in der Welt nicht!" wehrte sich Weigler ernst und entschieden. „Das wäre eine Beleidigung."

„Kommt Zeit, kommt Rath. Meine Geschäfte mit Frau Weigler müssen Sie mir überlassen. Rathen Sie mir lieber, wen ich eigentlich einladen soll?"

„Diesen Punkt würde ich den Damen überlassen. Wie meine Frau vermuthet, wünschen Sie einige Männer und Frauen aus der Nachbarschaft, welche sie manchmal besuchen, und wohl auch — vielleicht aus alter Dankbarkeit — Herrn Silberling und Herrn Falk."

„Das genirt mich gewaltig," brummte Sommer und zog finster die Stirne in Falten.

„Warum denn?" lachte der Nachbar. „Viele Leute sind recht. Man kann leichter seinen Gegenstand umflattern, unbemerkt den Hof machen und ein wenig abseit plaudern. Die beiden Herrn aber sind doppelt erwünscht, denn dadurch bin ich veranlaßt, den Damen beizubringen, daß Sie der alleinige und eigentliche Festgeber sind, diese aber nur Gäste, Nutznießer. So gewinnen Sie einen Hauptstein im Brette und ich wette d'rauf, in vier Wochen gratulire ich — zum glücklichen Bräutigam."

„Wollte Gott!" seufzte der Actuarius, und sie schieden gegenseitig im Gefühle der höchsten Zufriedenheit, nachdem sie noch allerlei Kleinigkeiten besprochen hatten.

Die Mission bei Kaufmann Silberling hatte inzwischen Frau Weigler selbst übernommen. Sie kaufte eine tüchtige Quantität Zucker und Kaffee, kam in's Plaudern und Erzählen und vergaß darüber im ersten Augenblicke das Bezahlen. Sie tischte allgemach und listig Punkt für Punkt auf, wie ihr Mann bei Actuar Sommer. Silberling wurde gespannt und immer gespannter und brach zuletzt über dieses göttliche Zusammentreffen, diese herrliche Gelegenheit in lauten Jubel aus. Bei ihm genügte ein Wink. Er machte sofort Frau Weigler Vorschlag auf Vorschlag, so daß diese ordentlich zu kämpfen und zu parliren hatte, um Alles, was nicht in ihren Plan taugte, zu beseitigen.

„Nur nichts gespart,“ gebot er zum Schlusse der Meisterin und schob das Geld, welches diese nunmehr für ihren Einkauf hinzählte, ungestüm zurück, — „nur nicht! Bier, Wein, Thee, Kaffee, Chocolade, Punsch, Kuchen, Torten, Süßigkeiten, Früchte, Blumen, Guirlanden, bis sich die Tische biegen. Wer Forellen fangen will, darf ein wenig Zeit und Mühe und am allerwenigsten das Geld für Angel und Köder scheuen.“

Die Meisterin nickte mit einem zustimmenden Lächeln und der junge Kaufmann fuhr stolz fort: „Ihre Belohnung behalte ich mir ausdrücklich vor. Hier sind für das Arrangement fünfzig Gulden Vorschuß. Reicht's nicht, so existirt die Firma Silberling et Comp. noch. Jetzt aber will ich mich sogleich in meinen schwarzen Frack werfen und meine gehorsamste Einladung bei den Damen persönlich machen.“

„Sind Sie nur vorsichtig und stellen Sie der Frau Reichart die zu wählenden Gäste frei,“ rieth die Buchbinderin nicht ohne innere Besorgniß.

„Das versteht sich. Was mich anbelangt, so kann sie die halbe Stadt beiziehen, Sommer, Winter, Falk, Schalk und noch hundert Andere. Ich werde diese langweiligen Seelen hinunterschwadroniren, daß sie bis zum jüngsten Tage nicht mehr an's Aufstehen denken.“

Beide Theile schieden in großer Hast, Silberling, um seine Einladung zu machen, Frau Weigler, um auf dem Heimwege noch den Goldarbeiter Falk abzufangen. Siegesgewiß trat sie in den Laden, zog einen alten Ring vom Finger, um dessen Goldwerth schätzen zu lassen, begann zu plaudern und zu erzählen und wurde fast unwillig, als der Jungmeister ihre Pläne nicht sogleich capirte und einging. Kühn gemacht durch ihre Erfolge bei Silberling, rückte sie deßhalb nach einer kurzen Einleitung frei und ungenirt mit ihrem Vorschlage heraus, wobei sie natürlich nicht vergaß, ihre Gefälligkeit in das rechte Licht zu setzen. „Sie müssen das kleine Fest verlegen," schloß sie ihre eindringliche Rede, „wenn Sie Ihren hohen Einfluß bei den Damen nicht verscherzen wollen. Sie sollten Gott für diese günstige Gelegenheit danken und eine kleine Ausgabe nicht scheuen! Wer freien will und namentlich um ein so reiches Mädchen, darf um etliche Goldfüchse nicht feilschen, sonst ist Alles verspielt."

„Davon kann bei mir keine Rede sein," vertheidigte sich Falk allen Ernstes. „Ich befürchte nur, die Damen möchten meine Einladung ablehnen oder sich höchlich beleidigt finden, wenn sie eine Partie veranstalten wollen und ich mich förmlich als Bewirther aufdränge."

„Alles nach Gestalt der Sache! Schreiben Sie nur Ihr Briefchen nach meiner Angabe und für das Weitere will ich schon sorgen.

„Wenn Sie das wollen," meinte Falk überlegend, „[illegible] „Ja"!"

„Freilich „Ja“!“ lachte Frau Weigler, „aber zum Feste brauche ich doch einen kleinen Vorschuß? Wir sind keine Kapitalisten, das wissen Sie.“

Falk stutzte, zog ein verlegenes Gesicht, fuhr sich ein paar Mal über den Hinterkopf und meinte endlich: „Sie können ja nach dem Feste Rechnung stellen und ich werde dann meine Schuldigkeit entrichten.“

„Ei — ei!“ rief die Meisterin gedehnt und beleidigt. „Sie vertrauen mir nicht einmal so ein paar lumpige Gulden an? O hätte ich das geahnt! Der Herr Actuar Sommer und der Kaufmann Silberling hätten mir Hunderte zur Verfügung gestellt. O ich thörichtes, gutmüthiges Weib!“

Diese schrecklichen Namen wirkten gewaltig. Falk zog seine Ladenkasse auf, zählte zehn und nochmals zehn Gulden hin, und als Frau Weigler noch immer stumm und unbeweglich dastand, auch noch die dritten zehn. Jetzt erst nickte sie vergnügt und zufrieden, strich die runden Silberköpfe zusammen und versprach auf das ängstige Andrängen des Goldarbeiters die beste Besorgung. —

Wie Alles, so kam auch der heißersehnte Nachmittag, den man als Vorabend des Geburtstages zur Feier bestimmt hatte. Frau Weigler bewährte sich in der That als eine gewandte, durch und durch practische Köchin, welche sich nach dem Bedürfnisse ihrer Gäste richtet, und mit geringen Mitteln möglichst gelungen das Auge zu blenden und zu täuschen versteht.

Die Gesellschaft bestand zumeist aus älteren Männern und Frauen, denen ihre Aufgabe auf der Stirne geschrieben stand, anständig und gemüthlich die gebotenen Gaben zu genießen. Vor den ersteren standen auf zahlreichen Tellern verschiedene kalte Fleischspeisen, zierlich geordnet, in feinen, fast durchsichtigen Schnittchen, nebend'ran Berge frischer, klein gespaltener Kümmelstollen und dazwischen ein ganzes Krugbataillon ächten Lagerbiers. Die Hauptanziehungskraft aber übten inmitten dieser Herrlichkeiten auf künstlicher, etwas erhöhter Estrade ein paar Bunde feiner Cigarren. Die meisten Herrn langten da zu, und sobald einmal die duftigen, blauen Rauchwölkchen in der Luft ringelten und der braune Gerstensaft in den Gläsern schäumte, dachte Niemand mehr an Brod und Fleisch. Vor den Frauen wurden große Kaffeekannen aufgepflanzt, die einen wirklich aromatischen Duft ausströmten, daneben einige Platten mit Mandelkuchen und zwei kleine Tellerchen mit etlichen bunt gemalten Süßigkeiten. Rechnet man dazu ein halbes Dutzend Zungen, die keine Secunde stillstanden, und selbst die höchsten Wünsche der weiblichen Abtheilung waren befriedigt. An den Wänden herum hingen zur noch größeren Verherrlichung des Festes Kränze, aus Eichenlaub gewunden; und die Tafel zierten mehrere große, farbenprächtige Bouquets in vergoldeten Vasen. Namentlich ein paar Bürger, die selten aus ihren vier Pfählen kamen, starrten die frischen, bunten Sträuße bewundernd an und hätten darauf geschworen, daß es lauter fremdartige, seltene, nie gesehene Pflanzen seien und jeden als einen Tölpel verhöhnt, der sie für einfache, nur künstlich geordnete Feld-, Wald- und Wiesenblumen erklärt hätte.

Alles war zufrieden, nur Silberling, der mehr von der Welt gesehen, fand die Bewirthung seinem gegebenen Vorschusse nicht entsprechend. Wo er's nur ungesehen thun konnte, drängte er deßhalb die Meisterin, die Tafel doch reichlicher und nobler bestellen zu wollen. Eine Zeit lang wich sie behend und vorsichtig seinem Begegnen aus, dann aber wandte sie sich dem Ungestümen zum Trotz ebenso listig als freundlich an die Gesellschaft selbst. „Was ist denn das?" rief sie im Tone des tiefsten Schmerzes. „Die Herrn langen ja gar nicht zu! Soll denn all' meine Plage, alle meine Vorräthe umsonst sein? O, diese leidigen Cigarren!" — Die Männer lächelten bei diesen Worten, ordentlich stolz auf ihren Dampf, und versicherten einmüthig, daß sie tüchtig ihre Schuldigkeit gethan.

„Bei den Damen scheint mir auch kein rechter Ernst zu sein," wandte sich Frau Weigler voll Liebe und Zuvorkommenheit an diese. „Darf ich denn nicht mit einem Gläschen rothen Wein, etwas Zwieback, Anis, Mandeln oder einem Stückchen Torte aufwarten? Nein, ich schäme mich wirklich zu Tod, wenn auch Alles und Alles unberührt stehen bleibt. Die Damen sind eben nicht zufrieden," setzte sie traurig bei und eine Thräne glänzte in ihrem Auge. Im Chor fielen nun diese tröstend über die Betrübte her, zollten ihrer Geschicklichkeit tausendfaches Lob und versicherten hoch und theuer, ihr Geschmack, ihre Anordnung und Bewirthung sei unübertrefflich. Darüber kamen die angebotenen Dinge wieder in Vergessenheit und Silberling war siegreich aus dem Felde geschlagen.

Fräulein Emma in dem einfachen, schwarzen Kleidchen und dem geschmackvollen Kopfputz aus Schmelz war selbstverständlich die Gefeierte des Tages. Wir verargen es den jungen Herrn nicht, wenn ihre Herzen bei dem Anblicke des hübschen Mädchens schneller hämmerten, als ein regelrichtiger Pulsschlag erlaubt. Sie lösten sich am Stuhle der Verehrten förmlich ab wie Schildwachen, und boten all ihren Sinn und Witz auf, um eine fesselnde, sprudelnde Unterhaltung im Gang zu erhalten. Natürlich durfte darüber Frau Mama nicht verabsäumt werden, was sich jeder reiflich zu Herzen nahm. Die Freundschaft der Mutter ist die erste Brücke zur Hand der Tochter, und bei der Mutter läßt sich an schicklicher Stelle leicht ein Wörtlein einflechten, welches die ernsten, redlichen Absichten des Sprechers entschleiert und in's rechte Licht setzt, aber der Tochter Purpurglut auf die Wangen treiben würde. Frau Reichart, ernst und würdevoll wie immer, feierte dabei einen wahren Triumph und ließ als besorgte Mutter selbst da und dort eine Bemerkung fallen, die weit eher wie eine Erkundigung klang.

„Nicht wahr," — fragte sie unter Anderem den Actuarius, — „Herr Silberling ist Ihr Freund?"

„Wir kennen uns seit einiger Zeit," antwortete dieser ausweichend. „Die Art und Weise unseres Berufes geht zu weit auseinander, als daß sich eine dauerhafte Freundschaft knüpfen könnte. Er ist einfacher Geschäftsmann, ich Beamter."

„Aber ein sehr tüchtiger Kaufmann, wie ich höre?"

„Noch jung, sehr jung," bemerkte Sommer achselzuckend, „und ohne alles Grundkapital. Eine Handlung ist leicht gegründet und leicht umgeworfen. Man miethet einen Laden, läßt Waaren kommen und hauset, so lang es geht. Solide Männer aber wollen von den Geschäften, die ohne alle Mittel und nur auf Credit gegründet werden, nichts wissen. Sie streifen zu sehr an das Schwindelsystem der Jetztzeit."

„Dessen halte ich Herrn Silberling nicht für fähig," meinte Frau Reichart; „ich glaube im Gegentheil, daß ein thätiger, intelligenter Kopf bei dieser Branche die besten Chancen für sich hat."

„Manchmal ja, wenn Einer im Anfange recht sparsam ist, sich nicht überstürzt oder von der Concurrenz oder dem Bankerott eines andern Hauses nicht erdrückt wird."

„Im letzten Falle halte ich ihn für unschuldig."

„Ich auch, und er hat wohl den geringsten Schaden, aber Frau und Kinder sitzen im Elend und dürfen zum Bettelstab greifen."

„Davor sind Sie freilich als Beamter gesichert: fester Gehalt, sichere Pension für Frau und Kind.“ Das Gesicht des Actuars strahlte vor Entzücken, während die Sprecherin fortfuhr: „Uebrigens ein gutes, bürgerliches Geschäft ist auch nicht ohne. Nehmen Sie nur Herrn Falk! Das Mädchen, welches er als Gattin heimführt, darf sich ohne Zweifel Glück wünschen. Ein hübsches Geschäft mit goldenem Boden, Haus und Hof, Herr Falk selbst jung, rüstig, solid, thätig, geschickt, ein halber Künstler ...“

„Aber nicht geweckt, nicht intelligent genug,“ warf Sommer ein, der nicht länger an sich halten konnte. „Er wird es nie zur Wohlhabenheit und noch viel weniger zum Millionär bringen. Abgesehen von den Schulden, womit er sein Anwesen übernimmt, so fehlt die Uebersicht, die Routine, der speculative, berechnende Kopf, die gewandte Feder, die Weltkenntniß, mit einem Worte — die Bildung.“

„Ein Handwerksmann ist kein Gelehrter,“ versetzte Frau Reichart und lächelte über den Eifer ihres Gesellschafters. „Wir dürfen also unsere Forderungen nicht zu hoch spannen.“

„Ganz einverstanden,“ sprach Sommer gelassener, „aber Sie werden mir ebenso zugestehen, daß eine gebildete Frau mit ihrem Manne nicht immer das Wetter und Geschäft besprechen kann, sondern auch manchmal ein anderes, die politischen, socialen und literarischen Erscheinungen berührendes Wort austauschen möchte.“

Frau Reichart nickte und wandte sich zu einer Nachbarin, welche sie ansprach, während Sommer hinwegstieg, stolz, siegesfroh und fest überzeugt, seine Nebenbuhler für immer brach gelegt zu haben. Silberling hatte die Unterhaltung von ferne mit seinen Augen verfolgt und mochte ihren Inhalt ahnen. Zehn Minuten später stand er an derselben Stelle, fest entschlossen, sich zu revangiren. Ohne Zweifel hatte Frau Reichart eine ähnliche Frage an ihn gestellt, denn keck und lustig rief er: „Was, dieses ewige Rechenexempel, dieser personifizirte Federkiel, dieses steife, urvorweltliche Brillengestell? Nun, den möchte ich neben einer jungen, blühenden Frau herstelzen sehen! Müller und Schlotfeger — auf's Wort! Und dann — von was denn leben? Dieses Beamtenthum ist nichts mehr als ein glänzendes Proletariat, welches am Hungertuch der Ehre zehrt. Bis der Monat herum ist, bleiben kaum ein paar Schuhsohlen und die Frau darf ihre Magd und Kammerjungfer selbst machen. Bei mir bekommt einmal die Frau offene Kasse und kann sich schaffen und sich vergnügen, was und wie sie will. Dafür verdiene ich in einer Nacht, im Traume mehr, als diese Schreib- und Copirmaschine mit aller Arbeit den ganzen Monat. Das Geschäft trägt's bei uns."

„Sie sind heute sehr schlimm," sprach Frau Reichart in verweisendem Tone, „und scheinen mir ein wenig zu renommiren. Am Ende verurtheilen Sie Ihren Freund Falk gerade so?"

„Doch nicht, — aber eher hundert Kreuzer erhandelt, als einen verdient. Falk ist ein Handwerker und wird seine Frau ernähren, wenn sie Kartoffeln liebt, Strümpfe strickt, Hemden flickt, ihre Kinder selbst wartet, kocht und scheuert und sich auf die höchsten Festtage mit einem getüpfelten Zitzkleidchen schmückt."

In diesem Augenblicke nahte sich Falk dem mütterlichen Orakelsitze. Silberling schien etwas verdutzt, verbeugte sich tief, als habe er seine Unterhaltung beendigt, und machte dem Nebenbuhler Platz.

„Nun, Herr Falk," bewillkommte ihn die Mutter freundlich, „Ihre beiden Freunde waren schon da, nur Sie entziehen mir die Ehre Ihres Besuches. Zwei recht wackere Herrn, wie mir scheint?"

„Von Herzen brav, zwei Ehrenmänner!" versicherte dieser treuherzig, — „wiewohl mir lieber wäre, sie gingen jetzt spazieren, wo der Pfeffer wächst."

„Und warum denn, wenn ich fragen darf?" bemerkte Frau Reichart vergnügt.

„In gewissen Dingen, welche das Herz berühren, geht man gern seinen Kriegspfad allein."

„Versteh' ich recht? — Sie sind ja Bräutigam!"

„Bräutigam?" stotterte der Goldarbeiter und schlug verlegen die Augen nieder. „Ich wollte wirklich, es wäre so."

„Nun, dann wurden ich und meine Tochter falsch berichtet."

„Jedenfalls; es ist nicht ein wahres Wort daran."

„Sieh mal, das müssen wir sogleich Emma erzählen. Ich habe sie noch gewarnt," fuhr die Mutter mit starker, markirter Stimme fort, „weil ich niemals dulden werde, daß mein Kind mit einem Herrn vertraut wird, der bereits durch andere Verhältnisse und Beziehungen gebunden ist."

Diese Worte wurden laut und langsam gesprochen, daß sie Jedermann hören mußte. Sommer jubilirte, Falk und Silberling machten sich ein bedeutendes Notabene in die Blätter ihres Gedächtnisses. Die Frauen stimmten der besorgten Mutter allseitig bei und es wurde noch lange, viel und hitzig über dieses Kapitel debattirt. Leider störte eine düstere, schwarze Wolke, welche sich allgemach an den umliegenden Bergen staute, die schöne Unterhaltung und mahnte zu einem früheren Aufbruch, als man beabsichtigt hatte. Frau Weigler stellte sich äußerst betrübt, machte wie von ungefähr auf die drohende Gefahr aufmerksam und jammerte entsetzlich ob all ihrer verlornen Mühe, während ihr Herz ob dieses Glückes laut jubelte. Auch die drei guten Freunde hatten gegen einen baldigen Aufbruch durchaus nichts einzuwenden. Jeder glaubte nämlich, bei der Unterhaltung die geheimsten Herzenswünsche an Fräulein Emma für sich entschleiert zu haben, und strebte heimwärts, um eine Ueberraschung für den andern Tag arrangiren zu können. Nur beim Aufbruche gab es noch einen kleinen Zwiespalt. Sommer, Silberling und Falk offerirten zu gleicher Zeit als echte Ritter Fräulein Emma ihre Begleitung und Keiner wollte freiwillig zurücktreten. Da legte sich Meister Weigler in's Mittel und machte den Schiedsrichter. Statt aller leeren Worte bot er zur allgemeinen Heiterkeit nun selbst Fräulein Emma seinen Arm, und ließ die drei sehnsüchtigen Bewerber nebenher trippeln, wie ihnen gerade beliebte. —

Sobald Goldarbeiter Falk nach Hause kam, setzte er sich an seinen großen Rollpult mit den eingelegten Vögeln, der zugleich als Schreibtisch diente, und verfaßte ein zärtliches Gratulationsschreiben, wobei ihm Schwester Franziska mit Rath und That getreulich an die Hand ging. Als endlich die ungewohnte Epistel nach mancherlei Correcturen und vielfachen Abänderungen in's Reine geschrieben war, holte er aus seinem Laden eine prachtvolle Broche und legte sie in ein von Meister Weigler gefertigtes Etuis, das einer Bauernhütte en miniature nicht unähnlich sah. Ein vertrauter Gehülfe wurde herbeigerufen, instruirt und mit der wichtigen Mission betraut, Brief und Broche Fräulein Emma zum Angebinde als ein geringes Zeichen der innigsten Hochachtung von Seite seines Meisters zu überbringen. Der Bote kehrte bald wieder, selbst freudig erregt ob des Trinkgeldes, das in seiner Hand blinkte. Er erzählte, daß die junge Dame eine kindliche Freude gehabt und von ganzem Herzen danken lasse für diese zarte Aufmerksamkeit. Herr Falk möge nur bald, recht bald sie mit einem Besuche erfreuen, um persönlich ihren Dank aussprechen zu können.

Auch Actuar Sommer war nach der Heimkehr nicht unthätig. Er lief die ganze Stadt ab, von Bierkneipe zu Bierkneipe, und rastete nicht eher, als bis er zehn Mitglieder der städtischen Musikbande aus den verschiedenen Gastlocalitäten zusammengeholt hatte. Diese mußten nun, so gut es ging, eine Blechmusik zusammenmachen, Punkt neun Uhr waren sie vor dem Hause des Buchbinders aufgestellt und brachten alsbald mit einem schmetternden Marsche die ganze Straße in Allarm. Alle Fenster flogen auf, überall neugierige Köpfe und binnen fünf Minuten ganze Schaaren von Spaziergängern, die scherzend und lachend beim Klange der Musik auf- und abzogen. Vor Allen thätig, vor Allen sichtbar war aber der Gerichtsbote Simon. Bald wußte Jedermann, wem eigentlich diese schöne Nachtmusik galt und wer sie veranstaltet hatte.

Der Letzte, welcher an's Werk ging, war unstreitig Silberling. Er wählte die Geisterstunde zur Ausführung seiner Pläne und Frau Weigler war seine treue Gehülfin. Wie staunten die beiden Damen, als sie am Morgen ihr Wohnzimmer betraten und dasselbe gleich einem Märchen aus Tausend und eine Nacht in einen duftenden, schimmernden, feenhaften Garten verwandelt sahen? Blatt an Blatt, Blume an Blume, Knospe an Knospe und mitten im strahlenden Blüthenmeer am Fenster ein großer, vergoldeter Käfig und darin ein schillernder Papagei, ernst und griesgramig wie ein Staatsrath in hellgrünem Frack. In diesem Augenblicke erschien auch Actuar Sommer an seinem Fenster, um den Nachbarinnen seinen Morgengruß hinüberzusenden, und voll seligen Vorgefühls ob des Minnedankes, der sicherlich seiner harrte. Er stutzt beim Anblicke der herrlichen Blumen und des Papagei's. Dieser aber streckt, sobald er den Nachbar gewahrt, erzürnt seinen Kopf und ruft laut und heftig hinüber: „Tagdieb! — Tagdieb!" —

Die Damen müssen unwillkürlich lachen, Sommer ärgert sich, daß Zornesgluth seine Stirne färbt, und der Papagei, von Secunde zu Secunde hitziger werdend, schreit fort und fort, lauter und immer lauter sein „Tagdieb! — Tagdieb!" — hinüber. Endlich muß sich der Actuar, um einen öffentlichen Scandal zu vermeiden, zurückziehen, Trauer, Scham, Haß und Ingrimm in der Brust, denn er ahnt wohl, wer ihm diesen Streich gespielt. Ein unendlicher Schmerz zieht durch sein liebekrankes Herz und seit langen, langen Jahren hat ihm seine Tasse Kaffee nicht so schlecht gemundet, wie an diesem Festesmorgen, den er in jeder Stunde der Nacht herbeigewünscht und mit unnennbarer Sehnsucht erwartet hatte.

IV.

Im Sturmschritt.

> Sieht so aus nach festlich Schmausen,
> Geigenschall und Hörnerklang,
> Lebehoch und Tanzesbrausen,
> Becherklingen, Spiel und Sang.

Uebung macht den Meister, sagt man gewöhnlich, und das schien wirklich bei Goldarbeiter Falk einzutreffen. Am andern Morgen saß er schon wieder vor seinem Rollpult und fabrizirte Correspondenzen, wenn auch nicht so freudiger und angenehmer Art wie gestern. Neben ihm lagen einige Zeilen. Sie rührten von der schönen Spengler=Seppi und hatten ihm eine schlaflose Nacht bereitete. Das Mädchen wollte reinen Wein haben, reinen Wein um der Freundschaft ihrer Kinderjahre willen. Sie könne unmöglich glauben, was die Leute Alles von ihm erzählten, wenn sie seiner Worte, seiner Versicherungen, ja selbst theilweise seiner Versprechungen gedächte. Und doch — sonst der tägliche Gast im Hause ihrer Eltern, welcher Stunden lang mit ihr verplaudert, sei er jetzt seltener geworden als eine weiße Schwalbe. Sie bitte also um Wahrheit, offen und ungeschminkt. Selbst die herbste Nachricht sei ihr lieber, als dieser bange, ungewisse Zustand.

Falk hatte die ganze Nacht studirt und calculirt und sich selbst hundert und hundert Gründe vorgespiegelt, um sein unruhiges Gewissen zu beschwichtigen. Er mußte sich jetzt entscheiden zwischen dem schönen, schlichten, aber unvermögenden Bürgermädchen, das seither in seinem Herzen gewohnt und auch ohne specielle Erklärungen sich seiner Zuneigung sicher gewähnt, — und dem gemessenen, vornehmen, reichen Fräulein, dessen Auge und Wesen seine Sinne geblendet hatte. Am Morgen stand sein Entschluß fest. Er schrieb als Antwort folgende Zeilen:

„Unendlich hart ist es, daß ein Geschäftsmann zu dieser Zeit maßloser Concurrenz bei der Wahl seiner Gattin der Stimme seines Herzens nicht mehr allein folgen darf. Ich bin in dieser traurigen Lage und stehe seit Wochen in hartem Kampfe mit mir selbst. Du kennst meine Verhältnisse, kennst die Verpflichtungen gegen meine Schwester und kennst aus Erfahrung den harten, fast unmöglichen Anfang eines Meisters ohne Mittel oder gar mit Schulden. Ich habe — offen gestanden — den Muth zu einem solchen Anfang nicht und bin nach langem, langem Erwägen zu der Einsicht gekommen, daß eine Mitgabe von mehreren tausend Gulden für mich unerläßlich ist. Ich glaube nicht, daß Dein Vater im Stande ist, solches jetzt zu leisten und sehe mich so gezwungen, auf ein Glück zu verzichten, welches ich mir immer in den herrlichsten Bildern vorgemalt. Es ist ein hartes Gebot der Noth und deßhalb wird Dein gutes Herz, Dein klarer Verstand mir gewiß nicht zürnen. Meine Freundschaft, meine Hochachtung begleiten Dich bis zum Grabe. ....“

Der Brief wurde hastig gesiegelt und durch denselben vertrauten Boten, wie der gestrige, an seine Adresse befördert. Die arme Josepha benetzte die Hiobspost im Stillen mit ihren Thränen, übergab sie aber dann den Händen ihrer erbitterten Eltern. Das Mädchen war um eine bittere Täuschung, aber auch um eine Erfahrung für's Leben reicher geworden.

Fast um dieselbe Zeit sprach der Rentbeamte Kunaschek im Laden der Firma Silberling et Comp. vor, um sich ein halbes Dutzend Cigarren zu kaufen. Silberling, welcher zufällig allein war, stutzte, denn er wußte wohl, daß der alte Herr selbst einen hübschen Vorrath feiner Cigarren auf Lager hatte. Er vermuthete etwas im Hintergrund und sollte nicht lange im Unklaren bleiben.

„Nun, mein Lieber, Sie lassen Sich ja gar nicht mehr sehen?" fragte der Rentbeamte und ein ironisches Lächeln spielte um seine Lippen. „Ich hielt Sie immer für den treuesten Verehrer meiner Lucie. Doch seht, wie sich ein Vater täuschen kann, der seine Mädchen gern unter die Haube bringen möchte! Ei, ei!"

„Bitte, bitte!" stotterte der Kaufmann und verbeugte sich tief, um seine Verlegenheit zu verbergen. „Bitte, meine Verehrung und Hochachtung für Fräulein Lucie bleibt sich immer und ewig gleich."

„Bah, mein Bester, das kenne ich besser," rief der Rentbeamte und heller Spott blitzte aus seinen Augen. „Wo fehlt's? Gab's Zwiespalt und Fehde im Lager der Herzen oder steht Eifersucht wie ein böser Geist Schildwacht oder sind schlimme, feindliche Gewalten eingedrungen oder will der Schwiegervater nicht pariren, oder droht der Mitgift Bankerott?"

„Herr Rentbeamte!" bat Silberling und wußte vor Ueberraschung nicht, wie er sich drehen und wenden und dem stechenden Blicke des Drängers ausweichen sollte.

„Ach was!" lachte dieser, — „nur nicht genirt! Sie sehen, ich habe ein offenes Vaterherz. Sie gehören ja auch nicht zu den Blöden und tragen gern Ihre Gedanken auf der Zunge. Also — wo fehlt's?"

„Herr Rentbeamte, ich verstehe Sie wirklich nicht und ...."

„Wirklich? Das wäre drollig! Ei, ich denke, Sie täuschen Sich selbst und wollen nur ein wenig gebittet und flattirt sein, wie ein sprödes Frauenzimmer. Das ist keine rechte Männerart, und noch viel weniger ein guter Geschäftsgang. He?"

„Und was wünschen denn der Herr Rentbeamte eigentlich von mir zu hören?" fragte jetzt Silberling kurz und beleidigt.

„Nun, warum meine Lucie in Ihrem Coursblatt plötzlich zurückgegangen ist? Die Frage ist einfach."

„Und die Antwort ebenso. Ich bin Geschäftsmann. Ein solcher achtet jeder Zeit auf das Steigen und Fallen der Papiere. Da gibt's für ihn selbst in Sachen der Liebe keine Dispens."

„Gut, das ist eine vernünftige Antwort. Also sind die Papiere meiner Tochter bei Ihnen gefallen? Hm, sehr schlimm!"

„Das habe ich nicht gesagt," versicherte Silberling ernst, „und kann es nicht sagen, weil ich den eigentlichen Stand und Werth dieser Papiere niemals in Erfahrung bringen konnte. Dies ist auch der einzige Grund, warum eine Vereinbarung, so sehnlich ich solche wünsche, bis jetzt nicht zu Stande gekommen ist — denn das wäre für einen Kaufmann wirklich ein schlechter Geschäftsgang."

„Aber noble Männerart," versetzte der alte Herr sarkastisch. „Uebrigens ganz gut und trotz aller Handelsbilder trefflich verdeutscht. Ein offenes Wort gilt das andere. Ich kenne den Stand dieser Papiere und kann Ihnen die sicherste Auskunft geben. Sie steigen und fallen niemals, denn das Mädchen bekommt keine mit." Der Rentbeamte sah bei diesen Worten so offen und ruhig vor sich hin, als habe er nur ein einfaches Steuersimplum besprochen.

„Nun, dann hat der zukünftige Herr Gemahl nicht nöthig, sich ein Coursblatt zu halten," bemerkte Silberling spöttisch und kühl.

„Durchaus nicht. Ich rathe ihm weit mehr zu einem Modejournal, denn Flitter und Putz steht bei jungen Frauen immer in Gnade."

„Ich dächte, wir überlassen das dem guten Herrn seiner Zeit selbst," meinte Silberling lächelnd und reichte dem Rentbeamten ein brennendes Schwefelhölzchen für seine Cigarre.

„Es ist ein wahrer Jammer," klagte dieser und blies zornig in seinen Glimmstengel. „Ich sage Ihnen, Herr Silberling, werden Sie nur nie ein Vater, der heirathsfähige Töchter zu versorgen hat. Jetzt hatte ich eine so schöne Hoffnung auf Sie gesetzt und muß leider heute erfahren, daß Sie ..."

„Bitte, bitte!" unterbrach ihn der Kaufmann schnell; „meine innige Verehrung und Hochachtung für Fräulein Lucia wird nie ersterben, denn sie ist die Perle des weiblichen Geschlechtes, die Blume der Frauen. Das Herz will mir brechen, aber ohne Mittel, ohne alles Geld kann ein Geschäftsmann ..."

„Nicht heirathen," ergänzte der alte Herr und lachte wieder so spöttisch und muthwillig wie vorher. „Nun, mein Bester, lassen Sie Sich ja in Ihren Speculationen nicht stören! Das Blitzmädel wird sich leicht trösten, glauben Sie mir, und wir bleiben die alten, guten Bekannten."

Bei diesen Worten rückte er freundlich grüßend den Hut und ging weg. Auf einmal bereute Silberling, so vorschnell und unklug mit seinen Gedanken und Plänen an's Tageslicht getreten zu sein. Die ganze Stadt hielt den Rentbeamten für einen tollen, aber reichen Kauz, er selbst hatte ihn mehrmals als [illegible] schlauen Vocativus erprobt und in seinem unruhigen Geiste dämmerte bei näherer Ueberlegung der Gedanke auf, er sei in eine Falle gerathen. —

Ich trage auf meinem Herzen
Ein Geheimniß süß und leis',
Nur schade, daß dieses Geheimniß
Die Stadt und die Vorstadt weiß.

So erging es auch unsern drei Freiern. Sie hatten in aller Stille und Heimlichkeit an einem und demselben Sonntag sich ernstlich um die Hand des blassen Fräuleins beworben. Am andern Morgen wußte es die ganze Stadt und die Spatzen pfiffen ihren gemeinsamen Bescheid von den Dächern. „Acht Tage Bedenkzeit", lautete er, und dann entschieden „Ja" oder „Nein!" Das war ein harter Probirstein für die Geduld drängender Ehestands-Candidaten, die nebenbei oder hauptsächlich auf klingende Münze speculiren. Sie mußten sich eben fügen und noch überdies möglichst gefällig, zartfühlend, aufmerksam und wie alle diese Tugenden eines Freiers heißen mögen, erscheinen. So kam es auch, daß alle drei eine Einladung zum Bürgerball überbrachten. Er fand am Sonnabend, also noch vor dem Tage der Entscheidung statt, und jeder hoffte, bei diesem brillanten Feste die Siegespalme zu erringen. Alle drei erhielten gleichmäßig einen abschlägigen Bescheid. Nur um dem allgemeinen Drängen und Bitten nachzugeben, acceptirte Frau Reichart die gehorsamste Bitte des Hausherrn und seiner Frau, ihnen die Ehre ihrer

Begleitung zu schenken. So wahrte sie abermals die ernste, würdevolle Mutter, unabhängig, vollkommen dispositionsfrei, und Keiner konnte sich eines Vorzuges rühmen.

Sofort nach dem Mittagstisch begann Actuar Sommer am Samstag seine Vorbereitungen zum Ball. Er stand gerade vor dem Spiegel, schnitt zur Probe verschiedene, anmuthige Gesichter hinein und exercirte mehrere zierliche Schwenkungen und Complimente, als ihm die Buchbinders Köchin mit einem verschmitzten Lächeln ein Briefchen hereinreichte. Ein hastiger Händedruck, in Silber einen Zwölfer werth, war ihre Antwort, und zitternd vor Ungeduld, Spannung und Neugierde schlitzte er das Couvert auseinander. „Ah, Frau Reichart! — was will sie? was schreibt sie?“ Trotz seiner vier Augen konnte er nicht schnell genug lesen, was folgt: „So eben schreibt mir mein Agent aus Frankfurt, daß er einen außerordentlich vortheilhaften Ankauf in Staatseffecten an der dortigen Börse für mich gemacht hat. Sie sprachen neulich die Ansicht aus, wie erwünscht es Ihnen käme, sich bei einer ähnlichen Gelegenheit betheiligen zu können. Es wäre mir nun diesmal möglich, Ihnen einen kleinen Posten von 500 Gulden davon zu überlassen, das Uebrige ist für die Aussteuer meiner Tochter bestimmt. Wenn es Ihnen convenirt, so bitte ich, zur Ersparung des Porto mir einfach den Betrag zu behändigen und zeichne....“

Den Actuarius überlief es bei diesen Zeilen kühl

und kalt, als wenn er urplötzlich ein Sturzbad bekommen hätte. Wohl hatte er vor mehreren Tagen bei Frau Reichart ein wenig renommirt und in erheuchelter Reichthuerei bitter geklagt, daß es so schwer sei, kleine Summen, die man sich erspart, sicher und gewinnbringend anzulegen, — daß aber die gute Frau so rasch seinen Wünschen nachkommen würde, hatte er nicht geahnt und noch weniger gehofft. Was war zu thun? In seiner Kasse waren keine fünfzig Gulden, noch viel weniger fünfhundert. Sollte er zurückgehen? Dann durchschaute die Wittwe seine leere Renommirerei und es konnte ihm leicht schaden. Oder sollte es gar eine Probe sein im letzten Momente vor der Entscheidung? „Ich schaffe das Geld," beschloß er sofort. „Ich bekomme ja Staatspapiere dafür und kann sie im äußersten Nothfall wieder verkaufen. Die paar Gulden für Unkosten auf oder ab. Geld zieht Geld an. Vielleicht verschwägert sich die Gesellschaft und ich bekomme die Aussteuer mit dazu."

Gesagt, gethan. Er machte sich sofort auf den Weg, entlieh von einem reichen Bürger, den er gut kannte, 500 Gulden gegen Handschrift und in einer Stunde hatte Frau Reichart das Kapital in Händen. Sie bot ihm einen „Gutschein" an bis zum Eintreffen der Papiere, was er natürlich mit feierlichem Proteste ablehnte.

Etwas später gingen Mutter und Tochter zusammen aus. Sie trennten sich jedoch bald. Kaufmann

Silberling war wie aus den Wolken gefallen, als es leise an seine Comptoirthüre klopfte und Fräulein Emma mit einem freundlichen Gruße und einem süßen Lächeln auf den Lippen eintrat. Er sprang auf, jagte kopfüber seine beiden neugierigen Lehrlinge hinaus und stellte mit einem sprudelnden Wortschwall sich und sein ganzes Geschäft der „holden Gebieterin", wie er sie vor lauter Ueberschwänglichkeit taufte, zu Diensten.

„Sie können mir einen großen Gefallen thun," lispelte Emma und ließ sich der Einladung folgend einen Augenblick nieder.

„Ganz zu Ihren Diensten! Belieben Sie nur zu befehlen!"

„Mama hat eine kleine, etwas unsichere Schuld in Böhmen ausstehen. Ein guter Bekannter gab ihr den Rath, solche mittelst Wechsel einzucassiren."

„Richtig, ganz wohl, verstehe vollkommen," plauderte Silberling abermals dazwischen. „Wollen Sie nur gütigst gebieten!"

„Mama hat mir die Schuld, wenn sie eingeht, als Nadelgeld geschenkt," hauchte Emma kaum hörbar und senkte verlegen das große, dunkle Auge zu Boden.

„Ah — richtig, ein Nadelgeld für die junge Frau, für den künftigen Ehestand," ergänzte Silberling ohne Schonung, „und mir wird das unaussprechliche Glück zu Theil, solches eincassiren zu dürfen."

„Sie würden mich ungemein verbinden," sprach Emma und sandte ihm einen bedeutungsvollen Blick zu.

„Ich will sogleich den Wechsel ausstellen. Bitte nur um gütigste Angabe des Betrages. Es wird uns dann nichts mangeln, als die Unterschrift Ihrer verehrten Frau Mutter.“

„Mama hat ein Formular bei Herrn Weigler gekauft und zur Vorsorge ihren Namen darunter gesetzt. Auf diesem Blatte steht die Adresse und der Betrag. Ich glaube 600 Gulden.“

„Merkwürdig!“ rief Silberling voll Staunen und Bewunderung; „immer dieselbe kluge, bedachtsame, umsichtige Frau.“

„Ich darf also bitten?“

„Befehlen, nur befehlen! Ich werde die Sache mit heiligem Eifer betreiben und als besten Beleg hiefür Ihnen sogleich den Betrag in Banknoten zu übergeben die Ehre haben.“

„Ich habe unbedingtes Vertrauen auf Sie als Geschäftsmann,“ versicherte Emma schmeichelnd, „allein Sie sind wirklich zu gütig und es sollte mir leid thun, wenn Sie Sich etwa dadurch ....“

Emma stockte, aber Silberling ergänzte mit stolzem Lächeln: „Wehthun? — nein, nein, verehrtes Fräulein, ein schlechtes Geschäft, das ein solcher Fall auch nur im Geringsten in Verlegenheit bringen könnte.“

Mit diesen Worten überreichte er Emma ein Päckchen Banknoten, die er inzwischen mit staunenswerther Gewandtheit abgezählt hatte, und bot ihr beim Abschiede in den zierlichsten Ausdrücken seine Begleitung an.

Die bescheidene Dame aber ersuchte ihn, um jedes unnöthige Aufsehen zu vermeiden, ihr nicht einmal bis an die Thüre zu folgen, und belohnte ihn dafür mit einem sanften Händedruck, dem sichern Hoffnungsstern für sein zukünftiges Glück.

Inzwischen sprach Frau Reichart im Laden des jungen Goldarbeiters Falk vor und versetzte dadurch diesen und Fräulein Franziska in nicht geringe Freude.

„Ich will meinem Kinde noch einige Kleinigkeiten für den Ball kaufen,“ sprach sie nach den üblichen Höflichkeitsformen, „und dann“ — setzte sie bedeutungsvoll bei — „wenn Sie etwas recht Hübsches, recht Geschmackvolles haben, Herr Falk, auch einen Schmuck für einen höheren Zweck. Es kommt mir dabei auf zehn und zwanzig Dukaten nicht an, denn man kauft solche Gegenstände nur einmal im Leben. Nicht wahr, Fräulein Franziska? Sie können davon sprechen.“

Diese lächelte. Bruder und Schwester flogen durch den Laden, sprengten eilfertig Kisten, Kasten, Glasbehäl[illegible] und Schränke auf und bald glänzte, schimmert[illegible]htete und funkelte auf der Tafel Schmuck an Schm[illegible]ß das bewundernde Auge von all dem Silber un[illegible]en Blumen und kostbaren Steinen geblendet wa[illegible]rau Reichart zeigte sich als eine feine Kennerin. Sie wählte nur einfache, geschmackvolle, aber [illegible]de die werthvollsten Gegenstände aus und [illegible] bald dort kurze Aeußerungen fallen, so treffend, daß sie den Goldarbeiter wirklich in Staunen versetzten.

„So," sprach sie endlich nach einer höchst umsichtigen Wahl, „diese paar kleinen Stücke, Broche, Kopfnadel und Armreif behalte ich fest. Zwischen diesen drei schönen und werthvollen Zusammenstellungen eines ganzen Schmuckes aber bin ich in Zweifel. Ich gestehe mein unschlüssiges Schwanken offen ein und möchte deßhalb meine Tochter gern selbst wählen lassen. Sie würden mir einen großen Gefallen thun, wenn Sie mir die Sachen auf einige Stunden anvertrauen wollten."

„So lange Sie nur wünschen," versicherte Falk. „Ich will Ihnen sogleich einen Gehülfen mitgeben, oder" — setzte er verbessernd bei — „wenn Sie gütigst erlauben würden, stünde ich mit Freuden selbst zu Ihrer Verfügung."

„Das nehme ich nicht an," entschied die Dame voll Ernst. „Nur kein unnöthiges Aufsehen! Ich schiebe die Sachen einfach in mein Täschchen, zwei davon sende ich morgen zurück und für das dritte Stück und diese Kleinigkeiten bitte ich dann sofort um meine Rechnung. Nicht wahr?"

„Wollte Gott, ich dürfte keine schreiben!" seufzte Falk treuherzig und half der Dame zuvorkommend einpacken.

„Man soll nie verzagen!" sprach Frau Reichart mit gedämpfter Stimme und ihr Blick ruhte freundlich auf dem jungen Manne. „Wer kann es wissen ...."

Sie lächelte, sprach jedoch nicht weiter und ließ, wie es schien, nur ungern den Gedanken fallen. Ihr Blick, der Ton ihrer Stimme und ihr herzlicher Abschied aber versetzten den jungen Freier in einen Zustand des Glückes und der Hoffnung, daß er voll Zuversicht dem Abend und dem verhängnißvollen Morgen entgegensah. —

Ein paar Stunden später schwamm der große, prachtvoll decorirte Ballsaal im Bürgercasino in einem strahlenden Lichtmeer. Dasselbe von der glänzenden, zahlreichen Gesellschaft behaupten zu wollen, was wenigstens das Vergnügen und die reine, ungetrübte Herzensfreude anbelangt, wäre sehr gewagt gewesen. Ein großer Theil der tanzfähigen, jungen Herrn stand nachlässig unter den verschiedenen Eingängen und sah gleichgültig zu, wie viele Damen, welche sich gerade keiner vorzüglichen Schönheit oder keines ausgedehnten Bekanntenkreises und besonderer Verehrer zu erfreuen hatten, Schlag auf Schlag auf den „Seufzerbänkchen" sitzen blieben, voll Sehnsucht, Unmuth und Neid zugleich den dahinbrausenden Paaren nachsahen und bei jedem neuen Tanze, welcher sie hoffnungslos „sitzen" ließ, auf's Neue hoch und theuer im gekränkten Herzen schwuren, dem leidigen, schädlichen Tanzen für immer Valet zu sagen. Andere, welche nach dem Urtheile erfahrener Mütter vermöge ihrer Jahre, ihres Standes und ihrer ballmäßigen Tracht gleichfalls in die Reihen der Tänzer gehört hätten, ruhten gemächlich auf den weichen Lederpolstern im Rauchcabinet und bliesen sorglos den Dampf ihrer Cigarren in die Luft. Wieder Andere saßen wie festgenagelt in den anstoßenden Spielzimmern und vergaßen die ganze Welt ringsum, während ihnen die Leidenschaft die ganze Gierde des Soll und Haben mit deutlichen, häßlichen Zügen in's Gesicht malte. Mehr gestandene Männer sah man da und dort in den Nischen vertheilt, in tiefernstem Gespräch, mit ihren Geschäften, Plänen und Speculationen beschäftigt. Manchem stand mit lesbarer Schrift die schwere Sorge auf der Stirne, welche ihm die Pracht, das Vergnügen und die „theueren“ Töchter bereiteten. Und wirklich, in dem reichen, geschmückten Damenkranz konnte man alle nur erdenkbaren Schnitte, Farben und Variationen von Tarletan-, Moll-, Tüll-, Crêpe-, Gaze- und Seidenkleidern studiren, und Kopfputz auf Kopfputz, bald farbensprühend, blendend und überladen, bald kostbar, prunkend und geschmacklos, bald so seltsam, bizarr und schreiend, wie sie nur ein abentheuerliches Putzmachergehirn ersinnen und bilden kann.

Nur Emma, das fremde Mädchen, stand einfach und schlicht wie eine Wiesenblume unter den prunkenden Schwestern. Ein schmaler, silberner Armreif, ein schwarzes Seidenkleid und ein weißes Blüthenreis, leicht in das dunkle Haar geflochten, war ihr ganzer Schmuck. Unwillkürlich wandten sich Aller Augen zu ihr und ruhten, ordentlich ermüdet von dem flimmernden Blendwerk ringsum, mit sichtlichem Gefallen auf der bescheidenen und doch so schönen, so mächtig fesselnden Erscheinung. Sommer, Silberling und Falk, welche die Verehrte wie mit einem Zauberkreis umschlossen hielten, frohlockten zugleich und laut in der Freude ihres Herzens, in wenigen Tagen ein solches Kleinod ihr Eigen nennen zu können. Jeder glaubte sich nämlich seines Erfolges gewiß und hatte dafür seine triftigen Gründe. Sommer stützte sich auf die Betheiligung am Staatseffectenkauf, welche sicherlich aus Absicht geschah, Silberling fußte keck auf das Incasso des ihm anvertrauten Wechsels, und Falk baute kühn auf den Brautschmuck und die geheimnißvollen Worte der Mutter. Jeder war für seinen Theil die Aufmerksamkeit und Liebenswürdigkeit selbst, ohne gerade die Bestrebungen der Andern zu achten; Jeder suchte für sich möglichst viele Touren zu erringen und sah unbekümmert darüber hinweg, daß ihr seltsames Trio der Gegenstand des Gespräches für den ganzen Saal und namentlich das Stichblatt sehr bissiger Bemerkungen von Seite der Mütter war, die sich in ihren zurückgesetzten Töchtern nicht wenig gekränkt fühlten.

So schienen die drei Freunde wirklich die einzigen Glücklichen im ganzen Saale und nicht zu ahnen, daß eine dunkle Wetterwolke mit Blitz und Schauer den heiteren Himmel ihrer Ballfreuden umnachten könnte. Die große Pause war vorüber, die einzelnen Familien kehrten aus den Restaurationszimmern zurück und die Paare flogen bereits wieder im rauschenden Galopp durch den Saal. Sommer lehnte in einer Nische, hielt seine kleine Hand mit Ostentation unter das Kinn und blickte sehnsüchtig Emma nach, welche mit Silberling leicht und zierlich wie eine Elphe dahinschwebte, während Falk bei Frau Reichart den Galanten spielte und ihr von den besondern Vorzügen und Schönheiten seines Geschäftes erzählte. Da — mitten im besten Gespräche gewahrt er, wie die Dame plötzlich zusammenzuckt, sich entfärbt und mit weit geöffneten Lippen und starren Blicken mehrere Secunden lang einen fernen Punkt fixirt. Dann zupft sie mit Blitzesschnelle ihre Tochter im Vorbeihuschen am Kleide und wieder starrt ihr Auge nach derselben Richtung. Falk folgt dem Blicke und kann nichts weiter entdecken als ein einziges fremdes Gesicht, das einem kleinen, corpulenten, ältlichen Herrn angehört. Er steht mitten im Saale, spielt nachlässig mit der goldenen Uhrkette auf seiner schwarzen Atlasweste, nimmt von Zeit zu Zeit eine Prise aus der silbernen Dose und mustert mit offenem, freundlichem Blicke die jugendlichen Paare. Emma hat den Wink der Mutter verstanden. Noch einige Wendungen und sie klagt ihrem Tänzer mit schwacher Stimme, daß sie vor Erschöpfung unmöglich weiter tanzen könne. Auch sie hat den kleinen Herrn erblickt und kehrt nun zitternd, leichenblaß, wie eine geknickte Blume, zu ihrer Mama zurück.

Die drei Freunde sind natürlich vor Schrecken und Beileid ganz außer sich und stellen dem leidenden Mädchen sofort die halbe Welt zur Verfügung, wiewohl sie selbst nichts darüber zu gebieten haben. „Nur kein Aufsehen!“ gebietet dagegen die Mutter gefaßt und mit einem Ernste und einer Entschiedenheit, welche die Dränger sofort verstummen läßt. „Emma hat einfach zu viel und zu anhaltend getanzt. Ich bitte die Herrn, uns auf kurze Zeit allein zu lassen. Wir gehen ein paar Augenblicke in's Freie oder hier auf und ab, und die Erschöpfung wird bald nachlassen.“

Frau Reichart machte eine gebieterische Bewegung, und die Herrn zogen sich stillschweigend zurück. Der Goldarbeiter steuerte ziemlich planlos auf die Mitte des Saales zu und seine Gefährten folgten, ohne zu wissen warum. Der kleine Herr stand noch immer da und verneigte sich bei ihrer Annäherung, freundlich grüßend. Doch wie er sein Haupt wieder emporhob, bemerkten sie zugleich, daß sein scharfes Auge hell aufblitzte und ein hämisches, schadenfrohes Lächeln über sein Antlitz zuckte. Falk blickte unwillkürlich zurück, seine Gefährten mit und sahen noch, wie die Damen die Thüre, welche sie so eben geöffnet, hastig wieder zuschlugen und in den Saal zurücktraten. Jeder glaubte wie im Fluge draußen eine steife, fremde Figur bemerkt zu haben, welche die Frauen zurückgeschreckt haben mußte.

„Wer sind wohl die beiden Damen?“ fragte der Fremde freundlich und sein Auge verfolgte sie unabläßig, während sich diese offenbar seiner Beobachtung zu entziehen suchten. Er empfing von Sommer, dem sein eigenthümliches, ungenirtes Benehmen höchlich mißfiel, eine nicht sehr freundliche Erklärung und dankte gleichmüthig mit einem verbindlichen Nicken.

„Ein schönes Mädchen — wirklich!" begann er wieder und wandte sein Auge keine Minute ab. „Wie es scheint, erfreuen sich die Herrn einer näheren Bekanntschaft oder" — er pausirte einen Moment, als ginge seine Frage zu weit, und setzte dann lächelnd bei — „oder habe ich vielleicht die Ehre, in einem der Herrn den glücklichen Bräutigam des hübschen Kindes zu sehen?"

„Für heute noch Verehrer — nur Verehrer!" lachte Silberling. „Morgen aber schlägt die wichtige Entscheidungsstunde, welche jedenfalls zweien von uns zu einem „Korbe" verhelfen wird."

„Morgen?" wiederholte der kleine Herr und zwar auffallend ernst. „Also morgen schon?"

„Ei freilich! — Um zehn Uhr verlautet das mütterliche Orakel und wer's Glück hat, führt die Braut heim."

„Das wird nicht geschehen," versetzte der Fremde ruhig und bestimmt. „Dafür kam ich zur rechten Zeit."

„Entschuldigen Sie, mein Herr!" mischte sich jetzt Sommer heftig und barsch in's Gespräch, „ich glaube nicht, daß Sie der Mann sind, mich an einem solchen Vorhaben zu hindern. Ueberhaupt erscheint mir Ihr ganzes Auftreten und Ihre Aeußerungen sehr zweideutig. Zuerst fragen Sie, wer die beiden Damen sind und jetzt — wollen Sie dieselben ganz gut kennen und uns sogar von einer etwaigen Verlobung abhalten. Wie harmonirt das zusammen?"

Da trat der kleine Herr einen Schritt näher, sein Auge flammte und er hob die Rechte empor wie zur Bekräftigung seiner Worte: „Ja wohl, mein Herr, recht gut und jedenfalls besser als Sie kenne ich diese zwei Zugvögel, welche überall mit anderem Namen und anderem Gefieder auftauchen. Ich kenne sie trotz Maske und Metamorphose und wollte mich durch meine Frage nur vergewissern. Sehen Sie, wie beide scheu und ängstlich hin- und herflattern, wie Tauben, die man vom Saatfeld geschreckt?"

„Mein Herr!" rief Sommer aufbrausend und schwer beleidigt, — „Sie werden ...."

„Ich werde meine Pflicht thun," unterbrach ihn der Fremde mit Ruhe und Nachdruck, „und Sie werden mir dafür danken. Wenn die Herrn Lust haben, mich zu begleiten, so soll es an der nöthigen Aufklärung nicht fehlen."

Er drehte spielend seine Dose zwischen den Fingern hin und her und wandelte ruhigen Schrittes auf die Frauen zu, welche sich weiter und immer weiter, bis in den letzten Winkel des Saales zurückzogen. Der sonderbare Auftritt hatte unter der Gesellschaft längst Aufsehen erregt. Einer machte den Andern aufmerksam, die Tanzenden pausirten und bald sahen sich der Fremde, die Frauen und die drei Freier von einem dichten Kreis Neugieriger umstellt. Emma suchte sich, so gut es gehen wollte, hinter der Mutter zu bergen. Diese aber richtete sich hoch auf und erwartete stolz, mit fest zusammengepreßten Lippen und vernichtenden Blicken den Kleinen. Er grüßte die Dame vertraulich wie ein alter Bekannter und verneigte sich tief, was freilich mehr wie Spott aussah. Sein Gruß blieb unerwidert.

„Die Damen scheinen mich nicht mehr zu kennen?" fragte er und es klang wie Trauer durch seine Stimme.

„O ja!" versetzte Frau Reichart hart und schneidend. „Es gibt so confiscirte Gesichter, die man, einmal gesehen, im Leben nicht mehr vergißt."

„Zu schmeichelhaft für meine Wenigkeit," lächelte der Kleine und verbeugte sich nochmals. „Ich kann Ihnen dagegen die Versicherung geben, daß ich seit vierzehn Tagen unablässig reise, um mir das Vergnügen Ihres Anblickes zu verschaffen, und daß ich wirklich staune, Sie so weit entfernt von dem Schauplatz Ihrer früheren Thätigkeit und das Metier so ganz umgeändert zu finden. Ich wäre ja beinahe zu einer Verlobung recht gekommen?"

„Herr Commissär!" knirscht jetzt die Frau und ihr glühendes Auge droht ihn zu durchbohren, — „Sie mögen von mir aus der gewürfeltste Polizeimensch zwischen Wien und London sein, aber zum Spotten haben Sie kein Recht. Was wollen Sie? Da stehen wir. Machen Sie's kurz!"

„Ganz nach Belieben! Zuvor aber bin ich der Gesellschaft hier eine kurze Erklärung schuldig, um

mein Eindringen in diese Räume und die verursachte Störung zu entschuldigen. Diese zwei Individuen da," wendet er sich dann mit lauter, markirter Stimme an die Umstehenden, „sind zwei gemeine, aber höchst gefährliche Betrügerinnen, und haben seit Monaten, raffinirt und verschlagen wie Wenige, in mehreren großen Städten junge Springinsfeld und alte Leichtfüße, die sich födern ließen, erbärmlich gebrandschatzt. Ich verfolge sie als Polizeibeamter im Namen meiner Regierung, verhafte sie hiemit im Namen des Gesetzes und will nur wünschen, daß mein rechtzeitiges Erscheinen diese drei Herrn da vor Betrug schützte."

„Meine Schmucksachen!" stöhnt jetzt Falk, wie von einer schweren Betäubung erwachend, aus tiefstem Herzensgrunde, daß Viele der Umstehenden laut auflachen.

„Um Gotteswillen!" raunt Silberling dem Polizei-Commissär in's Ohr, „ich hab' einen Wechsel in Händen — 600 Gulden — — am Ende — —"

„Ohne Zweifel gefälscht," bemerkt der Commissär kaltblütig, während Actuar Sommer, ohne sich um die Umgebung zu kümmern, heftig mit den kleinen Händen ficht und laut ruft: „Ich protestire — ich protestire im Namen des Gesetzes! Diese Personen dürfen nicht über die Grenze geschafft werden. Sie haben sich 500 Gulden von mir in betrügerischer Absicht angeeignet. Ich protestire!"

„Das wird sich morgen vor der treffenden Behörde finden," erklärt der Beamte einfach und gibt den Damen ein Zeichen mit der Hand. Die sogenannte Frau Reichart zieht trotzig die Lippen in die Höhe, mißt nochmals die drei Ehestandscandidaten mit einem langen, verächtlichen Blicke und schreitet keck und frech lachend durch die Gesellschaft nach der Thüre, wo sie ein Wagen und die Schutzmannschaft erwartet. Emma bedeckt ihre Augen mit beiden Händen, schluchzet laut vor sich hin und wankt langsam und gebeugt den Weg der Schande. Der Commissär bittet nochmals um Entschuldigung und empfiehlt sich mit einer leichten Verbeugung, um seine Gefangenen in Sicherheit zu bringen.

Jetzt wendet sich die ganze Versammlung wie auf einen Schlag gegen die geprellten Freier. Alles stürmt auf sie ein, wirres Fragen, Rufen, Schreien aus hundert und hundert Kehlen gellt in ihre Ohren, giftiger Spott, lautes Zischen, Pfeifen und Schelten schwirrt um ihre Köpfe und ein dämonisches Hohngelächter, in das selbst die zarten Lippen der Damen mit aller Kraft einfallen, betäubt vollends die Armen. Mühsam und nur allmälig können sie sich Bahn brechen durch die enggeschlossenen Reihen und erreichen endlich das Freie, ohne Hüte, die Ballkleider halb vom Leibe gerissen, schweißbedeckt, erschöpft, gebeugt unter der Wucht ihrer Schande und unendliche Angst im Herzen ob ihres Eigenthums. Sie stürmen heimwärts auf den nächsten Wegen, um sich Tage lang den Augen der Stadt zu entziehen. —

Nach einigen Monaten erfolgte das Urtheil der Geschwornen. Die weiblichen Industrieritter wanderten für mehrere Jahre hinter Schloß und Riegel und hatten Zeit, am Spinnrocken über die Vergangenheit nachzudenken. Die geprellten Freier gelangten nur theilweise wieder zu ihrem Eigenthum. Vieles war noch im Laufe des Mittags verschleudert worden und mit dem Reste wollte das noble Paar nach dem Balle verschwinden. Daß sie für lange Zeit die Zielscheibe des Spottes abgaben, und fast zum Sprichwort wurden, läßt sich leicht erklären. Sommer ließ sich deßhalb sobald wie möglich in einen andern Kreis versetzen. Die Heirathslust war ihm für immer vergangen und er blieb richtig ein ernster, mürrischer Hagestolz. Kaufmann Silberling mußte zu seinem unendlichen Verdruß erfahren, daß des Rentbeamten Lucie einen Privatier heirathete und wohl von ihrem Vater keine Staatspapiere, dagegen ein schönes, schuldfreies Landgut zur Aussteuer erhielt. In seinem Aerger verehelichte er sich mit einer alten, reichen Wittwe, die ihn von Tag zu Tag mehr den Himmel auf Erden vermissen ließ. Nur Falk kehrte reumüthig zu seiner ersten Liebe, zur schönen Spenglers-Seppi zurück. Er mußte wohl lange und schwere Buße thun, aber endlich siegte seine Ausdauer. Er führte das versöhnte Mädchen als Gattin heim und erfreute sich in wenigen Jahren eines sorgenfreien, ja glücklichen Auskommens. —

Cassier und Lehrling.

I.

Harte Zeiten.

Gestern stürmt's noch, und am Morgen
Blühet schon das ganze Land —
Will auch nicht für morgen sorgen,
Alles steht in Gottes Hand.

J. v. Eichendorff.

„Zum ersten, — zum zweiten, — 450 Gulden 30 Kreuzer — Niemand mehr? — zum — dritten Mal!" rief der Gerichtsdiener in der engen, niedrigen Stube eines Berghäuschens zu H—thal im Spessart, während ein mißbilligendes Geflüster die zahlreich versammelten Steigerer durchlief. „Steigerer" sage ich! — Ach nein! diese Landleute sammt und sonders sind nichts weniger als Strichslustige, sondern Zuschauer, einfache, theilnahmlose Zuschauer. Dort vorn am Tische steht der einzige Hauptkäufer, der alte Amschel Maier. Seht nur, wie sich der Schacherer, vor Erregung zitternd, an den wackelnden Tisch klammert, wie beständig die breiten, hängenden Lippen zucken, als spreche und rechne er im Stillen, wie sein Ohr gierig auf jedes Wort lauscht, welches ringsum fällt, und wie die grauen, triefenden Augen hastig von Mund zu Mund kreisen! So eben hat er sein letztes Gebot geschlagen. Frech und keck blickt er umher, wer noch mehr zu bieten wage? Wohl haben im Anfange Einige mitgesteigert, aber von dem Juden selbst beauftragt, nur zum Scheine; — miserable, schmutzige Creaturen, die den eignen Christenbruder verrathen und verderben helfen. Aber auch wehe dem, der sich erdreistet hätte, ernstlich mitzusteigern und nach dem wahren Werthe zu überbieten! Mehr oder minder schulden die armen Leute alle dem Amschel Maier oder seinen Brüdern. Ueber das Haupt dieses Kühnen wäre sicherlich die ganze Wucht der jüdischen Vehme hereingebrochen, in deren Blättern listiges Uebervortheilen, schamloses Prellen, Drohen, Kündigen der Schuld, Einklagen, Auspfänden und sonstige Plackereien als Hauptcapitel fungiren. So hat sich die Macht des Geldes und des Wuchers auch auf dem Lande festgesetzt, nährt sich bei süßem Nichtsthun von des Arbeiters bestem Herzblut und schlägt tiefe, und immer tiefere Wurzeln.

„Wer hat den Zuschlag?" fragte jetzt der Beamte, welcher die Verhandlung leitete, indem er das Verstrichs-Protocoll für wenige Augenblicke unterbrach.

„Das Haus sammt Hof und Feld fiel um 450 Gulden 30 Kreuzer dem Bruder des Hauptgläubigers zu, Namens Amschel Maier," antwortete der Gerichtsdiener, während er von dem Schemel herabstieg, der ihm als Postament gedient, und den Vordersten einen bedeutungsvollen Blick zuwarf. Diese nickten dagegen, als wollten sie sagen: wir verstehen es schon — die Brüderschaft gibt nur den Deckmantel her. Ein Bruder kauft für den andern, und am Ende gehört das Haus wieder demselben Herrn, der es schon dreimal besessen; aber — es läßt sich nichts dagegen machen."

„Wie viel? — wie hoch?" rief inzwischen der Jude, als habe er längst sein Gebot vergessen. „Ich höre schlecht. 440 Gulden werd' ich gesagt haben, und mißverstanden worden sein?"

„Nein, nein!" eiferte der Gerichtsdiener entrüstet. „Wenn Ihr schlecht hört, so hören andere Leute um so besser. 450 Gulden und 30 Kreuzer habt Ihr gesagt, so steht's jetzt im Protocoll und dabei bleibt's. Der Herr Assessor und alle Anwesenden haben es gehört, nicht wahr?"

„Ja wohl, so ist es," riefen die Landleute von allen Seiten.

„Ich dächte übrigens, das Anwesen wäre billig genug. Es ist unter Freunden seine 700 Gulden werth, und wenn es morgen oder übermorgen die Herren Brüder wieder verkaufen, so muß es tausend Gulden gelten und vielleicht noch mehr. Darauf wette ich mit Jedem, der Lust hat." Zur bessern Bekräftigung dieser Worte zog der alte Soldat seine Dose hervor und bot den Nächststehenden eine Priese. Auch der Jude langte darnach. Klapp! — patschte der Deckel zu und er hatte das Nachsehen.

Mißmuthig, daß die kleine Spekulation mit den 10 Gulden mißlungen war, verließ der Käufer die Stube, um das wieder erworbene Anwesen ein wenig zu besichtigen. Er stieg auf den Speicher, der wohl Staub genug, aber keine Fruchtkörner zählte, in den Hof, wo Holz und jeder Vorrath mangelte, in den Stall, aus dem er schon vor mehreren Monaten trotz des todtkranken Mannes die vierfüßigen Bewohner getrieben, zuletzt in den Keller, in dem sich ein armes Mäuschen keine zwölf Stunden ernähren könnte. Das Haus, welches nicht zu den alten zählte, war in ganz gutem Stande, denn kein Eigenthümer hatte es noch lange besessen, und der Jude kalkulirte und spekulirte bereits wieder im Stillen, wie manches Geschäftchen sich noch damit machen ließe. Unter solchen Gedanken gelangte er auch in die Küche. Jeder Andere würde bei dem Anblicke, der sich hier bot, zurückgeschreckt sein; der alte Amschel Maier nicht. Er war durch langjährige Praxis an solche Auftritte gewöhnt und steuerte direkt darauf zu. In der Holzecke saß auf dem blanken Boden eine Frau in den mittleren Jahren, bleich, abgehärmt, nothdürftig mit Lumpen bedeckt. Glanzlos, unbeweglich starrte ihr Auge, welches seit Stunden keine Thränen mehr gefühlt, in den leeren Raum, als ob es nichts mehr sehe, nichts mehr fühle. Auf ihrem Arme ruhte ein Säugling, süß und friedlich schlummernd.

Er ahnte nichts von dem Schmerze, der die Seinen bedrängte und hatte die Händchen fest in der Mutter Haar geklammert, welches los und verworren herabhing. Zu jeder Seite kauerte ein Mädchen, wohl sechs bis acht Jahre älter, als der kleine Schläfer. O, man konnte diese armen Kinder kaum betrachten, wie sie vor Frost und Elend, Jammer und Noth zitterten! In diesen trüben, eingefallenen Augen, auf diesen durchsichtigen Wangen, auf diesen welken Gliedern stand es geschrieben, daß sie seit Wochen, ja seit Monaten mit dem unerbittlichsten Feinde, dem Hunger, ohne einen Laut, ohne einen Schmerzensruf kämpften, um der Mutter Leiden nicht zu erhöhen.

Hinter diesen kniete gleichsam als die einzige und letzte Stütze der älteste Sohn, ein hübscher, blond gelockter Knabe, der bereits zum ersten Male zum Tische des Herrn gegangen war. Aus seiner Haltung, aus seinem Blicke sprach noch der meiste Muth, die meiste Kraft, wenn auch Thräne um Thräne aus den blauen Augen trat und über die bleichen Wangen niederperlte. Dumpf brütete die verwaiste Familie in ihrem Schmerze hin, bis Maier eintrat. Wie von einer Natter gestochen, fuhr der Junge in die Höhe, als er den wohlbekannten herzlosen Dränger mit kaltblütigem, höhnischem Grinsen sich nähern sah.

„He da!" polterte dieser, als fürchtete er, nicht gehört zu werden; „he da, Lisbeth, aufgemerkt! Heut' über drei Tagen muß geräumt sein das Haus, verstanden? Macht keine Umstände und geht, sonst fällt nochmals ein das Gericht und braucht Gewalt. Ihr könnt mitnehmen Euer Bett, meinetwegen."

„Ich weiß das," antwortete tonlos die Wittwe, ohne aufzublicken, „und danke es der Güte des Herrn Assessors. Ihr hättet mir das Bett unter dem Leibe weggerissen, wie alles Andere, wenn das Gericht es zugegeben hätte."

„Nu jo!" eiferte der Käufer, „das Gericht hat es zugegeben — das Gericht hat es nicht zugegeben. Wozu das? Was wollt Ihr machen, wenn ich fest darauf besteh'? Hab' ich doch großen Verlust gehabt mit Euch volle fünf Jahre daher, und Geld verloren, die schwere Meng'." —

„Verlust gehabt — Geld verloren — Ihr verloren?" wiederholte die Frau entrüstet und warf einen Blick der tiefsten Verachtung auf den Lügner, den dieser nicht zu ertragen vermochte. „Ich will's Euch erklären, wer Verlust gehabt und wer sein Geld verloren hat. Vor fünf Jahren kaufte mein Mann selig das Anwesen um 1000 Gulden von Eurem Bruder oder Euch, das bleibt sich gleich. 500 Gulden zahlten wir sogleich baar daran — es war unser ganzes erspartes Vermögen — und 500 Gulden blieben wir schuldig. Wir lebten kärglich, arbeiteten rastlos und zahlten zwei Jahre lang die schweren Wucherzinsen. Da wurde mein Mann krank, der Verdienst stockte, der Feldbau blieb liegen, das Hauswesen ging rückwärts. Nun kommt Ihr, uns zu drängen, zu treiben und zu plagen. Wir mußten um Aufschub bitten, mußten noch Geld dazu von Euch entlehnen. Wenige Gulden erhielten wir und das Fünf-, ja das Zehnfache mußte verschrieben werden. Eure Geduld währte nicht lange. Es begann das Drohen, Kündigen, Klagen, Schinden und Pfänden. Zuerst führtet Ihr Wagen und Pflug fort, dann nahmt Ihr unsere Vorräthe, Kleider und Geräthschaften und zuletzt habt Ihr das Vieh aus dem Stalle getrieben, während mein Mann selig mit dem Tode rang. Er liegt unter der Erde, und nun reißt Ihr um einen Spottpreis auch noch das Haus an Euch. Ist das Verlust? Ihr habt Euer Haus wieder, all unser Eigenthum dazu und noch überdies 500 Gulden in der Tasche sammt den Zinsen. Ihr wurdet dabei reich, wir Bettler.

„Was kann ich dazu?" fragte Maier, der ruhig, fast selbstgefällig, möchte ich sagen, die schwere Klage mit angehört. „Bin ich mein Bruder? Was kann Kain für den Abel und was Abel für den Kain? Hab' ich verloren, hab' ich gewonnen, wen kümmert's?"

„O Gott!" jammerte die Arme und hob flehend, händeringend ihr Kind in die Höhe. „Habt Erbarmen, Maier! habt Erbarmen mit diesen kleinen, armen Würmchen — sie sind brod- und obdachlos! Behaltet Alles, nur laßt uns hier in Miethe wohnen. Ich will Tag und Nacht arbeiten, um Euch zu befriedigen."

„Was wollt Ihr arbeiten? — wovon wollt Ihr

leben? — Miethe — und keinen Zins, Wohnung — und kein Geld!" entgegnete spöttisch, ohne jegliches Mitleid der Wucherer. „Was nützen mir Kapitälcher ohne ihre Kinder, die Zinsen und Prozentlich? Kann ich dazu, wenn Euer Mann Geschäftches macht und nichts davon versteht? In drei Tagen wird geräumt und Ihr — wandert in's Armenhaus."

Tief, tief aufseufzend lehnt sich bei diesem gefürchteten Schreckensworte die bedrängte Wittwe gegen die Wand, laut weinen und jammern die kleinen Mädchen, selbst der erwachte Säugling stimmt mit ein, daß es einen Stein hätte erbarmen mögen; nur in dem Knaben glüht und flammt es jäh und wild auf. Ein Zornesblitz zuckt in seinem Herzen, durch seine Nerven, aus seinem Auge. Mit der Erregung Kraft packt er ein Stück Holz und schwingt es drohend über dem Haupte des Herzlosen. „Halt, Anton, halt!" ruft die Mutter ängstlich und zieht rasch den Knaben zurück. „Gewalt schafft kein Recht; du wirst unser Unglück nur noch vergrößern."

Eiligst hatte sich der Jude verloren. Wo er den Kürzeren ziehen konnte, mochte er nicht lange dabei sein und am allerwenigsten bei solchen unverhofften Prügeln, wie sie ihm hier geblüht hatten.

„Komm, liebe Mutter, komm!" mahnte wiederholt und dringend der muthige Anton, nachdem das Gericht, die Zuschauer und selbst der Käufer sich längst entfernt hatten; „komm, wir wollen in die Stube gehen.

Je länger wir da sitzen bleiben, desto trauriger, desto banger wird uns allen um's Herz."

Die kleinen Schwestern stimmten mit ein, und selbst der Säugling hob bittend die Händchen empor, als müsse auch er sein Scherflein dazu beitragen. Nur mit Mühe stand die Wittwe vom Boden auf und folgte den Kindern, welche vorauseilten, um die Thüre zu öffnen. Auf der Schwelle aber blieb sie wiederholt, wie festgebannt stehen und musterte düstern, traurigen Blickes das leere Zimmer, die kahlen Wände. Nichts hatte sie aus der Sündfluth der Versteigerung gerettet, als das ärmliche Bett, welches fast mitten im Zimmer stand: kein Tisch, kein Stuhl, keine Bank, kein Schrank, kein Kleidungsstück, nichts — Alles war spurlos verschwunden. Der Jude hatte gieriger und sorgsamer aufgeräumt, als ein beutelustiger Hamster. Lisbeth vermißte Alles, was sie in langen Jahren erdacht und erspart, mühsam geschafft und errungen hatte, und darum so hoch und theuer schätzte. Nehmt dem Dürftigen den besten, treuesten Gefährten, seine ärmliche Umgebung, die er im Laufe der Zeit liebgewonnen, die Hunger und Kummer mit ihm getheilt, in die er sich förmlich hineingelebt — und ihr entzieht ihm die Hälfte seines Daseins. Der Schmerz, welcher seither wie mit ehernen Banden die Brust der verfolgten Frau zusammen geschnürt, brach sich bei diesem Anblicke gewaltsam Bahn. Thräne um Thräne netzte das vordem trockene Auge und linderte die zehrende, stechende Qual.

Wie traulich, wie heimisch hatte sie sonst in diesen vier Wänden gewirthschaftet! Heute schwankte sie scheu und furchtsam nach dem Bette, dem einzigen Eilande, welches die tosende Brandung nicht hinweggespült. „O Gott!" klagte die Arme vor sich hin, „wir gehören ja nicht mehr herein. Die Stube, das Haus fiel einem Andern zu. Wir sind fremd hier, Kinder, land- — landfremd! Noch wenige Stunden — und wir müssen wandern, ärmer als Job."

„Nein, Mutter, nicht ärmer als Job!" widersprach freudig Anton und deutete jubelnd mit dem Finger nach der Wand. „Das Schönste und Beste hat der Jude vergessen, oder sich vor unserm lieben Herrn gefürchtet." Behender als eine Katze kletterte mit diesen Worten der Knabe auf das Fenster, an dem Gesimse hinauf und holte von der Wand herab ein kleines silbernes Crucifix, unter Palmzweigen versteckt, und ein Madonnenbild aus getriebenem Metall.

„Gib Acht, Anton!" mahnte besorgt die Mutter; „in dem Bilde ruhen heilige, kostbare Reliquien, ein Stammgut von meinen Ureltern, und das Crucifix ist schwer von Silber. Das hat der Jude bei uns nicht vermuthet, sonst würde er selbst unsern Heiland vom Kreuze gerissen und zerschmettert haben."

„O, wenn das der Amschel wüßte! — er würde sich drei Tage nach seinem Tode noch ärgern," meinte lächelnd der Knabe und reichte der Mutter seinen kostbaren Fund. Diese preßte ihre Lippen darauf, und vergaß in diesem Augenblicke all ihr Leid. Der Zustand der Selbstvergessenheit wich, sie wehrte mit Gewalt ihren Thränen und lebte neu auf. „Wir dürfen uns nicht fürchten, Kinder," sagte sie, „der liebe Gott ist noch bei uns und seine gebenedeite Mutter. Er läßt uns nicht verhungern, er erbarmt sich unsers Elendes; die gnadenreiche Jungfrau möge für uns bitten, und uns leiten und führen auf allen unsern Wegen und Stegen." Und nieder sank die Mutter mit ihren Kindern auf die Knie zu einem demüthigen, heißen, herzinnigen Gebete. Das Gebet ist eine klare, wundersame, unerschöpfliche Waldesquelle, die unter den Blättern und Zweigen der Demuth und des Vertrauens aus dem Boden des Glaubens hervorsprudelt. Jedem, der sie aufsucht, ob reich oder arm, glücklich oder unglücklich, froh oder betrübt, bietet sie erquickenden Trost, stärkende Labung.

Sichtlich gestärkt erhob sich die Frau mit den Kleinen und ging muthig daran, ihre trostlose Lage zu überdenken. „Ohne Verschulden arm zu werden, ist keine Schande," tröstete sie sich selbst und setzte entschlossen bei: „Wir wandern in's Armenhaus."

„Und wieder heraus!" ergänzte Anton. „Mir kamen im Gebete allerlei Einfälle und ganz herrliche Pläne. Ich mache mich sofort auf den Weg und suche Arbeit bei einem Bauern. Ich werde doch täglich einige Kreuzer heimbringen, und was die Hauptsache ist, die Mutter verliert einen Kostgänger. Die Mädchen gehen in's Holz, warten den kleinen Ludwig und helfen dir für die Leute spinnen und stricken. So werden wir unser Brod verdienen und, wenn Gott will, wieder aus dem Armenhause kommen."

Vergeblich suchte Anton nach seiner Mütze. Mit jugendlichem Gleichmuthe ertrug er den Verlust und verließ das Zimmer.

Voll zuversichtlicher Hoffnung und mit der ganzen Unerfahrenheit der Jugend wanderte der Knabe direct auf den nächsten Bauern, den reichen Besitzer des Auhofes, zu. Wohl trug er kein Bittgesuch in der Tasche, aber sein Anliegen stand so klar, so lebendig in seinem Herzen geschrieben, daß er fest glaubte, bei Jedermann Arbeit und Hülfe finden zu müssen. „So — o!" rief der Auhofbauer gedehnt, nachdem der kleine Supplikant, erst schüchtern und verzagt, dann beredt, und immer beredter seine Bitte vorgetragen, — „so, naseweises Bürschchen! — Möchtest es wohl auch schon treiben, wie dein Vater! Noch keine zwei Jahre sind's her, daß ich ihn zum Heumähen bestellen ließ. Weißt du, was er mir sagen ließ? Er wolle zuvor sein Heu einthun und werde dann sogleich kommen. Sein Heu — seine Handvoll Heu! — Ich kenne das schon: Arbeiten ist Eure starke Seite nicht. Betteln und Herumlungern geht freilich leichter. He, Bürschchen?" —

Anton mußte im Geschwindschritt den Hof verlassen, um nicht ernstlichen Unbilden ausgesetzt zu sein. Der reiche Mann konnte es nicht verwinden, daß ein

Armer die eigene Habe vor der seinigen in's Trockene gebracht hatte.

Bedeutend herabgestimmt und tief verletzt im Herzen ob der seinem Vater selig wiederfahrenen Beschimpfung, setzte der Knabe seinen Rundgang fort und gelangte zunächst zum Schlossers-Franz, einem Mittelbauern, der keine Kinder hatte und demnach zu jeder Arbeit fremde Leute herbeiziehen mußte. Der würdige Mann saß gerade mit seiner Frau beim Mittagessen, machte mit dem Löffel unterwegs Halt und hörte dem Kleinen geduldig zu. „Richtig!" sagte er zuletzt, als dieser geendet, „du willst die Feldarbeit erlernen. Hab' nichts dagegen! Du kannst schon morgen früh mit dem Viehhüten anfangen. Bezahlung will ich keine fordern, weil Ihr arme Schlucker seid, für die Beköstigung natürlich mußt du halt selber sorgen." — Noch einmal setzte Anton an, um dem Bauern, der sich stellte, als habe er kein Wörtchen von seiner Bitte verstanden, solche wiederholt und deutlich zu erklären. Da zeigte dieser streng und ernst mit der einen Hand nach der Thüre, mit der andern setzte er den pausirenden Löffel wieder in Bewegung und war nicht weiter zu sprechen.

Damals blühte überhaupt den Arbeitern und Taglöhnern selten eine gute Stunde. Der Strom der Auswanderung hatte sich nach Ungarn, Australien und insbesondere Amerika — ohne daß wir letzterer das Wort reden wollen — noch keine so mächtige Bahn gebrochen, wie gegenwärtig. Dem Bauern standen

Arbeitskräfte im Ueberflusse zu Diensten und so kam es, daß er den armen Tagwerker manchmal nicht viel besser und oft viel schlechter behandelte als sein Vieh. Anton machte noch manchen vergeblichen Schritt. Die Einen bedurften keine Beihülfe, Andere mochten oder wollten nicht, Andere verspotteten den Jungen und wieder Andere zeigten nicht sonderlich freundlich auf die Thüre, zu der er hereingekommen war. Nach zwei Stunden trat er aus dem letzten Hause, ganz mit demselben Resultate, wie aus allen früheren, und überlegte traurig, was nun beginnen? — Noch blühte ihm eine Hoffnung. Hinaus ging's auf die Landstraße, von da auf einem Seitenpfade eine gute Stunde in den Wald hinein, durch Büsche und Hecken auf die Waldmühle zu. Ihr Besitzer galt allgemein für einen reichen und nicht unebenen Mann, der außer der Mahl- und Schneidmühle noch ein schönes, geschlossenes Gut besaß und sicherlich einen Arbeiter verwenden konnte. Der Müller, eine mehr als wohlgenährte Gestalt, dem größten seiner glotzenden, vollgepfropften Mehlsäcke nicht unähnlich, saß im Hofe, schmauchte behaglich sein Pfeifchen und beschäftigte sich mit Nichtsthun. Bei dieser Arbeit half ihm sein Sohn, ein junger Aufschößling, der schon mehr auf das väterliche Erbe pochte, als unumgänglich nöthig gewesen wäre.

„Du suchst also Arbeit," meinte der Müller phlegmatisch, nachdem er den kleinen Bittsteller angehört. „Ganz recht! — daran soll's nicht fehlen. Du kannst jeden Morgen herauskommen und Abends wieder heimgehen. Mittags fällt schon immer so viel vom Tische ab, daß du dich tüchtig damit sättigen kannst."

„Gebt mir auch einige Kreuzer Lohn, Herr Müller, ich bitte inständig darum — um Gotteswillen!" flehte der Knabe mit Thränen im Auge. „Ich muß meine Mutter, meine Geschwisterchen damit ernähren."

„Sonst nichts?" rief der Jungmüller und ließ seinem lauten, spöttischen Lachen freien Lauf. „Die Hand her! — eingeschlagen! — Heute nach zehn Jahren um dieselbe Stunde sprichst du wieder vor, und dann gilt der Accord. Jetzt mach' und suche das Weite, sonst helf' ich dir laufen."

Der Knabe weinte laut vor sich hin und verließ die Mühle. An der Hofthüre stand die Müllerin mit ihrer kleinen Tochter und fütterte das Geflügel. Als Anton vorbeiging, reichte ihm das Kind, welches das Gespräch mitangehört haben mochte, unbemerkt sein Butterbrod und lief in das Haus.

Wie fröhlich war sonst Anton an der Hand seines Vaters durch den Forst geeilt! Damals achtete er auf die Bienen, wie sie emsig sammelnd von Blüthe zu Blüthe über die duftende Heide hinsummten; damals lauschte er begierig dem hellen, kräftigen Schlage der Amseln und Drosseln, welche bei ihrem schmetternden Wettgesange munter von Zweig zu Zweig hüpften; damals folgte er mit freudestrahlenden Blicken den flinken Eichhörnchen, wie sie schnurrend und pustend die Bäume hinaufkletterten und behend von Ast zu Ast sprangen. Heute nicht. Das Auge zu Boden gesenkt und kaum eines Gedankens mächtig, wanderte der Junge durch das grüne Gehege und gelangte an den Ausgang des Waldes, er wußte selbst nicht, wie? Je näher er aber dem Saume des schattigen Blätterdaches kam, desto mehr zögerte sein Tritt, desto trüber und ängstlicher blickte sein thränenschweres Auge, desto gewaltiger schlug und zuckte sein Herz unter der Wucht des Schmerzes, der ihn darnieder beugte. Sollte er hinaustreten auf das freie Feld, wo das heimathliche Dach ihm von Ferne entgegenschimmerte? Sollte er heimkehren ohne jeden Erfolg, ohne ein Fünkchen Trost und Hoffnung, ohne jegliche Aussicht auf die Zukunft? — Nein! — Unwillkürlich verließ er den Hauptweg und bog in einen Seitenpfad, der sich zwischen hohen Eichen und Buchen in den Wald verlor. Sein jugendlicher, aber sonst so willensstarker Geist drohte zu erliegen, und den durch Leiden und Elend, durch Hunger und Müdigkeit geschwächten Körper nicht länger zu stützen. An einem Baumstamme, den der Sturmwind gefällt und quer über den Pfad geschleudert hatte, kniete der Knabe nieder, stützte die Arme auf und blickte nach dem fernen Wolkenzelte, nach dem Allmächtigen, dem Vater aller Wittwen und Waisen. „O Gott,“ betete er mit schwacher Stimme, „verlaß uns nicht! Du hast unsern Vater weggenommen und wirst seine Kinder nicht verhungern lassen. Und du, o heiliger Antonius, mein Namens=

patron, bitte für uns am Throne des Allerhöchsten! Nicht für mich — ich will gerne darben und leiden — nur für meine arme Mutter, für meine Geschwisterchen. Dein Gebet wird immer erhört ..." Der Knabe ließ erschöpft das Haupt auf die Hände sinken, nur seine Lippen bewegten sich fort und fort im stillen Gebete.

Wer weiß, wie lange Anton so fortgeweint und fortgebetet haben mochte. Wenigstens sah und hörte er nicht, wie ein großer, städtisch gekleideter Mann von der andern Seite daher kam, manchmal stehen blieb und in einem Buche las, dann wieder sinnend und denkend vorwärts ging. Sobald der Herr des Kindes ansichtig wurde, machte er Halt, ungewiß, ob es nur ruhe und schlafe oder von der entwurzelten Eiche beschädigt worden sei. Hierauf schob er sein Buch in die Tasche und eilte hastig auf den Platz. „He da, junger Freund, wo fehlt dir's?" fragte er freundlich und legte die Hand auf die Schulter des Jungen. Dieser sah auf — sein Lehrer stand vor ihm. Erschrocken fuhr er empor und suchte verlegen seine Thränen zu bergen. „Was machst du so ganz allein im Walde hier?" fragte der Lehrer wieder. „Mäßige deinen Schmerz um den Geschiedenen! Der Allmächtige im Himmel, der Versorger aller Wittwen und Waisen, wird auch dein Vater sein. Als der Aelteste unter deinen Geschwistern mußt du ohnehin der Mutter am kräftigsten zur Seite stehen."

Diese liebevollen Worte verfehlten ihre Wirkung

nicht. Anton faßte sich ein Herz und erzählte dem Lehrer offen seine Hoffnung, seine Täuschung.

„Ich kenne das," sagte dieser, als der Kleine geendet; „die Reichen werden immer hartherziger und die Armen fallen Mann für Mann den Wucherern in die Hände, welche wie Raubvögel auf jede Gelegenheit lauern. Laß nur gehen," fuhr er nach kurzem Bedenken fort, „der Herr verläßt Euch nicht. Ich habe mehrere Gemeinde-Rechnungen zu Hause. Deine Handschrift kann sich mit der eines jeden Scribenten messen, ich will dir die Copie übertragen. So erhalten die Gemeinden um billiges Geld eine Reinschrift und du einen Verdienst für mehrere Wochen."

Wer schildert uns den glühenden Dank des Knaben? Er hätte niederfallen mögen und laut zum Himmel aufjubeln. Wie freute er sich jetzt, seinen braven Lehrer nie betrübt und nach besten Kräften gelernt zu haben! Wie hätte er je daran gedacht, daß die Schreibkunst, welche er mit so viel Lust und Liebe getrieben und tüchtig geübt hatte, für ihn und seine Angehörigen in höchster Noth einen Schutzdamm gegen den Hunger bilden würde? O, man lerne mit Ausdauer selbst die kleinste Kunst üben, denn sie kann in trüben und stürmischen Tagen unser einziger und letzter Rettungsanker werden.

Anton schrieb und rechnete und arbeitete sich von Tag zu Tag tüchtiger hinein. Das Honorar fiel weit besser aus, als er je geträumt hatte. Es war ein hoher Freudentag, als die kleine Familie nach einigen Wochen das Armenhaus wieder verließ und ein Stübchen in Miethe bezog. Wohl tauchten manchmal trübe Gedanken auf an die Zeit, wo es keine Rechnungen mehr zu schreiben geben, wo der Winter mit seinem grimmigen Gesichte vor der Thüre stehen und jede Arbeit, jeder andere Verdienst stocken würde. Aber eine innere Stimme rief stets dazwischen: „Vertraue auf Gott! Er hat bis hierher geholfen und wird weiter helfen." Sie hielt den Muth der Familie aufrecht.

„Nun Anton,“ fragte eines Morgens freundlich der Lehrer, nachdem er den Tag zuvor in der Stadt gewesen und einen Theil der Rechnungen an die einschlägigen Behörden abgeliefert hatte, — „wie weit bist du gestern mit deiner Arbeit vorgerückt? Halte dich nur tüchtig daran, denn binnen acht Tagen muß die Copie vollendet und du selbst — reisefertig sein.“

Vor Schrecken ließ der kleine Scribent die Feder fallen und blickte fragend auf zu seinem Wohlthäter.

„Staune nur! — es ist so. Höre mich an,“ fuhr der Lehrer fort und setzte sich an den Tisch. „Ich war gestern in der Stadt und aß nach alter Gewohnheit im „goldenen Hirsch“ zu Mittag, wo ich vor Zeiten als Hauslehrer die Kinder instruirte. Auf meinem Platze lag eine Partie Rechnungsauszüge, die erst Mittags ihren Herrn finden sollten, und zu meiner Rechten saß ein vornehmer, stattlicher Herr, dessen Uhr, Ringe und mit Edelsteinen besetzte Dose wohl schwerer wogen, als drei unserer reichsten Bauern zusammen. Zufällig blickte der Fremde auf die Scripturen, sie schienen ihm zu gefallen. „Schön geschrieben,“ meinte er, „ganz nett und zierlich, — ächte Kaufmannshand, — wie lauter junge Commis. Wohl Ihre eigene Hand, Herr Nachbar?“

„Nein!“ antwortete ich und reichte dem Herrn die Rechnungen zur Einsicht; „es ist die Schrift eines meiner Schüler, eines dreizehnjährigen Knaben, der eben so trefflich schreibt als rechnet.“

„Warum nicht gar?“ bemerkte ein wenig ungläubig der Fremde; „das will viel heißen. Wozu ist der Junge bestimmt? Doch nicht zu einem Bauern? Er soll sich dem Handelsstande widmen. So kann er mit der Zeit ein tüchtiger Geschäftsmann werden.“

Ich schilderte ihm nun deine Lage von Anfang bis zu Ende mit dem Bemerken, daß jeder Kaufmann Gottes Lohn verdienen würde, der sich deiner annehmen möchte. Der fremde Herr besann sich ein wenig, nahm eine Prise, reichte mir dann mit einer leichten Verbeugung diese Adreßkarte und sagte: „Ich bin der Kaufmann W. aus Frankfurt, besitze ein ausgedehntes Lager, Commissions- und Speditionsgeschäft und will den Knaben als Lehrling aufnehmen. In acht Tagen kann er eintreten. Das Lehrgeld erlasse ich ihm; dafür muß er zwei Jahre länger im Geschäfte bleiben. Füllt er seinen Posten aus, so erhält er diese zwei Jahre das übliche Salair eines Commis, wenn nicht, so arbeitet er umsonst. Hier ist eine Karolin Reisegeld; hat der Knabe keine Lust, so sei es ein Almosen.“

„So sprach der Kaufmann, und ich schloß mit tausend Dank in deinem Namen den Vertrag ab. Der Herr Gastgeber lobte mir später auf Befragen den Fremden über die Maßen und erzählte mir, daß jeder Lehrling bei diesem Geschäfte immerhin auf rechtlichem Wege so viel verdienen könne, um Kleider und Taschengeld damit zu bestreiten. Nun entscheide dich: willst du oder nicht?“

„Ob ich will?“ rief der Knabe und bedeckte die Hand seines Wohlthäters mit heißen Thränen des Dankes: „O mit tausend Freuden! — aber — meine arme Mutter?“

„Deine Mutter werde ich diesen Vormittag noch davon in Kenntniß setzen. Es ist besser, Ihr trennt Euch für wenige Jahre, und du lernst etwas Tüchtiges, als daß Ihr zusammen trotz aller Arbeit Jahr aus Jahr ein mit Hunger und Elend kämpft. Laß das nur meine Sorge sein. Danke dem Allmächtigen für dieses unerwartete Glück und arbeite rasch vorwärts.“

Freudig ward der gute Rath befolgt. —

Acht Tage später stand Anton, nach besten Kräften ausgerüstet, in aller Frühe auf der Gränzscheide des Dorfes, dem sogenannten Durchschnitt, und blickte noch einmal sehnsüchtig nach der kleinen Feldkapelle hinüber, welche ihm traulich zum Abschiede winkte, nach den Häusern im Thale, deren weiße Gipfel zwischen bethauten Baumgruppen freundlich hervorschimmerten, und nach den Wäldern und Bergen ringsum, die dichter Nebel umflorte. Seine Mutter, seine Geschwister standen um ihn; auch sein bester Freund, der Lehrer, hatte ihm das Geleite gegeben. Alle hatten noch so viel auf dem Herzen, und doch konnte Niemand sprechen vor lauter Leid.

„Höre mich, Anton!“ mahnte zuletzt der Lehrer; „versprich mir, bevor du scheidest, zwei Punkte halten zu wollen, welche ich dir an's Herz lege, treu und unverbrüchlich. Es ist das der einzige Dank, den ich von dir verlange. Du kommst erstens nach Frankfurt, einer großen, reichen Stadt, worin die Katholiken ziemlich dünn gesäet sind und vereinzelt stehen. Es wird dir ein Leichtes sein, den Dom zu finden. Versäume nie an Sonn- und Feiertagen, wo deine Arbeit ruht, den Gottesdienst. Gehst du an Werktagen vorüber, so tritt auf Augenblicke hinein, mache deine gute Meinung und kümmere dich nicht um Spott und Hohn von Seiten deiner Umgebung. Du kommst zweitens in ein großes Geschäft. Sei ehrlich bis in's Kleinste, denn

treue Hand
geht durch's ganze Land.

Ueberlege Alles, bevor du handelst, und wo nur ein Schein des Ungerechten daran klebt, stoße es von dir um jeden Preis der Erde. So, die Hand darauf und jetzt lebe wohl! Macht's kurz, liebe Leute. Je länger Ihr Abschied nehmt, desto schwerer wird Euch Allen um's Herz."

„Leb' wohl, Anton!" rief die Mutter im Uebermaße ihres Schmerzes. „Bleibe treu deinem Glauben und denke an deinen Vater selig! — Der Herr sei dein Schutz und Schirm und die gebenedeite Jungfrau! — Leb' wohl!"

Noch einen Händedruck, noch einen Kuß, und sie schieden.

Im letzten Augenblicke hatte die Mutter dem kleinen Wanderer noch ein Andenken in die Hand gedrückt.

Mit freudigem Vertrauen ruhte sein Auge darauf, während er rüstig des Weges ging. Es war das kleine Madonnenbild, welches sie vor Kurzem aus dem Schiffbruche der Versteigerung gerettet. Dieses hatte ihm die fromme, besorgte Mutter mitgegeben als Geleitbrief, als Segen in die weite, weite Welt. —

II.

Fremde Leute.

„Sinkt der Stern: alleine wandern
Magst du bis an's End der Welt —
Bau du nur auf keinen Andern
Als auf Gott, der Treue hält."
J. v. Eichendorff.

Anton Maurer stand in dem Comptoir seines Principals. Bereits eine halbe Stunde erwartete er diesen und hatte dabei hinlänglich Muße, den Unterschied kennen zu lernen zwischen der prachtvollen Einrichtung, so ihn umgab, und den gewöhnlichen Comptoirstuben der Bediensteten. Man darf sich nämlich unter diesem Comptoir des Principals keine dämmerige, staubige Schreibstube denken mit himmelhohen Regalen, aufgethürmten Briefschaften und Rechnungsbüchern. Gerade das Gegentheil: ein helles, freundlich tapeziertes Gemach, breite, altdeutsche Bogenfenster mit buntfarbigen Gardinen, welche den eindringenden Sonnenstrahlen den Zutritt verwehren, schwellende Sopha's und Sessel, mit hochrothem Sammt überzogen, an den Wänden ringsum große Karten über alle Theile der Erde, dazwischen gute Oelgemälde und Spiegel in breiten, goldenen Rahmen und darunter ein Waschtischchen, ächt chinesisch ausgestattet, schwellende Teppiche und noch mancherlei zierliche Geräthschaften und Meubel von Palissander und Mahagoni. Das Alles glich eher einem Empfangszimmer, einem Salon, wenn nicht das große, altmodische Schreibpult in der Mitte, zum Stehen und Sitzen gleich bequem, reich verziert und verschnörkelt, mit seinen hundert und hundert Schieberchen, geheimen Fächern und Behältern an die Arbeit, an das Geschäft erinnert hätte.

„Guten Morgen, Herr Maurer!" grüßte freundlich der Principal bei seinem Eintritte und überflog rasch die eingelaufenen Geschäftsbriefe, die auf dem Pulte lagen. Mit einem Blicke fixirte er die Siegel, und schob sodann die einen gleichgültig bei Seite, andere aber wog er bedächtig zwischen den Fingern, als wolle er so deren Inhalt prüfen. „Ich habe Sie kommen lassen, Herr Maurer," fuhr er inzwischen fort, „um bezüglich Ihrer eigenen Person mehreres mit Ihnen abzumachen. Wir wollen, um kurz zu reden, einen neuen Contract abschließen, der, wie ich hoffe, für beide Theile günstige Resultate liefern soll. Alle die diversen, kleinen Haus- und Nebengeschäfte nämlich, welche Sie seither als jüngster Lehrling zu behändigen hatten und auch richtig behändigten, werden von morgen ab cessiren, und Sie dafür wichtigere und bedeutendere Posten übernehmen, die Ihnen mein Buchhalter einzeln notiren wird."

Anton, der sich bald in die Sitten und Manieren der Städter eingewöhnt hatte, verbeugte sich tief und wollte seinen Dank aussprechen; aber der Herr Principal machte eine leichte Handbewegung und fuhr fort:

„Sie wissen vielleicht, daß ich mit den Leistungen der beiden andern Lehrlinge, Reinganum und Pfeifer, nicht nur nicht zufrieden, sondern sogar höchst malcontent bin. Besonders dieser Reinganum, der seither die laufenden Geld- und Wechselgeschäfte am Platze zu effectuiren hatte, macht aus jedem Aus- und Geschäftsgang einen Wein- oder Kaffeegang, verliert so die Zeit und schadet dem Geschäfte. „„Time is money — Zeit ist Geld,"" sagen die Engländer und in Geschäftssachen sind bekanntlich diese Insulaner ganz gewichtige Factoren. Sie werden also von morgen an den Platz Ihres Collegen Reinganum acceptiren und dieser den Ihrigen. Bei der Spedition und im Comptoir bleiben Sie behufs Ihrer weiteren Ausbildung mit den seitherigen vollen Raten betheiligt, alle Nebengeschäfte jedoch haben zu cessiren, wie ich Ihnen bereits vorhin bemerkte."

„Ich werde keine Mühe scheuen," sprach Anton mit freudigem Danke, „um Ihr Vertrauen zu verdienen und mich der großen Güte, welche Sie mir erzeigen, würdig zu beweisen. Deßhalb bitte ich auch ganz ergebenst, mir die verschiedenen Geschäfte, denen ich seither vorstand, unverkürzt belassen zu wollen, da mir Zeit genug bleibt, dieselben zu fördern."

„Nein!" entschied der Kaufherr; „wie ich gesagt, so bleibt es. Ich verstehe schon, wo das hinaus will: Sie scheuen den Neid und die Mißgunst der beiden andern Herrn. Das ist keine Sache von Belang. In meinem Geschäfte bin ich Herr und treffe meine Dislocation ganz nach Gefallen, so oder so, Keinem zu viel, und Keinem zu wenig! Uebrigens nimmt diese Ihre neue Branche die volle Aufmerksamkeit und ganze Rechtlichkeit eines Mannes in Anspruch. Sie sind zwar erst zwei Monate im Geschäfte, allein ich nehme keinen Anstand, für Ihr seitheriges Verhalten mein Lob und meine vollste Anerkennung auszusprechen, was bei Lehrlingen von Jahr zu Jahr seltener vorkommt. Sorgen Sie nun dafür, daß diese meine gute Meinung nicht im Curse fällt, sondern von Tag zu Tag steigt."

Noch einmal sprach Anton seinen wärmsten Dank aus und entfernte sich.

Der neue Lehrling hatte sich trotz der kurzen Zeit in die ihm zugewiesenen Verrichtungen vortrefflich eingeschult; das mußten ihm selbst seine Feinde zugestehen. Anton's Lage war nämlich im Anfange nichts weniger, als beneidenswerth. Buchhalter und Commis, Lehrlinge und Markthelfer, selbst die Auslaufer und Hausknechte, kurz Alle machten sich über die schweren, nägelbesetzten Stiefel, über den langen, altmodischen Rock, die pudelnärrische Mütze und über die steifen Manieren des Jungen lustig. Zum Glücke besaß dieser Klugheit genug, sich wenig oder gar nichts darum zu kümmern. Er ließ seine Umgebung nach Herzenslust spötteln und lachen, achtete dafür auf jede vorkommende Arbeit, wie die älteren Herren sie angriffen und ordneten, fragte bescheiden, wo er zweifelte, nahm jede Belehrung, jede Einrede mit Freuden und Dank auf und schien in der prompten Besorgung ertheilter Aufträge unermüdlich. So mußte es denn bald kommen, daß der Spott allmälig verstummte und bei den Vorgesetzten in Anerkennung und Lob, bei den übrigen Dienstleuten dagegen in Achtung umschlug. Nur zwei Personen schlossen sich hartnäckig davon aus, die beiden andern Lehrlinge Reinganum und Pfeifer. Diese ließen ihren giftigen, mißgünstigen Spöttereien ungenirt die Zügel schießen und nahmen keinen Anstand, offene Feindschaft gegen den verhaßten „Landjunker" zu tragen, so lange sie nicht besorgen mußten, mit dem Herrn Principal, den beide gewaltig fürchteten, darüber in Collision und verdrießliche Händel zu gerathen. Was mochte wohl die stolzen Stadtherrn kränken, daß sie gegen den Neueingetretenen so einstimmig agirten? Nach ihrer Ansicht hatten die jungen Leutchen triftige Gründe und zwar mehr als einen.

Sogleich am ersten oder zweiten Tage machten die speculativen Köpfe dem unerfahrnen Neuling den Vorschlag, als Associé in ihr Geschäft einzutreten. Die Herren lebten nämlich gut, brauchten demnach viel Geld, und ihr Geschäft bezweckte allerlei Nebenverdienste, die den Vortheil des Herrn Principals und die Ehrlichkeit nicht sonderlich im Auge hatten. Anton durchschaute die Speculation, lehnte ernst und entschieden ab und drohte sogar mit Entdeckung, wenn er solche schlechte Streiche bemerken würde. Von diesem Augenblicke an war die Feindschaft gesäet; sie wucherte emsig fort und lieferte den Intriguanten von Tag zu Tag neue Steine des Anstoßes. Die drei Lehrlinge wohnten und schliefen neben einander in drei gesonderten Mansardenstübchen, die einem Jünglinge hinlänglich Raum und Bequemlichkeit boten. Anton bekam, vielleicht nicht ohne Absicht, das vordere Zimmer in Besitz, und die beiden Nachbarn mußten, um in die ihrigen zu gelangen, dieses passiren. Der arme Bursche fühlte sich wohler und behaglicher als ein Reichsgraf in seinem Stübchen und wünschte hundertmal am Abend, wenn er sein Nachtgebet gesprochen hatte und zur Ruhe ging, sein weiches, warmes Bettchen heim zur Mutter, zu den Geschwistern, die sich zu vier mit einem armseligen Strohsacke behelfen mußten. Die beiden Nachbarn schienen ihre Lager nicht in gleichem Grade amusant zu finden, denn sobald sich im Hause kein Laut mehr regte, standen sie auf, schlichen leise an Anton vorbei, zur Thüre hinaus, die Stiegen hinab, öffneten mit einem entwendeten Schlüssel das Hausthor und hinaus ging's zu lustigen Gesellschaften, wo zwei bis drei Stunden nach Mitternacht noch gesungen und gespielt, gejubelt und gekneipt wurde. Dann kehrten sie heim, taumelten die Treppe hinauf, pufften an die Thüre und Anton mußte öffnen. Der Wein hatte meistens in den wüsten Köpfen seine Schuldigkeit gethan, muthwillig wurden die Gränzen des Anstandes übersprungen, man höhnte und foppte den Siebenschläfer nach Herzenslust und selbst Schimpfreden flogen hin und her, bis einmal der kräftige Sohn des Waldes im bittersten Unmuthe von dem Rechte der Selbsthülfe Gebrauch machte. Er schleuderte die Nachtschwärmer Stück für Stück mit solcher Wucht kopfüber auf ihre Betten, daß die Rippen krachten und der Hohn in der Kehle stecken blieb. Dazu folgte als Dreingabe die bittere Erklärung: „Ich werde nie mehr die Thüre öffnen und wenn das ganze Haus zusammenlaufen sollte, denn der Herr-Principal kann mit diesen nächtlichen Ausflügen unmöglich einverstanden sein. Merkt's Euch ein- für allemal."

Die jungen Leute sahen sich durch den „dummen Bauernjungen" in ihrer Einnahme verkürzt und in ihrem Vergnügen gestört. Sie konnten ihren Grimm kaum mehr bemeistern. Jede Arbeit, jedes Zusammensein lieferte neue Funken zur alten Gluth, selbst das Essen nicht ausgenommen. Am Mittagstische gab es Suppe, Fleisch und Gemüs. Für Anton war das ein herrlicher, kräftiger Imbiß; er dachte oft dabei mit

Trauer an die lieben Seinen und an tausend und tausend arme Familien im Wald und auf dem Lande, die sich Jahr aus Jahr ein nach solchen Leckerbissen vergeblich sehnen. Die beiden Nachbarn dagegen zeigten wenig oder keinen Appetit. Sie hatten bereits um 10 Uhr ihren verdorbenen Mägen mit einer Flasche Wein und einem Gabelfrühstück aufgeholfen. Darauf konnte natürlich die einfache, kräftige Kost nicht mehr munden. Pfeifer ließ ruhig liegen, was er nicht mochte; Reinganum dagegen warf die schönsten Stücke Fleisch den Hunden hinab und schleuderte das Gemüs Brocken um Brocken mit der Gabel nach. Maurer sprach dagegen, Reinganum opponirte, es entstanden heftige Wortwechsel und Klagen; die Kluft ward immer weiter. Daß der Umtausch der Geschäfte von Seiten des Principals den Haß der erbitterten Stadtkinder nur noch steigerte, bedarf kaum der Erwähnung. „O Reinganum, du hast uns in eine schöne Patsche gesetzt!" murrte verdrießlich Pfeifer, einige Tage nach dem neuen Arrangement in dem langen, düstern Gewölbe, während draußen die Sonne ihre Strahlen hell und funkelnd über die Dächer und Straßen warf; „pfui, pfui! — diese häßliche, abscheuliche Arbeit! Wir dürfen jetzt den ganzen Tag wieder in diesem Loche stecken, Waaren sortiren, Ballen schieben und Staub schlucken. Ich danke bestens, Herr Collega! Prost die Mahlzeit!"

„Trage vielleicht ich die Schuld?" fragte dagegen Reinganum, dem das Weinen näher stand als das

Lachen, denn er hatte sich längst über diese Handlangerdienste erhaben geträumt und fühlte seinen Ehrgeiz auf's Tiefste verletzt.

„Nun, wer sonst? Warum hast du den Landjunker nicht in Ruhe gelassen? Wir zogen immer und immer den Kürzeren, und doch hast du stets wieder neue Händel angestiftet. Vor solchen Mistkäfern muß man sich hüten."

„Hinterher ist gut predigen und schmähen! Warum hast du deine Weisheit nicht früher ausgekramt? Verbinde dich doch mit dem edeln Herrn! Ich wenigstens und kein nobler Mann auf der ganzen Welt ist falschen Angebereien und perfiden Denunciationen gewachsen. Kann ich dazu, wenn dieser Bettelvogt das trockenste Stück Rindfleisch für Pasteten hält und mit Heißhunger verschlingt? Kann ich dazu, wenn der Junge die ganze Nacht wie ein Kalb schläft, unsere fidelen Ausflüge verschmäht und noch überdies seit einiger Zeit hartnäckig sich weigert, des Nachts seine Klosterzelle zu öffnen? Die herrlichen Nächte — sie sind verschwunden! — Uebrigens, mein Theuerster, trage nur auch an der Schuld mit! Ich muß deinem schwachen Gedächtnisse ein wenig aufhelfen. Wer hat denn unser flottes, rentables Geschäftchen, das ganz hübsche Procente abwarf, arrangirt und etablirt? Bekanntlich Herr Pfeifer junior et Comp. Wir luden den Vaganten zur vollen Theilnahme als Associé ein, und er? ... er schlug es ab, sage ich, rund ab, und die Speculanten dürfen sich vor Entdeckung hüten. Hab' ich Recht?"

„Leider — leider!“ seufzte Pfeifer und rollte mühsam einen schweren Ballen bei Seite. „Ich wollte gar nicht über die erbärmliche Arbeit klagen, wenn nur nicht jeder Verdienst abgeschnitten wäre. Wir dämmern und lungern in dieser Höhle, schwitzen und schanzen wie arme Sünder, und der Herr Maurer handthiert bei der Spedition, verkehrt mit den Flößern, Fuhr- und Schiffleuten und hält goldene Ernte. Ich will hundert gegen eins wetten, daß er wöchentlich mehr als drei Gulden eincassirt, während ich meine letzte Wocheneinnahme um dreißig Kreuzer verkaufe. Man muß nur sehen, wie er diese halbwilden Beförderungsmenschen honorirt und bekomplimentirt! Nicht um tausend Gulden vermöchte ich das! Es ist zu drollig, wenn der dienstfertige Packesel oft stundenlang in den Lagern herumkriecht, um ein verschobenes Gut zu suchen, und wie er mit wahrem Feuereifer darangeht und Rechnungen stellt, wenn diese Land- und Seeratten mit ihren dickbauchigen Brieftaschen kommen und eine Million Fetzen und Papierchen auskramen. Dafür aber . . .“ und der Sprecher ließ Daumen und Zeigfinger über einander gleiten, als zähle er Geld.

„Ei, ei, Freundchen,“ sagte Reinganum, „wie du doch ungeschickt plauderst! Weißt du denn nicht, daß Teufel und Kohlenbrenner alleweil die besten Freunde gewesen? Stecke ruhig dein Jammern auf und überlasse mir das Heulen und Zähneknirschen, comme il faut. Bedenke nur, daß mir die Platzgeschäfte jede Woche gut zwei Thaler trugen und das ist nunmehr Alles — pfutsch!“ rief der Lehrling und blies ärgerlich über die Fingerspitzen. „Wenn mich auch die diversen Herrn nicht leiden mochten — ich gab diesen Kunden nie viel aufzuheben, — so blieb ich doch fest stehen und wich nicht von der Stelle, bis man das übliche Douceur herausrückte. Diese Goldfüchse kugeln fortan alle in die weiten Taschen des Herrn Collega Habenichts und wir — wir blicken sehnsüchtig nach. Jetzt kann er erst Briefe schreiben und Gelder fortschicken!“

„Wie? — er schreibt Briefe? — wohin?“ rief in einem Zuge Pfeifer, nicht wenig neugierig, vielleicht etwas recht Interessantes zu erfahren. „Du hast doch eine feine Nase, Reinchen, und spionirst Alles aus.“

„Langsam, edler Freund, täusche dich nicht! Was du vermuthest, wird nicht eintreffen. Allerdings schreibt er Briefe ... jede Woche einen langen, ellenlangen Brief, wechselt dazu gewöhnlich zwei, manchmal sogar drei Guldennoten ein, petschirt seinen Schatz sorgfältig zu und läuft selbst damit auf die Post. Nun, was denkst du davon?“

„Piano, Freundchen, piano!“ mahnte der Andere mit pfiffiger Miene; „da steckt ein Geheimniß dahinter. Nur vorsichtig! Vielleicht können wir dem Heimtücker eine ordentliche Schlappe versetzen. Wir müssen nur auskundschaften, was und wohin ...“

„Schon geschehen!“ unterbrach Reinganum triumphirend den Sprecher; „ich kenne die Adresse dieser

Briefe und habe bei guter Gelegenheit selbst ein Stück ihres Inhalts erlauscht."

„Wie? — du weißt?" — rief Pfeifer frohlockend. „Herrlich, köstlich! Sprich — geschwind! — ich vergehe vor Ungeduld."

„Er schreibt frommes, läppisches Zeug," lautete die trockene Antwort, „und die Briefe sind sämmtlich falsch adressirt an einen Lehrer im Spessart. Vor ungefähr acht Tagen ward er plötzlich darüber abgerufen. Rasch stürzte ich an seinen Tisch und erhaschte folgende Zeilen:

„„Habt nur Muth und Vertrauen! Der Herr, welcher mit den himmlischen Heerschaaren über den Sternen thront, hat bis hierher geholfen und wird uns auch ferner beschützen. Um mich seid außer Sorge! Ich habe einen braven Herrn, tüchtige Arbeit, gute Kost und schönen Verdienst, trotzdem, daß ich nur Lehrling bin. Manche Tage verdiene ich mehr als der stärkste Taglöhner in unserem Dorfe, und wenn der liebe Gott mich gesund läßt, dürft Ihr jede Woche fest auf meine Zusendungen rechnen. Die Mutter soll nur ihre Gesundheit schonen, und braucht . . .""

„Er kehrte zurück und ich prellte auf meinen Sitz. Daraus nun läßt sich nichts machen, wie du einsehen wirst."

„Nein," bemerkte getäuscht und kleinlaut Pfeifer; „und ich glaube, daß sich gegen diesen verhexten Kraut=

junker überhaupt nichts machen läßt. Verlaß dich auf mich," setzte er flüsternd bei, „der Bursche treibt Sympathie und Zauberei und hält's mit Geistern und Gespenstern. In aller Frühe steht er auf, fällt auf die Knie nieder, macht Kreuze und küßt ein kleines Bildchen; dann rennt er fort in's katholische Bethaus, kommt nach einer halben Stunde zurück, schanzt und feilt den ganzen Tag wie besessen und steckt so mit einem Griffe die Ober- und Unterwelt, die Götter und den Principal in die Tasche. Laß ab — folge mir!"

„Noch ist Polen nicht verloren," prophezeite Reinganum und spielte den Kühnen, wiewohl ihm selbst ziemlich flau zu Muthe war. „Wir wollen erst sehen, wie der Ritter ohne Hut und Sporn sich bei den Geldgeschäften am Platze anläßt. Das ist kein Kinderspiel. Wenn er doch nur recht häufig zum Meister aller Grobheit, zum Futteral aller Flegelei, dem Cassier Flessa müßte! Dort hat schon manches Jüngelchen Credit und Courage verloren, und ich selbst mußte mehr als einmal tüchtig daraufzahlen. Ein alter Fuchs weiß sich zu helfen; aber sehen möchte ich doch, wie es bei einem solchen Falle mit der berühmten Ehrlichkeit dieses Schollenkönigs aussähe? O, ich wollte jubeln und jauchzen vor Lust, wenn ..."

Der Eintritt eines Commis, welcher Anton suchte, unterbrach das Zwiegespräch der hoffnungsvollen Jünglinge. Dieser ward sofort aus dem anstoßenden Theile des geräumigen Hauses herbeigerufen und eilte in's

Comptoir. „Hier, Herr Maurer," rief der Buchhalter schon von fern, „setzen Sie sogleich diese 1760 Gulden bei Herrn Reich und Comp. in Gold um, am liebsten in Ducaten. Cassier Flessa soll Sie sogleich fördern. Nur augenblicklich ... der Chef wartet darauf."

Anton überflog das Geld, packte es hastig in ein Säckchen und eilte davon. Sein Weg führte ihn am hohen Dom vorüber. Er machte einen guten Gedanken, zögerte einen Augenblick und eilte vorbei; vielleicht das erste Mal, seit er in Frankfurt weilte.

Je mehr sich der Jüngling dem Bankhause näherte, desto rascher kreiste das Blut in seinen Adern, desto höher und ängstlicher schlug sein Herz. Vier- bis fünfmal schon hatte er dort Geschäfte besorgt, und Cassier Flessa stand in den lebendigsten Farben vor seinem geistigen Auge. Dieser Mann genoß ein Renommé, wie nicht leicht ein Zweiter in der Stadt. Unbestritten zählte er zu den gewandtesten, tüchtigsten und gewichtigsten Geschäftsleuten am ganzen Platze. Der Courszettel mit all seinen Schwankungen, mit seinem Steigen und Fallen, wie er leibte und lebte, stand stets in seinem Kopfe. Rasch wie der Blitz schleuderte er Summen geringeren Kalibers auf den marmornen Zähltisch, ohne einen zweiten Blick darauf zu werfen, denn sie mußten stimmen; flüchtig wie ein Gedanke rechnete er die schwierigsten Aufgaben im Kopfe, wozu Andere Feder und Papier herbeischafften und bedächtig sich daran setzten; im Kennen der Münzen und Papiergeldsorten, welche in aller Herren Länder sich kreuzen, im Wechsel und Umtausch, im Kauf und Rückkauf, kurz in Soll und Haben suchte er seinen Meister. Aber wehe dem, der an den Geldtisch trat, unnöthige Fragen und Bemerkungen aufwarf, bedächtig die empfangenen Gelder nachrechnen und abzählen wollte, ohne an die Nachdrängenden zu denken, welche Platz suchten! Er mußte sich auf eine Fluth sonderbarer, unliebsamer Complimente gefaßt machen, die aus dem hitzigen Cassier herauskollerten. Wo Worte nicht reichten, ein Ruck! — und der schimmernde Haufen flog mitten in's Zimmer. So war Flessa ein Schreckensbild für alle Ausläufer, Lehrlinge und Commis und für die selbstständigen Kaufleute bald ein Gegenstand des Lobes oder Scherzes, bald der Verachtung, bald des Streites. Natürlich tauchten Klagen der Menge nach auf; aber Flessa diente dem Geschäfte seit fünfzehn Jahren treu und redlich, arbeitete für zwei und der Chef des Hauses lebte nach und nach der Ansicht, das könne einmal nicht anders sein.

Ein unerklärliches Bangen, ein leichtes Zittern überkam den Jüngling, als er die paar Stufen zum Wechselbureau hinaufstieg und in den kleinen, aber belebten Raum eintrat. An den Wänden treiben sich die unvermeidlichen Engländer mit den engen Carréhosen herum und studiren mit bewaffneten Augen die Börsenzettel, um ihre Papiere möglichst hoch dem Continent zu verkaufen. In der Mitte stehen gesonderte Gruppen von Geschäftsleuten beisammen, um wie an einer kleinen Börse mit den lebhaftesten Gesticulationen und leiser Stimme ihre Geschäfte zu verhandeln. Zwischen alle hindurch drängen sich leichtfüßige Comptoirzöglinge, erringen gewaltsam einen Platz am Zahltische und breiten einen ganzen Bündel Coupons aus, diese papiernen, kostbaren Geldfrüchte, welche sie zu Hause mit gewandter Scheere vom fruchtbringenden Stammcapital getrennt hatten. Daneben harren Pensionisten und Wittwen mit einem oder zwei Coupons in der Hand und pressen krampfhaft die kleinen Streifen zwischen die Finger. So sorgfältig das Geldblättchen das Jahr über im geheimsten Fächlein zwischen Familienpapieren, Geburts- und Todtenscheinen verwahrt wurde, so sehnsüchtig wird sein Verfalltag herbeigewünscht, denn es bildet einen wichtigen Posten im Familienbudget. Endlich fällt mit vor Aufregung zitternder Hand der Todesschnitt und der Cassier muß klingende Münze dafür zahlen, wenn er auch wenige Procente für die fehlenden Tage abziehen sollte. Allüberall lauschen und schachern Juden, unermüdlich im Anbieten, im Feilschen. Wer ab- und zugeht, wird gemustert; mit Kennerblick wählen sie ihre ergiebigsten Kunden aus, verarmte Leute, welche die Noth zum Veräußern zwingt, und mißrathene Söhnlein, welche das väterliche Erbe unter die Leute bringen.

Eilfertig drängt sich Anton durch die Coupons- und Geldschaar, hebt hoch seinen Sack über das Haupt empor und sucht mit lauter Stimme die Andern zu überbieten. „Herr Cassier! ich bitte für 1760 Gulden um Gold, wenn möglich Ducaten, für W. et Comp. Bitte recht sehr: mein Herr Principal wartet darauf." Keine Antwort! — noch einmal und noch lauter ruft der Lehrling seine Bitte.

„Soll nur warten! — Wer Zeit zum Warten findet, kommt überall durch," brummt mißmuthig der Wechsler und fährt fort zu zählen. „Nun," herrscht er die nächste Secunde herüber, „werden Sie bald aufzählen oder nicht? Brauchen Sie vielleicht einen Bedienten? Erst hat die Geschichte Eile über Eile, jetzt steht der gnädige Herr Lehrling da, hält fünf müßige Finger an jeder Hand und macht Augenparade. Soll ich vielleicht auch warten, he?" —

Eine Minute später liegt das Geld aufgezählt, der Cassier überfliegt es mit den Augen, fegt mit einem Striche die Marmorplatte rein, und die einzelnen Geldsorten kutschieren klingend und klappernd in die verschiedenen Behälter. Ducaten stehen 5 fl. 33 kr., 1760 Gulden macht 317 Ducaten. Und noch während er spricht, stürzt er mit beiden Händen das Gold auf den Tisch und wirft einige Silbermünzen als Ausgleichung dazu. „So! — richtig! Vorwärts!" mahnt er ungeduldig, weil bereits andere Personen nachdrängen und auf Abfertigung harren. „Wird's bald? Nachzählen, einpacken, abräumen — flüchtig! Hat denn Ihr Principal keinen langweiligern Patron im ganzen Geschäfte? Ihr Schulmeister soll Ihnen keck das Lehrgeld für's Rechnen zurückzahlen, dann fangen Sie vorn an, verstanden? Vorwärts oder ..." Die Stimme brüllt, der Fuß stampft, die Faust gibt dem Tisch einen mächtigen Stoß, die letzten Ducaten rollen und kollern mit hellem Klang auf den Boden und der Lehrling stürzt ängstlich hintendrein, um keinen zu verlieren.

Der Jüngling athmete tief auf, als er wieder auf der Straße stand, und wischte sich die hellen Schweißtropfen von der Stirne. Eilig suchte er den Heimweg und überbrachte das Geld. Der Buchhalter controllirte, rechnete und rechnete wieder, — es wollte nicht stimmen. „Herr Maurer," fragte er endlich, „haben Sie denn das Geld nachgezählt? Nach meiner Rechnung fehlen vier Ducaten. Wie viel Stück bekamen Sie?"

„Ich habe 317 Stück Ducaten ohne das Silber erhalten; so viel rechnete Cassier Flessa aus und so viel sollen es auch sein. Er warf das Geld auf den Tisch, schimpfte, tobte und wüthete — ich zählte rasch nach, so gut als nur immer möglich; beim letzten Hundert aber stieß er das Geld hinweg, einige Goldstücke flogen auf den Boden, und ich mußte nur sorgen, daß keines verschwand." Mit diesen Worten stülpte Anton den Geldsack um — er war leer; er zählte das Geld selbst nach — es fehlten vier Ducaten.

„Immer und ewig die alte, brutale Geschichte mit diesem Menschen," bemerkte der Buchhalter und schob das Geld zusammen.

„Ich will dieses dem Herrn Principal einstweilen [illegible]liefern; eilen Sie sogleich zurück, melden Sie den

Abgang mit der Erklärung, daß ich den Betrag doppelt nachgezählt habe. Gehen Sie nur sogleich! Einen Gulden wollte ich doch darum geben, wenn wir mit diesem unbändigen Wildfang nichts mehr zu schaffen hätten."

Anton eilte auf das Wechselbureau zurück und betrat mit Bangen und Schrecken zum zweiten Male den gefürchteten Platz. Die Leute hatten sich ein wenig verlaufen und er konnte ungehindert an den Zahltisch treten. „Herr Cassier," hub er schüchtern an, „das Geld war nicht richtig. Sie haben mir vier Ducaten zu wenig gegeben. Der Herr Buchhalter hat es wiederholt nachgezählt: es fehlen vier Stück."

„Was? — fehlen? —" fuhr dieser wild auf, kaum fähig, einen Ausbruch ungezähmter Wuth zu unterdrücken. „Das Geld wurde Ihnen vorgezählt und hat gestimmt. Der Herr Buchhalter kann nachrechnen, so lange er Lust hat. Sie haben den Betrag gewechselt und Sie hatten zu zählen. Verstanden? — Wenn Sie das nicht können, so bleiben Sie zu Hause."

„Ich kann zählen," versetzte der Lehrling etwas beherzter, „aber Sie schleuderten mir die Goldstücke auf den Boden. Noch einen Augenblick, und ich hätte das Versehen sicher entdeckt."

„Wie?" tobte der Cassier, während seine Augen vor Wuth funkelten, der kurze Hals sichtlich anschwoll und alle Glieder fieberhaft zitterten; „wie? — mir möchten Sie die Schuld aufbürden? Glauben Sie, ich kann Stunden lang warten, bis jeder Gelbschnabel ausgedoctert hat? Solche Landjunker, die außer Kreuzern und Pfennigen keine andere Münzsorte kennen, sollen daheim bleiben, hinter dem Dungkarren hertraben und Schweine hüten, aber nicht als Lehrlinge in großen Handlungshäusern serviren wollen. Da heißt's: die Augen auf oder den Geldbeutel! Comprenez-vous?"

„Halten Sie gefälligst Cassasturz," bat der Lehrling ernst und ruhig, ohne auf die Beleidigungen zu achten, „und die Differenz wird sich ohne Zweifel zeigen. Es muß sich finden!"

„So, so!" höhnte der herzlose Wechsler, „es muß sich finden? Der Bursche hält meine Casse für ein Portemonaie, das man jede Minute dreißigmal öffnet, umstürzt, zählt, wieder füllt und zupatscht — ganz nach Belieben. Nur keine unnöthige Hoffnung! Die Augen auf oder den Geldbeutel! Ich sage Ihnen, daß kein Kreuzer zurückgegeben wird und wenn sich tausend Thaler Ueberschuß fänden. Was einmal in der Casse ist, bleibt unwiderruflich darin und was draußen ist, verlange ich nie mehr zurück. Abgemacht ist abgemacht. Merken Sie sich's fein: die Augen auf oder die Börse! Ihr Geld stimmte, und damit Punktum — ein für allemal — Punktum!"

„Das Geld war nicht richtig," entgegnete Anton bestimmt, „sonst könnten keine vier Stücke fehlen. Beim Herabfallen konnte keines verloren gehen, ich schnürte hier im Zimmer meinen Sack fest zu und überlieferte ihn zu Hause in demselben Zustande prompt und sicher. Ich bitte nochmals: stürzen Sie Ihre Casse! Ich bin arm und kann unschuldiger Weise ein solches Deficit nicht ersetzen."

„Gerade weil Sie arm sind," versetzte der Cassier mit einem teuflischen Blicke, „konnten Sie wahrscheinlich so ein paar Goldfüchse recht nothwendig brauchen. Ersetzen Sie nur ..."

„Still!" donnerte der Lehrling über den Zahltisch und, die Gestalt gehoben, die Wangen todtenbleich, das Auge düster glühend, streckte er beide Hände wie zur Abwehr des schweren Verdachtes dem Frevler entgegen, der rücksichtslos sein bestes Gut und Erbe, die Ehrlichkeit, seinen guten Namen mit Füßen getreten. „Vergessen Sie Sich nicht, Herr Cassier," rief der Jüngling mit vor Erregung zitternder Stimme, „ich bin arm, doch ehrlich, und habe nie einen Heller veruntreut. Ich aber kenne Leute, die in roher Brutalität offenes Unrecht begehen, fremdes Gut gegen Recht und Gewissen zurückhalten und um kein Haar höher stehen, als Gauner und Betrüger."

Anton entfernte sich, um weiteren Scandal zu verhüten, und nahm tiefes Weh, einen stechenden Schmerz mit fort. Die reine Blüthe war befleckt, mit dem Gifte des Argwohns besudelt, das frohe Bewußtsein geknickt. Flüche und Scheltworte hallten ihm aus dem Bureau nach und gaben ihm das Geleite.

Der Lehrling eilte nach Hause und berichtete dort

seinem Principal unumwunden den ganzen Vorgang. Dem Berichte folgte ein halblautes, zweifelhaftes „hm, hm!“ und ein stechender, durchdringender Blick, der sich wie ein Pfeil in die Augen, in das Herz des Erzählers zu bohren suchte. O, der arme Jüngling ahnte die Bedeutung dieses Blickes, wenn auch sein Herr ihm keine Worte lieh, und begegnete demselben gleich fest. „Daß Cassier Flessa das Geld vom Tische schob,“ sprach endlich der Chef, „ist und bleibt unrecht; daß er sich weigerte, Cassasturz zu halten, desgleichen, und ich werde hierüber mit dem Principal des Geschäftes allen Ernstes Rücksprache nehmen; daß aber Cassier Flessa sich verzählt haben soll, klingt mir unwahrscheinlich. Auf jeden Fall war es Ihre Pflicht als acceptirender Theil, den gezogenen Posten am Platze selbst nachzucontrolliren. Sobald Sie das Bureau verlassen, verlieren Sie alles Recht. Ueberhaupt sind mir solche Auftritte äußerst unangenehm, und ich wünsche unbedingt, daß dieses der erste und auch der letzte Fall der Art gewesen sein möge. Sie haben 1760 Gulden in Silber erhalten und werden so viel an Gold abliefern. Ich kann davon der Ordnung halber nicht abgehen.“

„Ich wollte mir den dreifachen Betrag abkargen,“ versicherte Anton, kaum fähig, die perlenden Thränen zu bannen, „wenn dieser furchtbare, schwarze Verdacht nicht auf mir lasten würde. Cassier Flessa wird nicht nachzählen, und so muß ich für alle Zeiten gebrandmarkt herumgehen. Nein, Gott ist gerecht: es wird, es muß sich noch finden."

Der Principal verbeugte sich zum Abschiede, und Anton verließ das Comptoir. Beim Heraustritte leuchteten ihm die schadenfrohen Gesichter Pfeifers und Reinganums entgegen, und ihr widerliches, spöttisches Lachen verfolgte ihn von Zimmer zu Zimmer. —

III.

Ehrlich währt.

Gar viel hab' ich versucht, gekämpft, ertragen;
Das ist der tiefen Sehnsucht Lebenslauf,
Daß brünstig sie an jeden Fels muß schlagen,
Ob sich des Lichtes Gnadenthür thät auf,
Wie ein verschütt'ter Bergmann in den Klüften,
Heraus sich hauet zu den heitern Lüften.

J. v. Eichendorff.

Wir dürfen gut sechs Wochen in unserer Erzählung vorwärts eilen. Wozu auch den verkannten Jüngling in dieser düstern, unheilschwangeren Zeit begleiten, die zu dem Schlimmsten zählt, was die Falten seines Gedächtnisses bergen, und heute noch, wenn der Gedanke in die Vergangenheit zurückschweift, darin schmerzlich nachzittert. Von dem verhängnißvollen Tage an schlug das Benehmen des Principals gegen Anton, das sonst so freundlich, so herablassend gewesen, vollständig um:

er wurde ernst, streng, mißtrauisch. Mancher schöne Auftrag, der dem Abgesandten Ehre, Freude und Gewinn eintrug, wurde ihm absichtlich entzogen, er mochte die Kränkung noch so tief, noch so schmerzlich empfinden. Und das Beispiel des Chefs in einem solchen Geschäfte tönt fort und fort im ganzen Personal, vom ersten Buchhalter bis zum letzten Ausläufer, schlägt rasch wie ein electrischer Funke gleiche Saiten an und entzündet gleiches Gebaren nach allen Richtungen. Die Buchhalter und Commis zogen sich schroff von dem verfehmten Lehrlinge zurück, behandelten ihn barsch und rügten jedes, selbst das geringste Versehen scharf und rücksichtslos. Die beiden andern Lehrlinge Reinganum und Pfeifer förderten aus dem dunkeln Schachte ihrer Herzen eine enorme Erfindungskraft für Tücke jeder Art an's Licht und zeigten eine bewunderungswerthe Virtuosität, den verhaßten Nebenbuhler täglich auf's Neue und noch bitterer zu höhnen, auf's Neue zu quälen und zu verdächtigen. Sie konnten ungestraft agiren, denn Anton stand wehr- und schutzlos da. Er hatte ja die fehlenden vier Ducaten ersetzen müssen und hatte auch den Abgang ersetzt, galt also für verurtheilt, für schuldig in bester Form, und gegen ein solches Urtheil existirt auf Erden wenigstens keine Appellation.

Maurer mußte das Deficit decken. Er sah ein, daß jede Widerrede, jedes Betheuern fruchtlos verhallen und er dem einflußreichen, mächtigen Cassier gegenüber unbedingt jede Klage verlieren würde. Er wollte sein Unheil nicht noch vermehren; Ersatz mußte geschafft werden, — aber womit? Dem Chef die fehlende Summe in Fristen heimzahlen, wollte und durfte er nicht, denn jeder neue Zahlungstermin hätte die kaum vernarbte Wunde frisch aufgerissen und neuen Stoff zum Tadel geboten. Nach langem Hin- und Hersinnen wandte er sich, es mochte auch noch so schwer fallen, an einen älteren Commis, der in demselben Hause servirte und ihm für manche Gefälligkeit verbunden war. Der Mann zauderte, zog die Schultern in die Höhe, machte bedenkliche Mienen und — suchte eine Ausrede. Neues Flehen, neue Versicherungen! Endlich ließ er sich bereit finden, zweiundzwanzig Gulden aus seinem Salair abzutreten unter der ausdrücklichen Bedingung, daß Maurer jeden Kreuzer seiner Nebeneinnahme sofort zur Heimzahlung des Darlehens verwenden müsse. Die Noth bricht Eisen. Der Bedrängte gestand Alles zu, wenn auch sein Herz blutete bei dem Gedanken an die lieben Seinen, die jetzt lange, lange Wochen vergeblich auf seine Zuschüsse warten durften, wenn auch sein Geist zitterte und bebte vor den mancherlei schweren Verpflichtungen, die mit einem Schlage wie Eisenschrauben sein Dasein umklammerten.

So standen die Dinge und hatten trotz der sechswöchentlichen Dauer noch nicht an ihrer Trostlosigkeit verloren. Es läßt sich denken, daß Anton tagtäglich seine Augen, sein Herz zu dem einzigen Richter erhob, der hier noch Recht schaffen konnte, zu dem lieben Gott im Himmel. In aller Frühe sprang er auf und eilte in den Dom, um sich Muth und Stärke für die Leiden des Tages zu erflehen. Führte ihn am Tage sein Weg vorüber, so trat er gewiß in das alte, ehrwürdige Gotteshaus und sprach ein kurzes, andächtiges Gebet. Und am Abende, wenn die Nacht längst ihre dichten Schatten niedergesenkt und der Mond neugierig in das Mansardenstübchen hineinlugte, als suche er einen Begleiter auf seinen Wandergängen, kniete der Lehrling noch vor seinem Bette und flehte aus tiefstem Herzensgrunde — nicht um Glück, nicht um Geld noch Reichthum, sondern um die Rettung seines ehrlichen, unbescholtenen Namens. „Lieber Vater," rief er mehr als einmal im Uebermaße des Schmerzes, „erbarme dich! Wenn es dein heiligster Wille ist, so nimm die drückende Schande weg, die auf mir lastet. Nichts verzeiht der Geschäftsmann schwerer als Untreue, und ich werde die Stelle verlieren, welche mich und die Meinigen seit Monaten erhält. Erbarme dich, allgütiger Vater; doch nicht mein, sondern dein Wille geschehe!"

So oft ein Dienstag nahte, eilte der Lehrling mit doppelt freudigem Muthe zur Kirche und wandte sich vertrauensvoll zu seinem Namenspatron, dem heiligen Antonius. Er ist ja ein so mächtiger, werkthätiger Fürbitter am Throne des Allerhöchsten in jeder Noth, und schon Tausende haben dies in den bittersten Leidensstunden erprobt. Auch heute finden wir ihn dort.

Die heilige Messe ist längst vorüber und noch immer kniet er am Fuße des Altars. Nur mit großer Mühe kann er sich endlich von der hehren Stätte göttlichen Schutzes trennen, denn düstere Ahnungen umweben seinen Geist, als sollten die schwersten Prüfungsstunden erst noch über ihn hereinbrechen. Endlich steht er auf, erhebt noch einmal das thränenumflorte Auge bittend zu dem Bilde des Gekreuzigten, zu seinem heiligen Namenspatron und eilt hinweg.

Bei seiner Rückkunft hört er schon von ferne Reinganum und Pfeifer in seinem Stübchen mit einem Fremden verhandeln und mitunter laut und gellend auflachen. Sobald er öffnet, tritt ihm ein Herr entgegen und überreicht ihm süßlächelnd ein Blatt Papier. Täuschen wir uns nicht! Es ist eine Rechnung, nichts mehr und nichts weniger. „Wir werden über die Sache sprechen," bemerkte Anton, mühsam nach Fassung ringend, „sobald diese Herrn mein Zimmer verlassen haben."

„Bitte recht sehr, Herr Banquier," erwidert Reinganum und macht eine tiefe Verbeugung, „wir wollen Sie in Ihren Wechsel- und Geldgeschäften durchaus nicht stören und werden sogleich die Börse räumen."

„Ja wohl!" spottet Pfeifer, während beide abziehen, „nur scheint mir, die Geschäfte wandeln im Zeichen des Krebses und schreiten rückwärts statt vorwärts. Gute Verrichtung!"

„Ich hatte so eben die Ehre," bemerkte der Frankfurter Schuhmachermeister, denn ein solcher war der feingekleidete Herr, „Ihnen für mehrere Fußbekleidungsgegenstände, die in meiner Fabrik theils neugefertigt, theils reparirt wurden, einen Conto von neun Gulden zu überreichen, und erlaube mir Ihrem eigenen Versprechen gemäß um gefällige Berichtigung dieser Kleinigkeit zu bitten."

„Für den Augenblick ist mir das mit dem besten Willen unmöglich," erklärte verlegen der Lehrling. „Ich mußte die Stiefel für meine Ausgänge haben und weiß wohl, daß ich in zwei Raten pünktlich zu zahlen versprach. Mein Wort ist gebrochen — nicht durch meine Schuld. Ein Ersatz, der unschuldig mich getroffen, hat seit sechs Wochen meinen ganzen Verdienst aufgezehrt und wird ihn weitere 14 Tage verschlingen. Gedulden Sie Sich noch bis dahin! Ich werde sodann unverweilt und pünklich ..."

„Ja!" meinte der edle Handwerksmann gedehnt, „das sind Worte, recht schöne Worte, doch klingende Münze wäre mir lieber. Die beiden Herrn, welche so eben hinaus gingen, haben mir bereits von Ihrem Malheur mehr erzählt, als ich wünschte; aber wie dann, wenn Sie vielleicht nach vierzehn Tagen nicht mehr in diesem Geschäfte serviren? Wie dann?"

Mehr als überrascht wich Anton einen Schritt zurück und preßte die Hand auf das stürmende Herz. Seine Verfolger hatten wacker vorgearbeitet. „Auch dann," stieß er endlich mühsam hervor, „werde ich ehrlich bezahlen. Glauben Sie diesen Leuten nicht! Sie erhalten Ihr Geld, so wahr Gott im Himmel thront, und sollte ich es mit der Hände Arbeit im sauern Taglohn erringen müssen."

„Gut!" meinte der Bekleidungskünstler, gerührt von der ernsten, reinen Absicht, welche unzweideutig aus diesen Worten sprach und ihm bei seinen Kunden so selten aufstieß; „gut, vierzehn Tage ist keine Zeit. Ich habe Kunden, die Jahre lang borgen; dafür kenne ich diese Leute und weiß, daß einmal Zahlung erfolgt, oder ich empfange ein vollgiltiges Pfand. Sie aber können mich nicht einmal versichern, daß Sie nach zwei Wochen noch an Ihrem Platze sind. Ich lese das auf Ihrem Gesichte. Was dann, wenn Sie keine andere Arbeit bekommen?"

„Ich kann kein Pfand geben," versicherte kleinmüthig der Lehrling, „weil ich nichts besitze; mein Wort hat weder Klang noch Werth, weil die Noth es brach; meinen ehrlichen, festen Willen, Sie um jeden Preis zu zahlen, verschmähen Sie. Was dann? ... Waren Sie denn," fuhr er nach kurzem Bedenken, wie von einem guten Gedanken beseelt, beherzter fort, „waren Sie nie in der Fremde? Standen Sie niemals arm, einsam, verlassen, verhöhnt und gedrängt mitten unter lauter fremden Leuten? Wenn je, so erinnern Sie Sich dieser Stunden, gedenken Sie der edeln Männer, die dort Ihnen halfen, und thun Sie jetzt aus Rücksicht ein Gleiches mit mir."

„Wohlan denn!" entschied sich der Meister und ließ seine Zweifel fallen. „Ihr offenes Auge wird mich nicht täuschen. Nach zwei Wochen beginnt Ihre Zahlung, wie Sie können, in großen oder kleinen Raten, und empfehle ich mich alsdann zu Ihren weitern Diensten. Sollten Sie aber Ihr Wort nicht halten, so werden Sie mir nicht verübeln, wenn ich zu Ihrem Herrn Principal gehe und allen Ernstes auf Zahlung bringe."

Der Lehrling erneuerte sein Versprechen und geleitete den Meister bis zum Hausthore, um weiteren Hetzereien vorzubeugen. Sodann eilte er in das Comptoir.

Der einzige und erste Mann, welcher ihm hier entgegentrat, war sein Gläubiger. „Ach, Sie kommen mir wie gerufen, Herr Maurer; ich warte schon eine gute halbe Stunde auf Sie." So lautete die Begrüßung, ohne eines guten Morgens zu gedenken, oder den schüchternen Gruß des Lehrlings zu erwidern. „Wäre es Ihnen denn nicht möglich, mir den kleinen Rückstand von acht Gulden vollends heimzuzahlen? Heute geschähe mir wirklich ein Gefallen damit."

„Ich habe nichts, gar nichts!" entgegnete Anton außer aller Fassung und hielt die leeren Hände hin. „Seit sechs Wochen liefere ich jeden Kreuzer an Sie ab, den ich einnehme, und werde so pünklich fortfahren, bis meine Schuld getilgt ist. Mehr kann ich nicht leisten."

„Ich glaube das. Würde ich übrigens geahnt haben, daß die Sache sich so lange hinziehen könnte, so hätte ich nie und nimmer eingewilligt. Bedenken Sie nur selbst: seit drei oder vier Tagen haben Sie keinen Heller mehr heimgezahlt.“

„Ich habe nichts eingenommen. Das ganze Haus, die ganze Welt hat sich gegen mich verbunden. Man entzieht mir rücksichtslos die bessern Gänge, und ich bin jetzt tausendmal schlimmer daran, als in den ersten Tagen meines Hierseins.“

„Ich begreife aber auch nicht — nehmen Sie es mir nicht übel — wie Sie die ganze Geschichte so tölpelhaft anfangen konnten. Bei solchen Fällen gibt's nur einen Weg: ersetzen, ohne ein Wort zu verlieren, und sich auf einer andern Seite revangiren. Man muß doch ein bischen Tact und Weltläufigkeit haben! Sie schlugen ein großes Geschrei auf, appellirten mit Ihrer Ehrlichkeit an Gott und die Welt und — mußten doch zahlen. Der Schwache unterliegt immer. Das ist sein Erbtheil und wird es bleiben. Ihr College Reinganum mußte vielleicht schon zwanzigmal ersetzen. Er verlor kein Wort darüber und wußte sich zu helfen.“

„Mit Reinganum und Pfeifer kann ich nicht gehen,“ bemerkte entschieden der Lehrling.

„Ich fordere Sie auch nicht dazu auf,“ erwiderte verdrießlich der Commis. „Das sind Ansichten. Uebrigens wäre es mir sehr erwünscht, wenn Sie während des Tages die kleine Summe beschaffen könnten.“

Der Eintritt mehrerer Personen unterbrach das Gespräch und Anton ging langsamen Schrittes an die Arbeit. O, eine Schnecke hätte heute die Feder gerade so schnell geführt und jede Maschine das Geschäft nicht weniger mechanisch gefördert! Wie auch anders? Der Geist des sonst so wackern Arbeiters schweifte weit, weit in der Fremde herum, schmiedete tausend Pläne und verwarf sie wieder, denn allüberall stieß er auf dasselbe Grundübel, den Mangel an Metall, an klingender Münze.

Der Jüngling glaubte den Becher der Widerwärtigkeiten bis auf die Hefe geleert zu haben. Er täuschte sich sehr. Wo einmal die Noth hereinbricht, kommt sie mit zahlreichem Gefolge und stürmt mit hundert und hundert Aliirten auf den armen Erdensohn los. Wehe dann, wenn das Herz nicht festgläubig dasteht und im Vertrauen auf Gott seine Stütze sucht.

Gegen elf Uhr trat der Briefbote ein und überbrachte außer vielen Geschäftsdepeschen auch ein Briefchen an Anton Maurer. Es war die Hand und das Siegel seines Wohlthäters, des Lehrers. Hastig erbrach er das Schreiben und las folgende Zeilen:

„Lieber Anton!

Ich ergreife die Feder, weil wir schon lange [illegible]geblich auf einige Zeilen von Dir warten. Du [illegible]ast deiner braven Mutter seit sechs Wochen nur zweimal und seit drei Wochen gar nicht mehr geschrieben. Dein letzter Brief war so kurz, so abgerissen und verworren, daß das Mutterauge zwischen den Zeilen Unglück las. Ein Mutterherz fühlt und ahnt klarer und deutlicher für sein Kind als jedes andere Geschöpf. Was ist mit Dir? Bist Du krank, so bitte Gott und seine gnadenreiche Mutter um Beistand, laß einen Andern schreiben und wir werden alle nach Kräften helfen. Hast Du keinen Verdienst, so stelle deine Zuschüsse auch fernerhin ein. Deine Mutter und Deine Geschwister wollen sich recht gern behelfen und mit tausend Freuden ihren kargen Verdienst mit Dir theilen. Wandelst Du auf schlimmen Wegen, o so kehre pfeilschnell um! Der liebe Gott nimmt jeden Augenblick verirrte Schäflein liebreich wieder auf. Bist Du sonst unglücklich, vielleicht ohne Verschulden, so baue auf den allgewaltigen Herrn, der die Meere glättet und den Winden gebietet! Nur schreibe! Deine arme Mutter hat sich seit Wochen abgehärmt, gekümmert und geweint und ist nun ernstlich krank. Schreibe offen, wie es steht! Wenige Zeilen werden die Leidende mehr beruhigen, als jede Medizin.

Ich durfte Dich als Schüler nie zum zweiten Male mahnen. Möge es auch hier der Fall sein!

In aller Liebe und Freundschaft

Dein Lehrer M. W.

Anton schob den Brief in seine Brust, ließ das Haupt auf seine Hand sinken und bald brach Thräne um Thräne sich Bahn über die bleiche Wange, auf das voluminöse Lagerbuch. Er hatte von Stunde zu Stunde gezögert, um die Seinen nicht zu betrüben, und jetzt war die Mutter, sein theuerstes, sein kostbarstes Kleinod auf Erden, krank — krank durch sein Verschulden. O wie wohlthuend hallten in diesem Augenblicke die Worte des Lehrers wieder im gebeugtem Herzen des Jünglings! Er hatte ja seine Lage erkannt, leidend ohne Schuld, und mit wenigen Worten den einzigen, den besten Trost gegeben. An diesen Trost klammerte sich Anton mitten im tosenden Sturme, der die junge Blüthe zu knicken drohte, und ließ sein Gottvertrauen nicht sinken. Der Jüngling dachte nicht mehr an die Arbeit. Sein Geist weilte in der Heimath, am Krankenbette der Mutter, und ließ ihn weit Schlimmeres ahnen, als der Brief meldete. Die Stimme des eintretenden Principals schreckte ihn empor aus dem starren Hinbrüten. „Ist Herr Reinganum noch hier?“ —

„Nein!“ —

„Herr Pfeifer auch nicht?“ —

„Nein!“ —

„Gut, dann können Sie, Herr Maurer, das Geschäft übernehmen. Cassiren Sie diesen Wechsel von 1230 preußischen Thalern, wo möglich in Scheinen, bei Reich et Comp. über die Mittagszeit ein. Zwischen drei und vier Uhr bedarf ich die Summe.“

Der Kaufherr trat zurück, und der Lehrling verbeugte sich.

Eine gute Stunde später sehen wir Anton aus dem Dome treten, wo er im Vorbeigehen für einige Augenblicke eingesprochen. Wir staunen nicht wenig: das Auge blickt klar und beruhigt, ich möchte sagen, heiter drein, als habe seit Wochen kein trübes Wölkchen die jugendliche Stirne umdüstert. Man sollte glauben, der Jüngling habe am Born der Vergessenheit getrunken und denke nicht mehr an die Dränger, nicht mehr an Mutter und Geschwister. Oder hat etwa das kurze, herzinnige Gebet, das er an geheiligter Stätte gesprochen, seine gekränkte Ehre wieder hergestellt und mit unsichtbarer Münze den herben Verlust, der ihm seit Wochen die Ruhe raubt, drei- und vierfach ersetzt? Wir erhalten keinen Bescheid, denn er eilt freien Blickes und behenden Schrittes durch Gassen und Gäßchen nach dem Bankhause, um seinen Auftrag zu vollziehen. Wer sollte wohl jetzt, nachdem Wochen verflossen und die Gemüther beschwichtigt sind, Anstand nehmen, zwischen dem Cassier und Lehrling zu entscheiden, wenn er das Gebaren beider betrachtet? Gelassen und mit freundlichem Gruße tritt Letzterer an den Zähltisch, präsentirt den verfallenen Wechsel und setzt, wie ihm befohlen, bei: „Der Herr Principal wünschen, wo möglich, preußische Cassenscheine."

„Hm, hm!" brummt der Cassier, reißt, ohne aufzublicken, den Wechsel von der Marmorplatte hinweg, stürmt damit an seinen Pult, schlägt Schieber und Behälter auf und zu und schimpft und raisonirt in

Einem fort in den Bart hinein, Niemand weiß worüber und warum? Dann rumort und klappert er von Fach zu Fach in der Casse, ordnet an einem Nebentische die Scheine und zählt und berechnet sie doppelt. Bei Allem aber vermeidet er es ängstlich, dem ernsten, vorwurfsvollen Blicke des Jünglings zu begegnen, der verwundert diesem Treiben zusieht. „Hier!" ruft er endlich und schleudert das Packet Scheine auf den Zähltisch; „doppelt gezählt und richtig. Controlliren Sie nach, denn ich ersetze niemals, so wenig ich etwas zurückverlange!"

„Gut!" bemerkt der Lehrling und beginnt die Revision.

In diesem Augenblicke naht sich von außen ein wildes, verworrenes Getöse, ein Stampfen, Schieben und Stoßen, ein Rufen, Summen und Lärmen, als wenn ein Chor von hundert Männern und Frauen, Knaben und Mädchen im entfesselten Reigen durcheinander stürmten und um die Wette schrien, jauchzten und heulten. „Bankerott — Bankerott! — Er ist entflohen! — Alles, Alles verloren — eine halbe Million!" ächzt ein heiserer Ruf über Alle hinweg und man denkt sich unwillkürlich als Begleitung zu dieser gepreßten, kläglichen Stimme ein paar Hände, die in Verzweiflung die Haare zerraufen. Die Thüre springt auf und herein stürmt der bunte Knäuel, dichter und immer dichter, bis nicht eine Mücke mehr auf dem Boden Platz findet. „Still, ruhig!" rufen Alle zu gleicher Zeit. „Berathung — still!" — Jeder schreit nach Ruhe, jeder hat verloren und keiner kann sich fassen. Ei, ei, was doch ein halbes Milliönchen bei diesen jüdischen Speculanten und christlichen Juden nicht Alles vermag! Mit einem Schlage wirft es die gewichtigsten Männer aus der Rolle. Vor sechzig Minuten stolzirten diese Herrn noch selbstgefällig und voll Dünkel Straße auf Straße ab, sorgfältig frisirt, mit neuen Glacés, steifen Vatermördern und blüthweißen Vorhemdchen. Jetzt schlagen und fechten die Hände in der Luft, wenn auch die Handschuhe springen, der Hut hockt wie eine verlorne Schildwache im Genick, als gehöre er nicht zum Kopfe, die Vatermörder sind umgestülpt, die Vorhemdchen zerknittert und neugierig gucken und flattern die weißen Chemissetenbändel wie Wetterfahnen über die lässig herabhängenden Rockkrägen heraus. Wer sollte es denken? So stolz — so reich — und doch so schwach! Uns ist eine Million so gleichgiltig, als wenn ein Spatz von einem Dache zum andern flattert oder ein Fröschlein vom Ufergrase in's Wasser hüpft.

Sobald die aufgeregte Masse hereinstürmte, packte Anton rasch die empfangenen Scheine zusammen und steckte sie in seine lederne Handtasche. Es war höchste Zeit, denn im nächsten Augenblicke hatte er seinen Platz verloren, ward widerstandlos hin- und hergetragen wie eine Feder im Sturmwinde, streifte die Thüre, zur Thüre hinaus auf die Straße und fand sich auf einmal unter freiem Himmel. Der glühende, brausende Gluthofen mußte den armen Jungen von selbst ausgeworfen haben, so schnell, so unbegreiflich rasch verlief die ganze Expedition.

Besorgt sah der Lehrling nach den Papieren und nahm seinen Weg durch ein wenig besuchtes Gäßchen, um dort das empfangene Geld summarisch zu überzählen. Der Betrag stimmte nicht. Voll Besorgniß und Unruhe eilt er nun nach Hause, auf sein Stübchen und geht sogleich an eine genaue, gründliche Revision. Er zählt, rechnet und zählt wieder — das Geld stimmt nicht. Er mustert sodann genau jeden einzelnen Schein, legt die gleichen Sorten zusammen, notirt Stückzahl und Summen, multiplicirt und addirt — es klappt nicht. Er mag zählen und rechnen, wie er will, auf und ab, vorwärts und rückwärts — immer bleiben zehn Fünfthalerscheine übrig. „So!“ ruft jetzt der Lehrling triumphirend, nachdem er sich fest davon überzeugt und wohl zehnmal die Probe gemacht, „diesmal hat der unfehlbare Cassier sich selbst gefangen. Er will nichts ersetzen, nichts zurückfordern. Also gehört der Ueberschuß von Gottes- und Rechtswegen mir. Ganz gut!“ fährt er halblaut fort, indem er 1230 Thaler für den Principal in die Tasche legt und zehn Blätter auf dem Tische zurückläßt, „nun kann ich meinen Ersatz decken, meine Dränger befriedigen und heute noch an meine Mutter schreiben, sie trösten und aufrichten und das Versäumte nachholen.“ Mit diesen Worten faltete er die Hände und wollte Gott danken für das unerwartete Glück. Er wollte, aber er konnte nicht. Wohl bewegten sich die Lippen, doch hartnäckig sträubte sich das Herz, und kein Wort des Dankes fand das andere. Unwillkürlich überlegte nun der Jüngling noch einmal seine Rede, sein Vorhaben. „Nein," meinte er zuletzt, „das ist nicht Recht. Ich habe unverschuldet nur vier Ducaten ersetzen müssen, so viel und nicht mehr darf ich beanspruchen; den Rest muß ich dem Cassier zurückstellen."

„Vorsicht — Vorsicht!" flüsterte eine innere Stimme und suchte Zweifel auf Zweifel zu erwecken; „entweder Alles zurückgeben oder Nichts. Sobald du einen Theil zurückbringst, schöpft der Cassier Verdacht, hält Cassasturz, entdeckt den Manco und beschuldigt dich alsdann mit Recht der Untreue."

„Mit Recht?" wiederholte zweifelnd der Jüngling, senkte die Augen zu Boden und verlor sich in tiefes Sinnen. Vor ihm auf dem Tische lagen, scheinbar sein rechtliches Eigenthum, die Mittel, ihn zu retten, die Seinigen zu trösten und zu erhalten. Hatte nicht der Cassier, ein hochangesehener Mann, gerade so gehandelt? Hatte dieser nicht selbst sein Urtheil gefällt und er nun doppeltes Recht? Stellte er die Summe zurück, was blieb ihm zu erwarten? Die alte, bedrängte Lage, vielleicht Hohngelächter zur Antwort und harte Scheltworte als einziger Lohn.

So kämpften und wogten denn zwei Stimmen in der jugendlichen Brust. Die eine säete Zweifel, ersann Scheingrund auf Scheingrund, Täuschung auf

Täuschung und malte in den schillerndsten Farben das scheinbare Recht, den materiellen Vortheil; die andere drang ernst auf treue, auf strenge Rechtlichkeit und Zurückgabe des fremden Gutes, es möge daraus kommen und entstehen, was nur immer wolle. O, diese erste Entscheidung eines Jünglings: ob recht oder schlecht, ist der Grenzstein zwischen Tugend und Laster und wirkt bedeutsam, ja unendlich einflußreich für spätere Jahre, oft für das ganze Leben.

Es ist ein kurzer, aber harter Kampf. Rascher und rascher rollt das Blut durch die Adern und dringt in feurigen, schwellenden Strömen zum Herzen, daß es hoch aufzuckt und die Brust sich hebt und senkt unter gewaltigen Schlägen. Er will die qualvollen Zweifel bannen, die sprühende Gluth dämpfen und legt die Hand auf das Herz. Wie ein Blitzstrahl, der Alles zu Boden wirft, zuckt und flammt, wettert und leuchtet es in diesem Augenblicke durch alle Nerven, durch alle Fasern seines Körpers. Seine Hand ruht ja auf dem Madonnabilde, dem einzigen und besten Erbe, das ihm seine Mutter beim Abschiede vertraut hat! Hastig reißt er es hervor, preßt es gewaltsam an die bleichen Lippen, stößt mit der andern Hand die Scheine in die Tasche und ruft fest entschlossen, hoch begeistert: „Fort, fort, ihr trügerischen, blendenden Papiere! Ihr seid nie und nimmer mein Eigenthum! Ich will meinem Gewissen, dem Worte meines Lehrers folgen, ich will euch zurückstellen und die gebenedeite Jungfrau wird mich stärken und beschützen."

Aus der Ferne hallten, wie trauter, lieber Klang, die Schläge der Domuhr in das Stübchen. Ruhig und entschlossen nahm Anton die Mappe mit allen Scheinen und trug sie auf das Comptoir seines Principals.

„Das Geld ist nicht richtig, Herr Maurer," bemerkte dieser, nachdem er die Papiere überflogen; „Sie bringen zehn Fünfthalerscheine zu viel. Woher kommt das? Haben Sie nicht am Platze selbst die Summe sogleich controllirt?"

„Nein! — ich hatte wohl damit begonnen, konnte aber nicht enden. Es muß ein Bankerott ausgebrochen sein, denn eine gewaltige Masse Leute stürmte in das Zimmer zur Berathung, ich verlor meinen Platz und stand wenige Minuten später auf der Straße. In einer Seitengasse prüfte ich das Geld und fand den Ueberschuß, zu Hause nochmals und fand ihn wieder."

„Ich habe nur 1230 Thaler zu bekommen," bemerkte der Kaufherr; „hier liegt der Mehrbetrag zu Ihrer Verfügung. Was werden Sie damit beginnen?"

„Ich will ihn sofort seinem Eigenthümer, dem Herrn Cassier Flessa, zurück erstatten."

„Wie? — ich dachte, Cassier Flessa verlangt nichts zurück und ersetzt nichts: also sind die Scheine Ihr unbestrittenes Eigenthum."

„Das Geld wird und muß ihm fehlen. Er müßte

es also ohne Zweifel ersetzen und wird sich freuen, solches wieder zu erhalten."

„Ganz richtig, aber er zeigte vor einigen Wochen keine besondere Freude und Lust, Ihren Ersatz mitzutragen. Ich dächte also, wenigstens den Betrag, welchen Sie aus eignen Mitteln, und wie es mir jetzt scheint, unverschuldet zu leisten hatten, könnten Sie mit Fug und Recht vornweg in Abzug bringen." Bei diesen Worten warf der Principal einen scharfen, prüfenden Blick auf den Lehrling.

„Nein!" entgegnete dieser bestimmt. „Jener Fall zählt nicht zu diesem. Der Irrthum oder das Unrecht eines Andern gibt mir kein Recht zu Gleichem und rechtfertigt niemals Selbsthülfe. Aber so viel ist gewiß," fuhr Anton mit erhöhter Stimme fort, „daß derselbe unfehlbare Cassier, der heute nach zweimaligem Zählen fünfzig Thaler zu viel gab, vor einigen Wochen in der Hast gerade so gut vier Ducaten zu wenig zählte." —

„Ist das Ihr fester Entschluß?" fragte nochmals der Kaufherr und trat einen Schritt näher.

„Ja, mein fester und der allein richtige."

„So stellen Sie das Geld zurück," fuhr er fort und reichte dem Lehrling freundlich die Hand; „mir aber verzeihen Sie! Seit Wochen zog ich Ihre Rechtlichkeit in Zweifel und habe Ihnen Unrecht gethan. Jeder Andere wäre über diese gefährliche Klippe gefallen. Von heute an stehen Sie bei mir wieder in vollem Credit, Niemand soll mehr eine Verläumdung wagen, und ich werde Sie für die vergangenen Tage zu entschädigen wissen. Stellen Sie das Geld unbesorgt zurück und seien Sie überzeugt, daß ich meine Leute als Chef mit allen mir zu Gebote stehenden Mitteln zu schützen weiß, wenn Sie widerrechtlich gekränkt und benachtheiligt werden."

Anton wußte nicht, wie ihm geschah. Frohen Herzens und leichten Schrittes trat er den Rückweg an. „Herr Cassier," rief er schon beim Eintritte, „Sie haben mir . . ."

„Was?" fuhr dieser wild auf. „Wieder der liebenswürdige Junge! — Wer Sie? — was hab' ich? —"

„Sie gaben mir vorhin . . ."

„Nichts gab ich, sag' ich Ihnen, gar nichts! Ihr Geld war richtig. Die Augen auf oder den Geldbeutel! Ich verlange nichts zurück, ersetze aber auch heute so wenig einen Heller als vor sechs Wochen."

„Sie haben mir ja . . ."

„Nein, nein! ich habe nicht, durchaus nicht," tobte der unbändige Mann und drohte über die Barriere zu springen. „Wer nicht zählen kann, muß zahlen. Glauben Sie, nach einer Stunde läuft man daher und verlangt nur so nach Belieben Geld? Nur die Augen auf oder den Geldbeutel! Vielleicht haben Sie heute wieder einige Scheine gebraucht, wie vor Wochen . . ."

„Pfui! — wie schlecht!" schrie Anton wüthend hinüber, sprang einige Schritte vorwärts und erhob drohend die geballte Faust. „Wer ohne Grund zeiht, ist selbst nicht rein. Nicht zu wenig, zu *viel* haben Sie mir gegeben, *fünfzig* Thaler zu viel!"

Todtenbleich vor Schrecken und sprachlos weicht der Cassier einige Schritte zurück. Seine Verlegenheit steigert sich noch unendlich mehr, als durch eine Seitenthüre Anton's Principal mit dem Herrn des Bankhauses eintritt.

„Was gibt's hier?" herrscht zornig der Letztere und gewahrt erstaunt des Jünglings drohende Stellung.

„Ich habe diesem Manne fünfzig Thaler zurückgebracht, und er beschuldigt mich zum Danke dafür des

Diebstahls," entgegnet bitter der Lehrling und läßt die erhobene Rechte sinken.

„Beruhigen Sie sich! Ich kenne bereits durch die Güte Ihres Herrn Principals das ganze Verhältniß, und die Sache soll bald entschieden sein. Herr Cassier!" wendet er sich ernst und streng zu dem überraschten, lautlosen Diener, „ich erwarte auf meine Frage die unbedingte Wahrheit. Dieser junge Mann mußte vor einigen Wochen durch Ihr Verschulden vier Dukaten ersetzen. Haben Sie an jenem Tage, gleichviel ob verlangt oder nicht verlangt, Ihrer Pflicht gemäß Cassasturz gehalten? Hatten Sie keinen Ueberschuß und wie viel?"

„Ja!" antwortet dieser und schlägt verlegen die Augen zu Boden, während hohe Röthe verrätherisch seine Wangen färbt, — „ungefähr denselben Betrag."

„Wo ist das Geld? Warum wurde es nicht zurückbezahlt?"

„Das Geld liegt, in Papier eingeschlagen, hier in der Casse. Ich wollte und konnte mir dem Lehrling gegenüber keine Blöße geben. Früher oder später hätte ich es ihm durch eine dritte Hand zustellen lassen."

„So, — um also Ihrem Hochmuthe zu fröhnen," betont scharf der Banquier, „begehen Sie ungenirt Unrecht und gefährden Ehre und guten Namen eines Andern. Wissen Sie denn, daß die ganze Existenz dieses Herrn auf dem Spiele stand? So bringt man das beste Geschäft in Mißcredit. Sie werden wohl selbst einsehen, daß Sie diesen Posten nicht länger begleiten können. Treffen Sie Ihre Maßregeln darnach!"

Ein so rasches und strenges Urtheil hatte Niemand erwartet. Principal und Lehrling verwandten sich angelegentlich für den unvorsichtigen Mann, besonders Anton konnte sich durchaus nicht beruhigen. „Nur keine Entlassung um meinetwillen!" bat er wiederholt. „Das würde wie ein Centnerstein auf meinem Herzen lasten und mich nimmer froh werden lassen."

„Ich will den Herren nachgeben," sprach endlich der Banquier nach längerem Bedenken, „und mein Wort zurücknehmen. Uebrigens verdanken Sie das, Herr Flessa, einzig und allein der Fürbitte dieses Herrn. Dafür erwarte ich aber zuversichtlich, das dies die letzte derartige Klage ist und Sie hinfort strenge Rechtlichkeit einem falschen Dünkel vorziehen werden. Die reclamirten vier Ducaten sind sofort ihrem Eigenthümer zurückzustellen. Und Sie, junger Mann," wandte er sich freundlich zu Anton und überreichte ihm die zurückgebrachten fünfzig Thaler, „werden diese Kleinigkeit als ein Andenken, als eine Entschädigung von mir acceptiren, wenn überhaupt bei solchen Fällen eine Entschädigung in Geld möglich ist."

Der Banquier drängte, der Principal befahl, der Lehrling mußte gehorchen.

Als Anton kurze Zeit darauf wieder in sein Stübchen gelangte, reich, überreich, gerechtfertigt und zufrieden, zog es ihn nieder auf die Knie, das Herz jubelte und dictirte heiße Dankesworte, die Lippen stammelten sie nach, Freudenthränen perlten darein und nie ward vielleicht in diesem Raume ein Dankgebet so glühend, so inbrünstig und hochbegeistert wie heute zum Himmel gesandt. —

Die Erzählung geht zu Ende. — Das merken wir, werden meine freundlichen Leser denken, aber wir möchten doch auch wissen, was aus all diesen Personen mit der Zeit noch geworden ist. Ich will die Frage beantworten, so gut ich vermag und selbst unterrichtet bin. Pfeifer überwarf sich mit dem Principal, verließ das Geschäft, ging in die weite Welt und ist seitdem spurlos verschollen. Reinganum lernte aus und betheiligte sich später im festen Vertrauen auf sein reiches Erbe an einem großartigen Unternehmen, betheiligte sich aber auch nach wenigen Jahren an dessen großartigem Bankerott und mußte bei Nacht und Nebel fliehen, um der Haft zu entgehen. Er soll jetzt in Kalifornien, dem Eldorado aller Gauner, mit den „Diggers" — Goldgräbern — nach verborgenen Schätzen haschen. Wir wünschen ihm aus ganzer Seele Glück dazu. Herr Cassier Flessa, schon ein betagter Mann, steht noch an seinem alten Posten, beliebt und geehrt in der ganzen Stadt. Seit jenem Vorfall nämlich hat er Niemand mehr gekränkt. Viele, die den Grund nicht kannten, mochten sein plötzliches Umsatteln nicht begreifen. Und Anton? —

Von Anton Maurer weiß ich das Meiste und Sicherste zu berichten. Noch sind es keine zwei Jahre, daß ich ihn heimsuchte und köstliche Stunden an seiner Seite verlebte. Nicht weit von dem Handelsplatze, wo er so rühmlich seine Lehrzeit bestand, liegt eine schöne, uralte Stadt, die mit demselben Buchstaben endigt, wie das ganze Alphabet. Dort wirkt er seit Jahren als Geschäftsführer in einem großen Hause und wird wohl trotz vieler lockenden Anerbietungen für immer darin bleiben. Den Schlüssel hiezu finden wir später. Denkt Euch einen hochgewachsenen, stattlichen Mann mit freundlichem, offenem Auge, feinen Manieren und feiner Tracht, durch und durch gebildet, als tüchtiger, gewiegter Arbeiter allgemein geehrt, und Ihr habt sein Portrait. Was aber die Hauptsache ist: der alte, treue Glaube, die kindliche Frömmigkeit, das feste, unerschütterliche Gottvertrauen lebt und webt noch mit gleicher Lust und Liebe in seinem Herzen und er wird nimmer davon lassen. Seine brave Mutter sah noch manchen freudenvollen Tag, er bereitete Ihr heitere, sorgenfreie Stunden bis zum Ende. Sein Bruder servirt als Commis in demselben Geschäfte, und die beiden Schwestern haben etwas Tüchtiges gelernt, und sich später, nach Kräften von Anton ausgestattet, mit braven Männern verehelicht. Bei all diesen Leistungen nennt er schöne Ersparnisse sein Eigen und hat sie nutzbringend im Geschäfte angelegt, das mit der Zeit allem Anscheine nach ganz und gar in seine Hände übergehen wird.

Wir saßen während meines letzten Besuches manche traute Stunde beisammen und plauderten von vergangenen Tagen. Warum auch nicht? Der Lehrer, welcher sich einst so kräftig des fleißigen Schülers annahm und den dieser heute noch als Mann segnet, stand mir nebst der Mutter unter allen Erdenkindern am nächsten. Ich ließ mir die ganze Geschichte von meinem Freunde noch einmal erzählen, einfach, klar und treu, um sie gerade so wieder erzählen zu können. Als er geendet, erhob sich sein Auge dankend zum Himmel und seine Hand zeigte nach einem großen, prachtvoll verzierten und reich vergoldeten Rahmen. Darin bemerkte ich ein niedliches Madonna-Bildchen und darunter die Worte: „Ehrlich währt."

Ich merkte mir das Sprüchlein und dachte noch lange darüber nach, wie oft ein braves Kind der Hoffnungs- und Rettungsanker für die ganze Familie wird.

Durch Nacht zum Licht.

I.

Häusliche Wirren.

„Unseliger ist nichts, als wenn's dir immer ist,
Du seiest nicht zu Haus, wo du zu Hause bist."

Die Schlangenapotheke zu M. war ein stattliches, ehrwürdiges Haus, an einem der größten und frequentesten Plätze einer mitteldeutschen Residenz und mit einer althergebrachten, ständigen und zahlreichen Kundschaft. Mit den Traditionen dieses Hauses war ein gewisses Renommee verbunden, dessen sich keine andere Apotheke in der Stadt zu erfreuen hatte und das auf der Wage des Geschäftslebens und der klingenden Münze keinen geringen Ausschlag gab. Die ältesten Leute der Stadt konnten sich nur an wenige Besitzer der Schlangenapotheke erinnern. Dieselben hatten sich ohne Ausnahme nach einer Reihe von Jahren als hochvermögende, grundreiche Männer in die Ruhe zurückgezogen, um die Last des Geschäftes durch Erbschaft oder Kauf, je nachdem es die Familienverhältnisse mit sich brachten, jüngeren Schultern zu überlassen. Der neue Besitzer machte dann mit den Jahren ganz denselben Kreislauf durch und trat in alle Rechte, Privilegien, Gewohnheiten und Vorzüge des Hauses ein. Darunter zählte vor Allem seine unbestrittene, stadtbekannte Noblesse, Sitz und Stimme unter den Ersten im Rathe der Residenz, Beförderung jeder anerkannt guten, gemeinnützigen Sache, eine durchgreifende, opferwillige Thätigkeit für das öffentliche Wohl, im Stillen aber eine Mildthätigkeit, deren reich strömenden Born nur Wenige zu ermessen wußten. Kein Armer ging ohne Trost von der Schwelle dieses Hauses. Selbst freche, unverschämte Bettler, deren es in Residenzen ganze Schaaren gibt und die Gott selbst mit dem Füllhorn seines Segens nicht befriedigen kann, mußten zugestehen, daß hier das Möglichste geleistet wurde und die Geduld nur selten brach. Diese Vorzüge waren förmlich auf das Haus vererbt, mit demselben verwachsen. Sie glichen einem Baum, der fest und kräftig darin wurzelte, munter Blätter, Knospen und Blüthen trieb, seine Ranken durch alle Räume wand, seine Früchte nach allen Seiten bot und jeden neuen Besitzer mit tausend Zweigen umschlang und unter sein Blüthendach bannte, mochte er auch in Wirklichkeit vielleicht weniger gut und edel denken, als seine Vorgänger.

Um so mehr mußte es auffallen, als vor nicht langer Zeit zuerst die nächsten Nachbarn, dann die anstoßenden Straßen und endlich die ganze Stadt zu der Ueberzeugung gelangte, daß nichts unwandelbar sei unter der Sonne. Zuerst ging die Sache als Geheimniß im tiefsten Vertrauen von Mund zu Mund, dann verirrte sie sich an den häuslichen Herd, von da in die Wein- und Bierkneipen, zugleich auch in die Thee-, Kaffee- und Klatschvisitten der Damen, und schließlich brachten es die Mägde des Morgens an den Bäckerläden und des Abends an den Brunnen vollends in's Reine, daß die Schlangenapotheke allen Ernstes den sogenannten Krebsgang gehe und der Baum, welcher sonst jedem seine Früchte bot, trauernd die leeren Aeste senke und dem Verdorren nahe sei. Bei dem Interesse so Vieler war die Ursache dieser auffallenden Erscheinung bald ermittelt. Der letzte Besitzer der Schlangenapotheke, rastlos thätig und durch und durch ein ehrenwerther Charakter, hatte vor vier Jahren nach kurzem Krankenlager im schönsten Mannesalter das Zeitliche gesegnet. Pauline, seine so früh zur Wittwe gewordene Frau, stand mit ihren zwei unmündigen Töchtern schmerzgebeugt an seinem Sarge und blickte jammernd, verlassen und trostlos in die Zukunft. Ihre Trauer war eine gerechte und sie ahnte die harten Tage, welche über sie hereinbrechen sollten, nur zu gut. Ein paar Wochen lang ging zwar Alles in der früheren Weise und es schien, als ob der Geist des Verstorbenen noch immer unsichtbar in den gewohnten Räumen regiere. Dann aber ließen die Zügel der Ordnung rasch nach und die Wittwe mußte es von Stunde zu Stunde mehr erfahren, mit welcher Wucht die ganze Last des großen Geschäftes auf ihren schwachen Schultern ruhte. Uneingeweiht in den Betrieb, hing sie vollkommen von dem guten Willen, von der Laune ihrer Leute ab; wo sie zu befehlen hatte, mußte sie gute Worte opfern, ja bitten, und anstatt einzunehmen, durfte sie nicht selten noch hinauszahlen. Sie mußte die ganze Bitterkeit des harten, verlassenen Wittwenstandes kosten und jetzt geduldig Kränkungen und Zurücksetzung von Leuten ertragen, die sich sonst kaum der angesehenen Frau zu nahen wagten.

Monate lang schauderte Frau Wagner förmlich zurück vor dem Gedanken an eine zweite Ehe, an einen „Stiefvater“ für ihre Kinder, so oft und eindringlich ihr auch Bekannte und Freunde dazu riethen. Der Schritt schien ihr doppelt gefährlich, weil sie mit ihrem ersten Mann, dem Gegenstand ihrer Jugendliebe, in der herzlichsten Eintracht gelebt, und dann, weil sie bereits das dreißigste Lebensjahr überschritten hatte. „Lieber das ganze Geschäft verkaufen,“ dachte sie oftmals und setzte sich deßhalb mit Sachverständigen in's Benehmen. Da stellte es sich denn heraus, daß ihr Gatte im festen Vertrauen auf seine Thätigkeit und das althergebrachte Renommee, welches die Schlangenapotheke genoß, und zwar auf Credit viel, viel zu theuer gekauft und das Geschäft viel zu kurze Zeit besessen hatte, um für seine Familie einen hinreichenden Sparpfennig zurücklegen zu können. Es fanden sich wohl einzelne vermögende Käufer — und nur von solchen konnte die Rede sein, — aber sie hielten vorsichtig mit ihrem Gebote zurück, in der festen Hoffnung, mit der Zeit um billigen Preis zum Ziele zu gelangen, während die Wittwe fest entschlossen war, von dem Vermögen ihrer Kinder auch nicht einen Kreuzer zu opfern.

So standen die Verhältnisse, als sich Frau Wagner genöthigt sah, ihren seitherigen Geschäftsführer aus triftigen Gründen zu entlassen. Von competenter Seite wurde für diesen wichtigen Posten ein junger Mann, Namens Gustav Hertling, empfohlen. Dieser nun erwarb sich schon in wenigen Wochen entschiedene Verdienste um das Geschäft und mit der Zeit das volle Vertrauen seiner Principalin. Immer freundlich, bescheiden, solid, unermüdlich thätig vom frühen Morgen bis zum späten Abend, wußte er durch sein gemüthvolles, zutrauliches Wesen die beiden Kinder mit tausend Banden an sich zu fesseln, und auf dieser sichern Brücke fortschreitend selbst die Zuneigung der Mutter zu erringen. Nach wenigen Monaten entschloß sich diese, dem jungen Manne, wiewohl er ganz vermögenslos war, zum Altare zu folgen, und ihr und ihrer Kinder Schicksal in seine Hände zu legen.

Fünf Jahre waren seit diesem für die Schlangenapotheke so wichtigen Ereigniß verflossen. Der Winter rückte mit aller Macht heran, einzelne Schneeflocken wirbelten schon unsicher durch die Luft und die bald einbrechende Nacht machte ihr Recht geltend. Die nunmehrige Frau Pauline Hertling hatte bereits die Läden im Wohnzimmer geschlossen und das Gaslicht aufgezündet, wenn auch ein so kleines, sparsames Flämmchen, daß sie kaum mit ihren beiden Töchtern dabei arbeiten konnte. Die Frau war in dieser kurzen Zeit wenigstens um fünfzehn Jahre gealtert, ihr Auge matt und tief eingesunken, die Wangen gebleicht und da und dort schimmerte verrätherisch ein graues Haar aus den schwarzen Locken. Ihre beiden Töchter, kaum der Schule entwachsen, blühten im schönsten Frühling der Jugend, — allein sie saßen still, niedergebeugt, scheu und furchtsam bei der Mutter. Ihre Blicke wandten sich oft besorgt und theilnehmend vom Strickzeug weg nach dieser. Punkt sieben Uhr wurde der Tisch gedeckt, und eine mehr als schnurrige Köchin trug das Abendessen auf. Sie kümmerte sich nicht im Mindesten um die schüchterne Einsprache der Hausfrau, daß ihr Gatte noch nicht zu Hause sei. Frau Hertling hatte der unverschämten Person bereits zweimal gekündigt und immer wieder mußte sie auf den gemessenen Befehl des Herrn im Dienste bleiben, so daß ihre Frechheit förmlich sanctionirt und sie zur wahren Geisel für Mutter und Töchter wurde. Zuerst deckte man das Essen zu, später placirten die beiden Mädchen Alles sorgsam auf den Ofen, um Fleisch und Sauce wenigstens einigermaßen warm zu erhalten, und warteten mit der Mutter geduldig zu.

Endlich gegen acht Uhr wurde die Glocke gewaltsam angerissen. Gleich darauf hörte man den schweren Tritt, die klirrenden Sporen und das gellende Pfeifen des Hausherrn im Gange. Die Stubenthüre sprang auf und hereintrat Herr Apotheker Hertling, ohne zu grüßen, brusque und aufgeblasen, ein nobler Cavalier, stolz und herrisch, strotzend in seiner Kraft und Gesundheit, die Augen glühend, die Wangen mit dunklem Purpur übergossen, und warf Handschuhe, Hut und Reitpeitsche nachlässig auf das Sopha. „Schon bei Tisch?“ fragte er moquirt, schleuderte seine Cigarre hinter den Ofen und drehte zum Zeitvertreib den langen, schwarzen Schnurrbart.

„Wir warten schon über eine Stunde,“ bemerkte ruhig die Hausfrau, welche sich bei seinem Eintritte mit den Kindern erhoben hatte. Zugleich faltete sie als Zeichen zum Tischgebete die Hände, die beiden Mädchen thaten dasselbe, während der Vater geräuschvoll und ein Liedchen trillernd im Zimmer auf- und abstieg. Dann ließ er sich nieder, zog die Fleischplatte an sich und begann zu theilen. „Wir machten einen [illegible] scharfen Ritt,“ erzählte er dabei, „und hielten [illegible] famose Reunion im Kaffeehaus. Es war [illegible] sehr schön und der Heimweg pressirte mir durch[illegible]nicht, denn zu ein paar aufgewärmten Fleisch[illegible]en komme ich immer noch früh genug.“ Bei diesen

Worten musterte er verächtlich den Kalbsbraten, hackte dann die einzelnen Stücke muthwillig mit dem Messer zusammen und stieß sie wie zur Unterhaltung auf der Platte hin und her. „Da, Mädchen, greift zu! In eueren Jahren ist solches Futter gesund.“

„Kinder, wollt ihr euch nicht etwas Fleisch und Brod mit in euer Schlafstübchen nehmen?“ fragte die Mutter und richtete beides zurecht.

Die armen Geschöpfe verstanden den Wink, erhoben sich mit Thränen in den Augen, wünschten gute Nacht und verließen das Zimmer.

„Warum schickst du denn die Kinder schon wieder fort?“ fragte der Hausvater unwirsch und warf Messer und Gabel auf den Tisch. „Ich habe das jetzt schon mehrmals bemerkt und zwar zu meinem größten Verdruß. Sind denn diese zimperlichen Dämchen etwa schon zu vornehm oder zu fein gebildet, um in der Gesellschaft ihres Vaters zu essen? Oder sollen sie vielleicht recht fühlen lernen, daß ich nur ihr „Stiefvater“ bin, und das bischen Liebe und Achtung, welches sie etwa noch zu mir hegen, absichtlich untergraben werden?“

„Ich habe die Kinder weggeschickt,“ antwortete die Mutter ernst, „damit sie gerade ihre Achtung gegen dich nicht verlieren. Du ergehst dich so häufig in Aeußerungen, vielleicht ohne böse Absicht, welche zu unangenehmen Erörterungen zwischen uns führen müssen. Diese will und muß ich den Mädchen um unsert- und ihretwillen ersparen.“

„Ist vielleicht wieder eine Gardinenpredigt im Anzuge?" fragte der junge Mann wegwerfend. „Ich rede eben, wie ich's denke, und das wird hoffentlich dem Hausherrn zustehen. Deßhalb wiederhole ich dir nochmals, daß ich mich nach deinem ewigen Kalbfleisch durchaus nicht sehne, sondern lieber auswärts in einer fidelen Gesellschaft soupire. Ich kann darin kein Criminalverbrechen finden."

„Ich auch nicht, und kein vernünftiger Mensch, so lange die Zeit, die Casse und die Umstände es erlauben. Allein wenn mehr ausgegeben, als eingenommen, wenn nach Außen zu viel verschlendert wird, dann gebietet der Hausfrau die Pflicht, daheim doppelt sparsam zu wirthschaften, wenn nicht ein schlimmes Ende über sie und ihre Familie hereinbrechen soll."

„Kommt schon wieder diese seltsame Anwandlung von Geiz über dich?" lachte Hertling. „Du thust ja so armselig, als hätten wir das liebe Brod nicht über Nacht unterm Dache."

„Verstelle dich nicht, Gustav!" mahnte die verkannte Frau dringend. „Du kennst den schlechten Stand unseres Hauses und Geschäftes so gut und noch besser als ich. Wir haben schwere Rückstände zu decken, zum Theil selbst auf Wechsel, deren Verfallzeit mit Riesenschritten heranrückt, und du hast mit und ohne mein Vorwissen seit einigen Monaten nicht unbeträchtliche Kapitalien aufgenommen. Das hätte — abgesehen von meinen Rechten und Pflichten als Frau — nie und nimmermehr geschehen sollen!"

„Ich begreife dich und dein Gejammer wahrhaftig nicht. Kann ich denn Geld schlagen oder trifft mich die Schuld, wenn die Apotheke nicht so viel einträgt, als man zu einem anständigen Auskommen braucht?"

„Als man braucht?" wiederholte Pauline vorwurfsvoll. „Man kann einen Brunnen ausschöpfen und Millionen sind schon von Verschwendern durchgeschlagen worden. Werde nicht böse, — aber daß du nicht lebst und hausest wie ein ordentlicher Bürger, wie ein junger Geschäftsmann, der sich emporschwingen soll, wirst du mir gewiß nicht abstreiten können. Ich frage dich ernstlich, wie soll deine Lebensweise für die Dauer gutthun?"

„Und wie lebe ich denn eigentlich?" warf Hertling kurz und patzig hin. „Erfreue mich doch mit deiner Explication!"

„Es ist traurig genug," sprach die gekränkte Frau und suchte mit Mühe ihre Thränen zu bannen, „daß solche Erörterungen und das von deiner Seite so herzlos und abstoßend zwischen uns stattfinden. Aber ich muß reden, — mag da kommen, was auch immer wolle. Nein, Gustav, du lebst nicht wie ein Geschäftsmann, sondern wie ein steinreicher Privatier, wie ein Millionär, der nach Tausenden nicht zu fragen braucht. Du spielst mit Glanz den nobeln Herrn, hältst dir dein eigenes Reitpferd, deinen eigenen Bedienten, kaufst kostspielige Hunde, versäumst keine Lustpartie, kein Wettrennen, kein Scheibenschießen, fehlst bei keiner Jagd, bei keinem Zweckessen, bei keinem Zechgelage und spielst mit den verwegensten Subjecten hoch und gewagt. Daß du nicht der Gewinnende bist, zeigt der traurige Stand unserer Casse."

„Sehr schön gesprochen, wirklich!" spöttelte Hertling kalt und gefühllos. „Damit du dich übrigens nicht in unnöthigen Zweifeln ergehst, sollst du auch meine Herzensmeinung gerade so offen erfahren. Weißt du, diese noblen Dinge sind eben mein Vergnügen, meine Passion, auf die ich unter keinen Umständen verzichte. Rentirt sich unser Geschäft nicht so weit, dann ergreife ich etwas Anderes und werfe diese ganze, leidige Apothekerwirthschaft über Bord. Verstanden, gnädige Frau?"

„Unser Geschäft ist gut," entgegnete diese, ohne auf den Hohn zu achten, der in jedem Worte lag, und kämpfte sichtlich nach Ruhe und Fassung, — „ja sogar ausgezeichnet und hat noch alle seine Besitzer zu Wohlstand, Reichthum und Ehren gebracht. Wenn aber der Principal sich den ganzen lieben langen Tag nicht darin sehen läßt, wenn jede Leitung, jede Oberaufsicht wegfällt, wenn die Gehülfen und Lehrlinge anfangen und treiben dürfen, was ihnen beliebt, — dann müssen die Aerzte schwierig werden, die Patienten klagen, das Vertrauen, diese Hauptstütze unserer Apotheke, muß schwinden und die Einnahme von Tag zu Tag geringer werden. Gustav, Gustav, wie soll das enden? Ich mache dir keine Vorwürfe, aber denkst du denn nicht mehr an die guten Worte, an die feierlichen Versprechen, welche du mir vor unserer Trauung gegeben?"

„O ja!" entgegnete dieser lachend, — „ich dachte schon manchmal daran, was man als junger, unbesonnener Mensch für albernes Zeug treibt. Du hättest fast meine Mutter sein können, und ich machte dir den Hof wie einem jungen Mädchen. Zu närrisch, fürwahr!" —

„Gustav!" rief die Frau mit einem durchdringenden Ton und preßte erschreckt beide Hände auf's Herz, während ihr Auge bei dieser Schmach jäh und drohend aufblitzte. „Gustav, womit hab' ich das verdient? Schämst du dich nicht vor deinem eignen Worte?"

„Durchaus nicht, meine Verehrteste! Es ist nur ein Meinungsaustausch und der muß zwischen Eheleuten möglichst offenherzig sein. Dann klären sich die Verhältnisse leichter, man weiß, wie man gegenseitig daran ist und Jedes läßt dem Andern seinen Lauf. Das ist einmal meine Ansicht."

„Ich kenne sie schon längst," klagte Pauline und senkte verletzt und tief betrübt das thränenschwere Auge. „Ich weiß auch, daß du dich in deiner sogenannten Freiheit beschränkt fühlst, ich weiß, daß ich und meine armen Kinder dir zur Last sind, ich weiß, daß deine Liebe keine aufrichtige, ich will nicht sagen erheuchelte war, — hätte aber nie und nimmermehr geglaubt, daß du mir die heiligsten Eide nur geleistet, um sie nach wenigen Monaten zu brechen."

Thränen erstickten ihre Stimme. Hertling aber blieb so ruhig und kalt an seinem Platze, als sei die Weinende für ihn nicht vorhanden. „Hm!" meinte er gleichgültig, „meine Zuneigung mochte damals wirklich ernst sein. Ich könnte mir sonst den Grund nicht erklären, warum Alles so kam."

„O, den Grund kann ich dir recht gut erklären," bemerkte Pauline bitter mit ganz bezeichnender Betonung ihrer Worte, „und du selbst kennst ihn noch besser."

„Du denkst etwa meine Versorgung?" fragte Hertling ungenirt und brutal. „Ah — bah! — ein Mann wie ich findet immer seine Stelle und heute noch folgt mir manches schöne Mädchenauge mit Freuden."

„O Gustav!" mahnte die gute Frau wehmüthig, „vergiß dich nicht selbst! Du willst mich kränken und erniedrigst dich. Vorhin sprachen wir von unsern Kindern, jetzt aber bitte ich dich, ich selbst, reiße mir die Achtung vor meinem Gatten nicht gewaltsam aus dem Herzen! Bis jetzt habe ich sie trotz jeder Kränkung, trotz jeder Zurücksetzung treu bewahrt. Willst du mir das letzte Gut rauben?"

Ihr Gatte schwieg und blickte düster vor sich hin. Ob ihm wirklich ein Gefühl des Mitleids durch die Seele zog oder sein Geist sich mit ganz andern Dingen beschäftigte, war schwer zu erkennen. Pauline, die sich mit aller Kraft an die Hoffnung als ihren letzten Rettungsanker klammerte, glaubte das Bessere und fuhr mit bewegter Stimme fort: „O Gustav, kehre zurück in dich selbst! Werde wieder heimisch bei den Deinen, wie in den ersten Monaten, denn sie lieben, sie schätzen dich und du stehst im Begriffe, sie unaussprechlich elend und unglücklich zu machen für alle Zeiten! Willst du der Mörder deiner eigenen Familie werden? Was nützt dir dieses noble und doch so wilde, so verschwenderische, so verächtliche Leben? Dein Herz wird immer leerer, immer unzufriedener, dein Ansehen und deine Gesundheit sinken zugleich in's Grab. Noch ist nichts verloren. Wenn wir treu zusammenstehen, vereint sparen, vereint thätig sind, so kann Alles wieder geebnet, gerettet werden. O kehre um! Kehre um — ja — um Gotteswillen! Erbarme dich unserer armen Kinder, erbarme dich deines unglücklichen Weibes!" —

Die Stimme versagt ihr. Niedergedrückt von Schmerz und Gram sinkt sie auf die Knie und streckt flehend beide Hände zu ihrem Gatten empor. Dieser starrt einige Augenblicke unbeweglich und finster d'rein, dann stößt er sie heftig weg, springt in die Höhe, schlägt ein gellendes Gelächter auf und ruft mit schneidendem Sarkasmus: „Steh' auf! — Für solchen theatralischen Humbug bist du unbedingt zu alt. Bei mir verfangen diese abgedroschenen Rührscenen nicht. Steh' auf und schäme dich!" —

Die Frau erhebt sich, todtenblaß, aber so ruhig,

so ernst und würdevoll, daß selbst Hertling einige Schritte zurückweicht. „Ist das dein letztes Wort?“ fragt sie mit tonloser Stimme.

„Ja, ein= für allemal!“ versetzt dieser barsch und langt nach seinem Hute.

„Dann ist es vor Gott, dem Richter über den Sternen, und den Menschen meine heilige Pflicht, für meine armen, verlassenen Kinder zu sorgen, deren Vermögen du leichtfertig und gewissenlos verschleuderst. Ich bin nunmehr gezwungen, von morgen an ernstliche

Schritte zu thun, um ihnen wenigstens den Rest desselben zu retten, bevor Alles in Staub und Trümmer zerfällt."

„Ganz nach Belieben!" ruft Hertling höhnisch, stülpt seinen Hut auf und langt nach der Thüre. „Nur nichts für ungut, Madame, wenn auch ich für meinen Theil sorge und meine Rechte und Ansprüche als Mann und derzeitiger Besitzer der Apotheke zu wahren suche."

Er stürmte hinaus, schlug die Thüre dröhnend zu und überließ die unglückliche Frau ihrem endlosen Kummer. Nach Stunden noch lag sie auf den Knieen vor dem Bilde des gekreuzigten Heilandes, um sich Muth und Stärke zu erflehen für die schweren Lebenswege, die ihr nun bevorstanden.

II.

Schlechter Rath.

„Für Sorgen sorgt das Leben,
Ein Thor ist der, der sorgt!
Noch gibt's ja Lieb' und Reben,
Und — manchen Freund, der borgt." —

Apotheker Hertling stieg dröhnenden Schrittes durch sein Haus. Nicht weit von der Zimmerthüre kam ihm die Köchin entgegen. Sie hielt ein Licht vor, welches sie den Augenblick mit einem Streichhölzchen angezündet hatte. „Der gnädige Herr haben Sich wieder geärgert," sprach die Köchin, ohne zu bedenken, daß sie diese Beileidsworte als Lauscherin verriethen. Sie gerirte sich theilnehmend, traurig und niedergeschlagen, aber die häßlichste Schadenfreude stand auf ihrer Stirne geschrieben, und tausend Tücke leuchteten aus den grauen, hämischen Augen.

„Macht nichts!“ brummte der Hausherr und ging nach der Thüre.

„Wenn nur ich keine Schuld trage!“ seufzte die Falsche.

„An dich dachte Niemand.“ —

„Dann bin ich getröstet. Ich wollte lieber zur Stunde das Haus verlassen, als nur einmal Unfrieden stiften. Eine Person, wie ich, findet überall ein Unterkommen. Der gnädige Herr wissen, daß ich schon zweimal gekündigt habe, aber immer wieder ...“

„Umgekehrt ist auch gefahren,“ unterbrach sie Hertling barsch. „Meine Frau hat dir gekündigt.“

„Wie Sie wollen. Es ist richtig, die Frau kam mir zuvor und läßt mich seitdem jeden Tag fühlen, wie sehr ich ihr zur Last falle. Die Hausmagd ist entlassen. Ich muß für zwei arbeiten, bekomme keinen Heller Lohn mehr und doch ist Alles nicht recht, was ich thue. Keine Anerkennung, kein Geschenk nur nagelgroß, nicht einmal ein freundliches Wort, — — nein! — — eine solche Behandlung — —“ Sie fuhr sich mit der Schürze über die Augen.

„Laß sie gehen! In diesem Hause hab' ich zu

befehlen und sonst Niemand. Du bleibst, so lange es mir, deinem Herrn, gefällt."

„O, ich weiß recht gut, wo die Bosheit herrührt!" versicherte die scheinheilige Person. „Würde ich zur Frau, und nicht zum Herrn halten, so dürfte ich treiben, was ich wollte, und bekäme Manches zugesteckt. Unter solchen Umständen ist ein armes Dienstmädchen übel d'ran — es mag handeln, wie es will." Die Schürze machte nochmals dieselbe Bewegung. „Heute Mittag erst war ich der Frau wieder ein Dorn im Auge," fuhr sie mit weinerlicher Stimme fort, „und genirte an allen Ecken und Enden. Dreimal wurde ich fortgeschickt, mußte weite Gänge machen, und kam ihr jedes Mal zu früh wieder heim."

„Was hat's gegeben?" fragte der Hausherr neugierig und trat wieder einen Schritt zurück. „Es ist nichts ohne Ursache. Christine, ich weiß treue Dienste zu belohnen. Du kennst das aus Erfahrung."

„Der gnädige Herr sind die Gütigkeit selber, sonst wäre ich längst fort. Ich hatte die Augen weit offen, aber Alles konnte ich nicht entdecken. Zuerst wurde ich mit einem Auftrage bis an's Ende der Heustraße gejagt, dann auf den Schloßplatz und dann zum Thorbäcken. Doch bis eine Frau mich anführt, darf sie früh aufstehen. Ich lief wie ein Wiesel und sah mir immer noch genug."

„Was denn?" drängte Hertling ungeduldig. „Mach's kurz!"

„Sie waren kaum fortgeritten, so kam ein altes, schmächtiges Herrchen mit eisgrauem Kopfe zum Besuch. Ich kenne den Mann nicht. Er wurde außerordentlich freundlich empfangen und sagte wiederholt, er wolle sich nur einmal umsehen, wie es mit Leib und Leben stünde. Ich mußte ein Glas frisches Wasser bringen, Kaffee brauen und wurde dann mit List bei Seite geschafft."

„Den Vogel kenne ich. Nur zu!"

„Als ich heimkam, rief ich den Lehrling in die Küche. Für eine Tasse Kaffee und ein Stückchen Kuchen mußte er mir Alles beichten. Die Frau kam in's Comptoir und verlangte die Geschäftsbücher. Die Herrn machten bedenkliche Gesichter. Da erhob sie stolz und gebieterisch ihr Haupt, pochte auf ihr Recht als Herrin des Hauses und der Apotheke, und forderte unbedingten Gehorsam bei Strafe der Entlassung. Es sei ein Fremder da. Für diesen bedürfe sie eine Aufklärung. Ihr Mann sei zufällig abwesend und sie habe durchaus keine Lust, Untergebene in Geheimnisse einzuweihen. Sie gaben die Bücher ...."

„Wie! — was?" rief Hertling ärgerlich. „Die einfältigen Menschen gaben die Bücher her?"

„Freilich, sammt und sonders! Sie wurden durch den Lehrling in's Wohnzimmer geschleppt und blieben über drei Stunden dort."

„Jetzt geht mir ein Licht auf," meinte Hertling

bei sich. „Also deßhalb diese feierliche Erklärung heute Abend! — Und dann, Christine?"

„Dann nahm der alte Herr wieder Abschied. Die Herrschaften wollten heiter und fröhlich plaudern, aber es ging nicht. „„Meine schönsten Empfehle!"" sagte er. „„Ich werde bald wieder kommen. Vielleicht habe ich dann das Vergnügen, Ihren Herrn Gemahl zu treffen.""

„Das wird er bleiben lassen," lachte Hertling und wollte die Hausthüre öffnen.

„Vielleicht kommt ein Anderer, an den Niemand denkt," warf die Köchin hin und ein heimtückisches Lächeln flog über ihre Züge.

„Ein Anderer?" fragte Hertling und wandte sich nochmals um. „Bist du denn mit deinen Neuigkeiten nicht zu Ende? Wen meinst du?"

„Wer kann's wissen? Der Besuch des alten Herrn wäre mir — offen gestanden — nicht aufgefallen ohne die Geheimnißthuerei, welche darauf folgte. Das war ein Leben! Der Stößer mußte sogleich fortlaufen und den Buben der „Wäscherlies" holen. Die Betschwester besorgt mit ihren Töchtern unsere Wäsche, ist die vertraute Bötin unserer Madame in allen geheimen Dingen und holt zeitig dafür ihr Almosen. Ihre Frau schrieb inzwischen einen Brief. Der Junge mußte zu ihr in's Wohnzimmer kommen und erhielt bei verschlossenen Thüren seine Instructionen. Ich wollte ihn beim Fortgehen ein wenig ausholen, aber er war stummer als ein Fisch. Dagegen lief er die Straße hinauf, nach dem Ludwigsthor zu — ich sage Ihnen, wie ein Windspiel. Er mußte große Eile haben."

„Hm — hm!" machte Hertling halblaut. „Was soll das bedeuten? Werden fremde Hülfstruppen herbeigezogen?"

„Vielleicht muß er jenen Brummbären von einem Gutsverwalter, den Bruder der gnädigen Frau, holen, der sich im vorigen Jahre benahm, als sei er der Herr im Hause, und seitdem nicht wieder erschien."

Hertling sann einige Augenblicke nach. „Er kann kommen," sprach er hierauf, dem Anscheine nach gleichgültig, langte in die Tasche, gab der Zuträgerin ein Geldstück zur Belohnung und verließ das Haus. —

Die Nacht war unfreundlich, kalt und dunkel. Das Auge konnte nicht einen Stern entdecken am weiten Himmelszelt. Schwarze Wolkenmassen, die sich langsam vorwärts schoben, zogen wie finstere, drohende Schaaren über die Stadt. Darunter hin[illegible]strich der Nordwind in scharfen, heftigen Stößen durch die Straßen, daß die Fußgänger sich sorgfältiger einhüllten und schnell vorwärts zu kommen strebten. Hertling schien das nicht zu kümmern. Sein Rock stand weit auf und flatterte lustig im Winde. Den Hut hatte er tief in die Stirne gedrückt und die Hände nachlässig auf den Rücken gelegt. Er hielt sich dicht an die Häuser und schritt in tiefes Sinnen verloren langsam vorwärts. Was mochte der unzufriedene Mann in seinem ruhelosen Geiste für Pläne schmieden? Er hob nicht einmal das Auge, um nach den hellerleuchteten Localen zu sehen, wo er sonst seine Einkehr zu halten pflegte. Ohne Aufenthalt wanderte er von Straße zu Straße, bis in die Vorstadt und durchschritt auch diese. An einer Gartenthüre machte der junge Mann endlich Halt. Zögernd hob er die Hand zum Glockenzug und ließ sie wieder sinken. Unschlüssig sah er nochmals zurück nach der Stadt. Hierauf läutete er rasch und heftig an.

Es währte geraume Zeit, bis eine kleine, schmutzige Weibsperson mit hohem Höcker, verwachsener Gestalt und widerlichem Gesichte öffnete. „Ist Ihr Herr zu Hause?" fragte der Apotheker und schritt, mit dem Platze vertraut, durch den Garten nach dem Wohnhause, welches in der Mitte desselben lag.

„Wie immer," lautete der Bescheid. „Für's Ausgehen ist ihm seit Wochen gethan." —

„Ist er guter Laune?" —

„Das hören Sie." —

Aus dem Hause vernahm man das Klatschen und Pfeifen einer Peitsche, begleitet von dem kläglichen Gewinsel und Geheul eines Hundes, dazwischen Scheltworte, Flüche und das heisere Lachen eines Mannes, der sich an dem Schmerze des gequälten Thieres zu laben schien.

„Vortrefflich gelaunt," meinte Hertling und trat in's Haus.

„Wie immer," flüsterte die Bucklige, „wenn er

ein lebendes Wesen maltraitiren kann. Gilt's mir nicht, so gilt's den Hunden. Er will sich für die Schmerzen und schlaflosen Nächte rächen, welche ihm seine Gicht bereitet."

Mit diesen Worten öffnete sie die Zimmerthüre und ließ ihren Begleiter eintreten. Mitten im Zimmer saß an einem runden Tische, den noch die Reste des Abendmahles und ein paar leere Flaschen sammt Gläsern deckten, ein wohlbeleibter Mann. Er mochte fünfzig und etliche Jahre zählen. Seine Glieder umhüllte ein schmutziger, großblumiger Schlafrock, dessen Grundfarben man nicht mehr erkennen konnte. Das kahle Haupt schützte ein Hauskäppchen, unter dem einzelne, gelbliche Haarbüschel wie ein Stachelkranz hervortraten. Das feiste Gesicht glühte tiefdunkel, Nase und Wangen schillerten violet, röthlichblau, wie erfroren. Auf der kupferigen Nasenspitze, die ein paar große Warzen zierten, ruhte eine Brille mit schwerer, goldener Fassung. Sie schien mehr den Zweck zu haben, das Auge zu verdecken, als die Sehkraft zu schärfen, denn die Blicke aus den kleinen, grauen, beweglichen Augen schossen beständig über die Gläser hinweg. Vor ihm saßen drei Hunde. Sie folgten mit halb gierigen, halb scheuen Blicken jeder Bewegung seiner Hände. In der einen Hand hielt er einen Knochen empor, in der andern die Peitsche. Die Hunde mußten um die Reihe nach dem Knochen schnappen, bei jedem verfehlten Schnapper setzte es einen Hieb, daß sie heulend in einen Winkel krochen, während um die aufgeworfenen, wulstigen Lippen des Peinigers ein teuflisches Lächeln spielte. Mit Hülfe einiger Fleischbrocken lockte er die Thiere wieder herbei. Sie mußten apportiren, alle drei zugleich aufwarten, wobei es an scharfen, ermunternden Peitschenhieben nicht fehlte, ruhig ein Stückchen Fleisch auf der Nase halten, bis sie es verschlingen durften, und mit einander tanzen. Die Peitsche gab den Tact dazu und ihr klägliches Winseln vertrat die Stelle der Musik.

Das war der Doctor beider Rechte und frühere Anwalt Hartwig. Vor Jahren hatte er eine bedeutende Praxis, machte auf eigene Rechnung großartige Speculationen, heirathete im Laufe der Zeit zwei Frauen mit beträchtlichem Vermögen und hatte beide mit und ohne sein Zuthun unter die Erde gebracht. Geld — Geld um jeden Preis war seine einzige und höchste Idee. Er calculirte Tag und Nacht, um einen großartigen Schlag auszuführen, der ihn zum grundreichen Manne machen sollte. Es gelang ihm mit dem Ankauf und der Zertrümmerung eines großen Gutes, wenigstens was den Geldpunkt anbelangt. Mit den Gerichten dagegen gerieth er wegen allerlei Manipulationen, die dabei vorkamen, in unangenehme Collisionen. Er zog sich aus der Schlinge, mußte aber seine Stelle niederlegen und sich zur Ruhe bequemen.

Ohne Beschäftigung konnte der geldgierige Anwalt nicht existiren. Er machte also einen „Winkeladvokaten." Sein Rath wurde namentlich von Solchen gesucht, die um jeden Preis gewinnen wollten und denen es auf etwas Recht oder Unrecht nicht ankam. Nebenbei betrieb er Mäkler- und Wechselgeschäfte, lieh auf Pfänder und stand in dem Rufe eines reichen, aber herzlosen Wucherers und Blutaussaugers. Wehe dem Armen, der in seine Hände fiel. So lange es den Vogel zu rupfen galt, war Hartwig die Liebenswürdigkeit, Freundlichkeit und Zuvorkommenheit selbst. Sobald aber nichts mehr zu holen war, kehrte er die rauhe Seite heraus und tractirte seine Opfer noch schlechter und herzloser, als seine Hunde. Je mehr sie dann unter dem eisernen Drucke sich krümmten, seufzten und um Erbarmen flehten, desto größer war seine Lust und desto verhärteter sein Herz.

„Ah, mein Freund Hertling!" rief der Advokat, erhob sich mit einem halb unterdrückten Fluche, der seinen gichtischen Füßen galt, aus dem Lehnsessel und grinzte widerlich süß hinter den großen Brillenscheiben vor. „Fort, Bestien!" donnerte er die Hunde an und hieb links und rechts über ihre Köpfe, daß sie heulend davonsprangen. „Altes Feuereisen" — schimpfte er nach der Thüre, — „warum rückst du für den Herrn keinen Stuhl bei? Wart', holde Grazie, ich mache dir deinen Buckel gelenkig! Wenn nur der — —"

Die Haushälterin, welche sich bereits entfernt hatte, hörte diese Lobsprüche nicht mehr. Der Gast trug sich selbst einen Sessel an den Tisch und beide ließen sich nieder. Hartwig rief vorwurfsvoll: „Sie haben Sich lang nicht sehen lassen, mein Bester, sehr lang. Kann ich Sie zu einer Flasche Wein und einer feinen Bremer Cigarre einladen?" —

„Ich danke für Alles." —

„Lassen Sie Sich zureden! Man sitzt so traulich am warmen Ofen, wenn's draußen weht und stürmt, und es plaudert sich bei etwas Dampf und vollen Gläsern viel gemüthlicher." —

„Bemühen Sie Sich nicht! Ich habe weder Zeit noch Lust zum Rauchen und Trinken, so lange die Angelegenheiten, welche mich herführen, nicht bereinigt sind." —

„Sie bringen mir Geld?" fragte der Anwalt, und ein hämisches Lächeln, welches seine Züge überflog, verrieth, daß er das Gegentheil dachte.

„Dazu würde ich schwerlich diese Stunde gewählt haben. Uebrigens" — setzte Hertling stolz bei — „auf speciellen Wunsch steht's Ihnen zu Diensten. Wir haben dann nichts weiter mit einander zu sprechen."

„Bitte, bitte!" entschuldigte der Advokat und biß sich ärgerlich auf die Lippen. „Wo denken Sie hin? Eine Scherzrede wird Sie doch nicht beleidigen? Wir kennen uns, dächt' ich, besser und ich stehe Ihnen zu jeder Zeit und in jeder Beziehung zu Diensten." Im Herzen freute er sich auf die Stunde, wo es ihm gegönnt sein würde, den Frechen in den Staub zu treten.

„Schon gut!" bemerkte Hertling besänftigt. „Ich bedarf zunächst Ihres Rathes in einer für mich sehr wichtigen Sache." Nun erzählte er den Vorfall in seinem Hause und fuhr fort: „Der alte Herr, welcher meine Bücher durchstöberte, ist ohne Zweifel der Sensal Hammer, ein intimer Freund meines Vorgängers. Der Gang des Eilboten bezweckt, meinen Herrn Schwager als Beistand herbeizuziehen. Jedenfalls will man gemeinschaftliche Schritte gegen mich thun, um mir das Vermögen, welches noch vorhanden ist, aus den Händen zu winden."

„Ihre Vermuthung scheint mir gegründet," bemerkte Hartwig, der aufmerksam zugehört hatte.

„Nun frage ich: können sie das? Ist es gesetzlich zulässig? Ich bin doch der von der Regierung concessionirte Apotheker, ich bin der Herr des Hauses und der Vater der Kinder!"

„Der „Stiefvater," verbesserte der Rechtsgelehrte mit Nachdruck. „Gerade das Gesetz ist in diesem Falle die stärkste Waffe Ihrer Gegner. Sie haben, wie ich schon früher bemerkte, einen sehr schlechten Ehecontrakt geschlossen. Damals war er nicht zu verwerfen, um des Zweckes willen" — setzte Hartwig spöttisch bei, — „jetzt könnten wir ihn anders brauchen."

„Was wollen, was können sie mir anhaben?" fragte der Schlangenapotheker heftig. Reden Sie offen!"

„Vor Allem muß ich Sie um ein offenes Wort bitten. Wie steht's mit Ihrem Geschäfte?"

„So — so!" machte dieser und zuckte leicht die Achsel. Den wahren Stand einzugestehen, schämte er sich.

Dem Advokaten genügte dieser Bescheid vollkommen, denn er sagte: „Wir können also zwei Fälle annehmen: entweder die Apotheke macht in einem gewissen Termin Bankerott oder sie hält sich. Der erste Fall ist unstreitig der schlimmste für Sie und die angeheirathete Sippschaft. Auf dem Haus ruht an und für sich eine große Schuldenlast. Sie haben kein Heirathsgut eingebracht, dagegen die Vermehrung der Schulden nach Kräften gefördert. Endlich ist auch der sogenannte „Voraus" der Kinder darauf versichert. Das Haus hat Renommee, hatte es wenigstens. Ich will nicht abstreiten, daß es in der Gant um eine schwere Summe wegkommt. Es können mit dem Erlös vielleicht alle Passiva gedeckt werden, im glücklichsten Falle auch der Voraus der Kinder. Für Sie aber bleibt nichts, nichts als der Hohn und die Schande, nichts als die christliche Pflicht — Sie sind ja ein guter Christ, he? — für Frau und Kinder zu sorgen und sich nach einer Gehülfenstelle, einem Schreiberposten oder dergleichen umzusehen." —

Das Auge des Wucherers leuchtete düster bei dieser Prophezeihung. Hertling biß sich auf die Lippen. Er konnte den hämischen Ausfällen nichts entgegensetzen und sagte nur: „Der zweite Fall?" —

„Ist jener, wenn sich die Apotheke hält. In diesem wird es Ihre verehrte Frau Gemahlin dahin bringen, daß Sie ohne ihre Einwilligung und Unterschrift keinen Kreuzer mehr borgen dürfen und kann dies nöthigen

Falls veröffentlichen. Es wird ferner der guten Dame nicht schwer fallen, eine schlechte Geschäftsführung von Ihrer Seite nachzuweisen. Sie wird mit Hülfe ihrer Gönner und Freunde die Regierung vermögen, Ihnen einen verantwortlichen Provisor an die Seite zu stellen. Dann sind Sie der Gehülfe und jener der Principal. Schließlich dürfte es ihr auch an den nöthigen Behelfen für eine Ehescheidung nicht mangeln. Dann bleibt der Frau und ihren Kindern die Apotheke. Sie ziehen aus, wie Sie eingezogen sind: federleicht."

Lauernd beobachtete der Advokat den Eindruck, welchen seine giftgetränkte Erklärung machte. Der junge Mann knirschte mit den Zähnen, warf dem Rathgeber für seinen schnöden Hohn einen grimmigen Blick zu, preßte die Hand auf die stürmisch erregte Brust und ließ nachdenkend sein Haupt sinken. Er kam zu keinem Entschlusse. „Was soll ich thun?" stieß er endlich hervor, ohne das Auge zu erheben.

„Heimgehen, brav werden, um schönes Wetter bitten, Besserung versprechen, sich ganz gehorsamst den Befehlen und Launen der gnädigen Frau fügen, nebenbei tüchtig arbeiten, solid leben, sparen, zu Fuß laufen, Wasser trinken, damit das Geschäft wieder auf die Beine kommt." —

„Das geschieht nicht," versetzte Hertling düster. „Wissen Sie keinen andern Rath?" —

„Ich wüßte nicht." —

„Die ganze Wirthschaft ist mir zuwider, in der

Seele verhaßt. Mit meinen Jahren könnte ich frei sein, frei wie der Vogel in der Luft, und das Leben genießen. Statt dessen habe ich eine nicht mehr junge, verwöhnte, ceriöse Frau auf dem Halse, die mehr Ansprüche macht als ein Mädchen von achtzehn Jahren, und zur Dreingabe ein paar steife Fräulein, die mir unerträglich sind." —

„Sie dürfen Niemand eine Schuld geben. Jeder ist der Schmied seines eigenen Glückes." —

„Ich klage Niemand an," entgegnete Hertling und richtete sich hoch auf, — „verlange aber auch von Niemand Hülfe. Ich helfe mir selbst. Ein entschlossener Mann rettet so viel als möglich. Verstehen Sie mich, Herr Doctor? — Ich gehe und lasse die ganze Gesellschaft sitzen." —

Der Advokat grinste beifällig und drückte dem Schlangenapotheker die Hand, als sei er sein bester Freund. Sodann erhob er sich mühsam und holte aus einem Wandschranke mehrere Flaschen. Sein Gast ließ sich nun willig einschenken, sie stießen an und Glas um Glas wurde im Laufe der Verhandlung geleert. Hartwig begann zuerst wieder: „Ich wollte und konnte Ihnen diesen Rath nicht geben, aus leicht erklärlichen Gründen. Nachdem Sie aber selbst die kühne Idee erfaßt haben, so gestehe ich Ihnen offen: es ist der einzige Weg, für Ihre vierjährige Botmäßigkeit etwas aus dem Schiffbruche zu retten."

Hertling nickte und sann still vor sich hin. Der

alte Herr störte seine Meditationen nicht, sondern wartete geduldig ab, bis er selbst seinen Entschluß offenbarte: „Ich gehe jetzt nach Haus, raffe an Geld und Gut zusammen, was ich erreichen kann, schreibe meiner heißgeliebten Gattin ein Briefchen, worin ich ihr eine Geschäftsreise vorspiegle, fahre morgen mit dem ersten Zuge nach Hamburg und schiffe mich auf einem Dampfer nach Amerika ein."

„Der zweite Theil Ihres Vorhabens mag gehen," belehrte der Anwalt, „der erste ist schlecht calculirt. Sobald Sie die Casse plündern, entsteht Verdacht, der Telegraph ereilt Sie und es blüht Ihnen vielleicht die Ehre, in „geschlossener" Gesellschaft wieder heimzufahren. In Ihrem Hause dürfen Sie nichts anrühren."

„Ja, womit denn reisen? — wovon leben?" fragte Hertling lachend und hielt dem Lehrmeister die flachen Hände hin.

„Wir wollen sehen," sprach dieser und rückte zutraulich näher. „Sie wissen, daß ich für meine Freunde etwas thue." Er selbst mußte bei diesen Worten lächeln. „Meine Casse steht Ihnen offen. Geben Sie mir eine genaue Schilderung Ihres Schuldenstandes. Ich werde das Möglichste leisten." Er brachte Schreibmaterialien herbei, sein Client zog eine Brieftasche hervor, sie begannen zu notiren und schrieben und rechneten länger als eine Stunde über das Soll und Haben. Am Schlusse überflog der Anwalt noch einmal die Notizen, welche er sich gemacht, und ließ sein Conclusum also vernehmen:

„Es steht besser, als ich dachte. Mit Fleiß und Energie könnte das ganze Geschäft noch gerettet werden. Haben Sie Lust, he?“ rief er lauernd.

„Um keinen Preis!“ entschied der Verblendete. „Ich gehe. Ich lebte seither auf dem nobelsten Fuße und bin nicht gesonnen, mich unter meinen Freunden zu blamiren.“ —

„Ist Ihr Entschluß unwiderruflich?“ —

„Unwiderruflich.“ —

„Gut, geben Sie Acht! Eine Wechselschuld geht vor Allen. Ich gebe Ihnen 5000 Gulden. Sie stellen mir einen Wechsel aus, den ich zur rechten Zeit nach Ihrer Abreise produciren werde.“ —

„Auf wie viel?“ —

„Auf 8000 Gulden.“ —

„Prrrr!“ machte Hertling und prellte von seinem Stuhle. „Das nenne ich schneiden.“

„Warum denn?“ fragte der Wucherer und legte seinem Nachbar ruhig ein Wechselformular zum Ausfüllen hin. „Wir dürfen nicht weniger schreiben, damit ich, wenn Verluste eintreten, wenigstens mein Darlehen rette. Es ist gewagt genug, und nur die Freundschaft für Sie“ — er hustete — „läßt mich so handeln. Und dann, mein Verehrtester, dieses Mehr entgeht weder Ihnen, noch Ihren Angehörigen, sondern den Gläubigern. Diesen Gimpeln geschieht ihr Recht, wenn sie sich nicht vorsahen.“

Das Geschäft war bald abgemacht. Der Apotheker

stellte den Wechsel aus und empfing 5000 Gulden in Banknoten.

„Vergessen Sie ja nicht, an Ihre Frau zu schreiben!" mahnte ihn der durchtriebene Rathgeber noch beim Abschiede. „Für Ihre Sicherheit ist dies unerläßlich. Schützen Sie eine Geschäftsreise vor, versprechen Sie zu Ihrer Rückkehr Einsicht und Besserung, lassen Sie durchblicken, daß gerade diese Reise Alles wieder gut machen soll, und sie wird geduldig acht und zehn Tage warten. Bis dahin schwimmen Sie auf dem weiten Ocean. Also Adieu! — Glückliche Reise!" —

Der Advokat ließ ein schlecht unterdrücktes, heiseres Lachen hören und schloß die Thüre, ohne sich weiter um seinen Clienten zu kümmern. —

III.

Lebe wohl.

„Sollt' ich Verrath in jene Wohnung tragen,
Die mir so freundlich ihren Schooß erschloß?
Wo ich des Guten, ach! so viel genoß;
Sollt' ich die Güte denn mit Undank schlagen?" —

Es war Mitternacht vorüber, als der Besitzer der Schlangenapotheke mit seinem Schatze in der Tasche hastigen Schrittes nach der Stadt zurückkehrte. Nicht weit mehr von seinem Hause entfernt, trat er in einen

Gasthof. Er ging an den gewöhnlichen Wirthschafts-localitäten vorbei nach einem rückwärts gelegenen, „abonnirten“ Zimmer, wo er gewiß war, noch Gesellschaft zu treffen. Der verspätete Gast hatte sich nicht getäuscht. Schon auf zehn Schritte strömte ihm ein starkes Aroma entgegen und an sein Ohr schlugen die Töne des bekannten Punschliedes:

„Vier Elemente,
Innig gesellt,
Bilden das Leben,
Bauen die Welt.“

Bei seinem Eintritte verstummten die Sänger. „Endlich, endlich!“ riefen sie von allen Seiten und aus dem freudigen Klange der Stimmen konnte man entnehmen, daß er in diesen Räumen ein gern gesehener Gast war. Einer der Anwesenden aber, eine schmächtige, ja spindeldürre Figur, flink und beweglich wie eine Gliederpuppe, sprang auf, tanzte auf ihn zu, entriß ihm den Hut, machte eine Verbeugung bis zum Boden, küßte ihm, ohne daß er's hindern konnte, zierlich die Hand und rief mit Pathos: „Viel tausend Mal gegrüßt sei mir die Geisterstunde, welche meinen vielwerthen Freund und hochgeehrten Gönner in unsere Mitte führt! Er will Theil nehmen an dem Glücke, das die Musen ihrem treuesten Jünger beschert. Sein Widerstrahl wird auf dem Antlitz eines braven Aliirten leuchten, die Musen werden uns diesen Abend mit Rosen umkränzen und für alle Zeit zu einem unvergeßlichen machen.“

Mit diesen Worten führte der Sprecher den Apotheker nach dem obern Ende der Tafel, auf welcher die Punschbowle dampfte. Eine kleine, aber fidele Gesellschaft, die sogenannten „Herrn vom grünen Stübchen," saßen singend, trinkend, scherzend und lachend herum. Der Schmächtige nahm den Ehrensitz ein. Hertling, welcher in der besten Laune von der Welt schien und heiter scherzte und lachte, mußte sich an seiner Seite niederlassen. Der Herr Präsident ließ seine Zunge keine Secunde ruhen. Er schien die schwere Aufgabe zu haben, die ganze Gesellschaft zu unterhalten. Theilweise gehörte dies zu seinem Metier, denn er war Schauspieler, theilweise lag es in seinem Vortheil, denn er kümmerte sich nie darum, wer seine Zeche im „grünen Stübchen" deckte.

„Nun, Herr Cerelli," fragte Hertling, der einen Scherz erwartete, „was ist denn für ein Glück bei Ihnen eingekehrt? Erbschaft, großes Loos, flottes Benefice, splendides Engagement oder wie tauft sich das Kind?"

„Errathen mit dem letzten Punkte," rief der Schauspieler und sah begeistert nach der Decke. „Wir feiern heute meinen Abschied. Ich konnte während des ganzen Tages meine gehorsamste Einladung nicht an den Mann bringen, weil Sie nirgends aufzutreiben waren."

„Ihren Abschied?" wiederholte der Apotheker zweifelnd.

„Auf mein Ehrenwort! Morgen mit dem ersten Zuge geht's nach Hamburg, der freien Stadt.“

„Wie ist das möglich? So unerwartet, so plötzlich?“

„Nicht wahr?“ triumphirte der Künstler.

„Heute hier und morgen da,
Ubi bene, ibi patria.“ —

„So lassen Sie doch hören, wie das kam?“ —

„Erzählen, Cerelli, erzählen!“ riefen Mehrere zugleich. „Wir wollen den Hergang wissen.“ —

Der Künstler räusperte und begann mit feierlicher Miene: „Mit Freuden erfülle ich diesen ehrenvollen Auftrag. Ich bin Künstler, Schauspieler, hiemit eine öffentliche Person. Die folgenden Worte sollen deßhalb zugleich meine Rechtfertigung für den gethanen Schritt sein. Sie wissen, was ich für das hiesige, hochzuverehrende Publikum, die Bühne und diesen Strohkopf von einem Director leistete.“

„Keine Frage!“ riefen Alle zugleich. „Längst anerkannt. Nur zu!“

„Ich erlaube mir ein kurzes Bild meines Schaffens zu geben:

Ich spielte „Carlos,“ Räuber „Moor,“
Das Publikum war Aug' und Ohr;
Ich urielt' den „Acosta,“
Spielt' „Hamlet,“ wie man niemals sah.

Auch in „Deborah“ that ich klar,
Mein herrliches Talente dar,
Indem ich im antiken Styl
Auf meinen Allerwerth'sten fiel.

Am hellsten schien jedoch mein Licht
In dem dramatischen Gedicht,
So reich an Poësie und Geist,
Das „König René's Tochter" heißt.
In diesem duft'gen Minnespiel
Ergriff mich also das Gefühl,
Daß mein Gedächtniß aus Malice
Mich einmal plötzlich sitzen ließ.
Ich nahm, als ich vom Schauplatz schritt,
Den Lohn des stummen Beifalls mit;
Und scheid' ich auch, so denk' ich doch
An diese letzte Rolle noch."

Ein stürmisches Bravo folgte diesen improvisirten Knittelversen. Cerelli aber fuhr ernst fort: „Da findet auf einmal der Director, dieser Filz aller Filze, meine Leistungen zu schwach, meiner Gage, dieser Idee von klingender Münze, nicht entsprechend. Die Herrn kennen meine Bescheidenheit.

Ihr Musen, höret mein Gebet!
Ich bitt' von Eurer Majestät
Nicht Lorbeer mir, noch Ehrenstrauß,
Nur ein Paar neue Hosen aus." —

„Bravo, bravo!" hallte es abermals von allen Seiten.

„Der Director will mich schulmeistern. Es gibt Plackereien und vor drei Tagen führen wir hinter den Coulissen ein vierhändiges Drama auf, wobei wir die Acteurs, Soufleurs und Pauker selbst machen. Meiner Gewandtheit im Heldenfache mußte der steife Haubenstock unter dem jubelnden Applaus der Zuschauer natürlich erliegen. Eine Stunde später schickte er mir meinen Laufpaß nebst einem sehr verbindlichen Begleitungsschreiben. Mein Weib, bekanntlich die kostbarste Perle unter dem sanftmüthigen Frauengeschlecht, schlug Zetter und Jammer auf. Ich blieb ruhig wie Tell und telegraphirte an meinen Agenten. Dieser schickte den Apfel mit der electrischen Drahtbüchse nach Hamburg, heute Abend kam Antwort sammt Contract und in drei Tagen trete ich dort auf.

So zieh' ich mich um's liebe Brod
Aus jeder noch so großen Noth,
Und denk': es wird schon besser geh'n;
Die Welt ist rund und muß sich dreh'n."

„Glück auf!" rief am andern Ende der Tafel ein dicker Herr, welchen Alle den „Herrn Registrator" titulirten. „Glück auf und auf baldiges Wiedersehen! Ein Hoch unserem Freunde, hoch und nochmals hoch!" —

Alle stimmten mit ein und hell klangen die Gläser dazwischen.

„Glück auf!" wiederholte Hertling mit gedämpfter Stimme und stieß nochmals mit dem Schauspieler an. „Freuen Sie Sich! Wir fahren zusammen."

„Wie — was? — Sie sagen?" rief Cerelli und vergaß in der Ueberraschung zu trinken. „Wär's möglich?"

„Nur leise!" mahnte der Apotheker. „Auch mir hat Fortuna gelächelt. Ich habe mit zwei Geschäftsfreunden in Leipzig und Berlin eine großartige Speculation in Thran gemacht. Sie ist gelungen, mein

Werthester, vollkommen gelungen. Mit dem ersten Zuge gehe ich morgen nach Leipzig, von da nach Berlin und vielleicht noch weiter. Aber — —" Er legte bedeutungsvoll den Zeigfinger auf seine Lippen. Cerelli nickte, mit dieser stillen Mahnung zur Verschwiegenheit einverstanden.

Mochte nun der Schauspieler wirklich so geschwätzig sein oder die wahre Lage und geheime Absicht seines Gönners als ein gewürfelter Weltmann durchschauen — wir wissen es nicht. Sobald ihm der Apotheker den Rücken kehrte, schlich er sich von seinem Platze, erbat sich da von einem Bekannten eine Prise Tabak, dort von einem zweiten eine Cigarre, vom dritten Feuer und in zehn Minuten wußten alle die „neueste Neuigkeit," natürlich unter dem Siegel der strengsten Verschwiegenheit. Dann nahm er unbefangen seinen Platz wieder ein und ergötzte sich daran, wie die Meisten nicht ohne Neid das Glückskind beaugapfelten. Bald gewahrte Hertling den günstigen Erfolg seiner List und bestättigte Alle in ihrem Glauben durch sein heiteres, fast übermüthiges Wesen.

„Nun, Signore Cerelli, was wird denn aus Ihrer Frau?" neckte er den Schauspieler.

„Ich muß sie gesund und wohl verlassen," seufzte dieser, schnitt ein langes, klägliches Gesicht und fuhr mit der Hand über seine Augen. „Ihr Contract hält sie hier fest bis zum Ende des Winters. Dann wird sie mir folgen bis nach Grönland und Spitzbergen, um mich wieder in den Strom des häuslichen Glückes zu tauchen."

„Welch' ein herzzerreißender Jammer!" lachte der dicke Herr. „Bringt doch Wasser her, damit wir Thränen bekommen."

„Hier sind Thränen, hier!" rief Cerelli und hob leuchtenden Blickes sein Glas. „Wer kann ihn fassen den Gedanken, den göttlichen? Frei soll ich werden, frei sechs volle Monate! — Wißt Ihr, wie der lustige Brenner in „Camoëns" singt? —

Frei bin ich, wie der Aar im Aetherblau,
Frei von der Last der königlichen Bürden,
Frei von dem Willen einer bösen Frau,
Frei auch von Geld und Gut und eitlen Würden.
Stülpt meine Taschen um, laßt nackt mich geh'n,
Auch nicht ein Pfennig ist bei mir zu seh'n! —

Die Freiheit hoch!" —

Die Gläser klangen abermals und der Schlangenapotheker gab ein donnerndes Bravo dazu. Ein junger Stutzer, der ihm gegenüber saß, meinte spöttisch: „Nicht wahr, Monsieur Hertling, das ist Ihnen aus der Seele gesprochen? Ich denke, auch Sie würden ohne besondern Schmerz Sich von Ihrer Donna verabschieden. So ein Urlaub von etlichen Jährchen wäre nicht übel, he?" —

Der Angesprochene wollte mit einem Scherze antworten, aber der Herr Registrator, welcher gerade seine Brille, seine Tabaksdose und sein Cigarrenetuis sorgfältig zusammenpackte, nahm ihm das Wort vom Munde.

„Das glaube ich nicht," versicherte er. „Abgesehen von dem stillen, häuslichen Sinn, von der Liebenswürdigkeit, Bildung, dem Fleiße und all den Tugenden, welche die Frau unseres Freundes zieren, wie keine zweite, würde er jedenfalls auch aus andern Rücksichten sich gewaltig bedenken."

„Und die wären, wenn ich fragen darf?" spottete der Stutzer.

„Die Pflichten der Dankbarkeit," versetzte der Registrator mit scharfer Betonung. „Wie viele unserer jungen Leute finden ein ähnliches Glück? Durch diese Heirath ist unser Freund, was man sagt, ein gemachter Mann geworden. Er zählt zu den ersten und angesehensten Bürgern der Stadt und kann sein Schäflein in's Trockne bringen, so gut wie seine Vorfahren. Was ist, was wird heut' zu Tage ein Apothekergehülfe ohne Geld? Ich denke, wir sehen als Antwort lebendige Beispiele genug hier herumgehen."

Diese freimüthige Rede behagte Hertling durchaus nicht. Er gab keine Entgegnung, aber dem Registrator, welcher sich mit Mehreren entfernte, auch keinen Gegengruß auf seine „gute Nacht." Er war frappirt, wurde einsilbig und ließ nachdenkend sein Haupt sinken. Der Schauspieler Cerelli, welcher fürchten mochte, seinen Reisegefährten zu verlieren, konnte das unmöglich dulden. Er griff zum Glase, sang ein munteres Trinklied und hatte den jungen Ehemann bald wieder im rechten Fahrwasser. Sie blieben beide bis zuletzt und trennten sich erst nach zwei Uhr.

„A revoir!“ rief Cerelli.

„Beim ersten Zug,“ antwortete Hertling. „Ich habe jetzt gerade noch Zeit, meine Angelegenheiten zu ordnen. Auf Wiedersehen!“ — —

Hertling ging nicht direct nach Hause. Er schlug sich in eine Seitenstraße, beschrieb einen weiten Bogen und näherte sich seinem Anwesen von der Rückseite. Es war dieses sein gewöhnlicher Weg, wenn er spät von nächtlichen Gelagen heimkehrte. Um sich jeder Controlle von Seite seiner Angehörigen zu entziehen, führte er eigens zwei Schlüssel bei sich. Der eine öffnete ihm den Garten, welcher an das Haus grenzte. Von da gelangte er durch eine unversperrte Nebenthüre in einen kleinen Hof. Dieser war vom Haupthofe durch eine Mauer vollständig getrennt und diente zum Aufbewahren von leeren Kisten, Fässern, Körben, Gläsern und sonstigen Utensilien für das Geschäft. Der zweite Schlüssel öffnete ihm das Laboratorium, welches an dieses Höfchen stieß, und vom Laboratorium führte eine Thüre in den Hausgang. Die Köchin mußte jeden Abend an einem bestimmten Platze Licht und Feuerzeug hinterstellen. So wurde es ihm möglich, Nacht für Nacht ungesehen und ungehört sein Schlafzimmer zu erreichen.

Als der Heimkehrende durch den Garten ging, blieb er unwillkürlich in der Mitte desselben stehen.

Sein Auge ruhte auf den breiten Beeten, die eine leichte Schneedecke trugen, auf den sorgfältig mit Stroh eingebundenen Bäumen und Gesträuchen, auf der entblätterten Laube, die er selbst gezogen hatte. Vom Garten hinweg wandte sich sein Blick auf das große, stattliche Gebäude. Ein wehmüthiges Gefühl zog durch seine Seele. Wie leicht hätte er in diesen Räumen ein Leben führen können, so ehrenvoll, so sorgenfrei und heiter, wie es nur Wenigen beschieden ist! Wie glücklich, wie dankbar wären ihm die Seinigen für ein solches Loos gewesen! Unter diesem Dache hatte er in den ersten Monaten so herrliche Stunden verlebt, bis er die schützenden Wände des häuslichen Kreises durchbrach, bis er, von falschen Freunden und nobeln Müßiggängern verlockt, sich in den Strudel des öffentlichen Lebens warf und in der Welt sein Glück und seinen Frieden suchte. Ein banger Schmerz überkam ihn bei dem Gedanken, daß er dies Alles in wenigen Stunden verlassen sollte, verlassen für immer, um einer dunkeln Zukunft entgegenzugehen, mit schwerer Schuld belastet wie ein Dieb! Gewaltsam kämpfte er die letzte, gute Regung, den letzten Mahnruf des Gewissens zur Umkehr nieder. „Es ist zu spät," sprach er bei sich. „Ich will und kann den Bankerott dieses Hauses nicht mitansehen. Die ganze Stadt würde mit Fingern auf mich zeigen. Es ist vielleicht gut so. Gegen eine Frau, die allein, verlassen steht, werden Alle hülfreich und nachsichtig sein. Ich schleiche jetzt auf mein Zimmer. Ein paar Zeilen, die ich hinterlasse, eine kleine Dosis Reue, etwas Hoffnung dazu werden meine Frau beruhigen. Dann packe ich das Nothdürftigste zusammen, wie bei einer gewöhnlichen Reise und benütze mein Bett auf eine Stunde, um jeden Verdacht fernzuhalten. So wird's gehen. Bis ihnen die rechte Idee kommt und der Telegraph zu spielen anfängt, segle ich längst auf dem weiten Ocean."

Mit diesen Worten geht er zur Thüre, welche in den kleinen Hof führt. Vorsichtig öffnet er das Schloß, um unnöthiges Geräusch zu vermeiden, tritt ein und schiebt die Thüre wieder leise hinter sich zu. Arglos macht er einen, zwei Schritte — da schlägt ein tiefes, rauhes Brummen an sein Ohr. Er glaubt sich zu täuschen, geht vorwärts — ein starkes, heftiges Knurren bannt ihn fest. Am Hause sieht er einen dunkeln Körper, ein paar glühende Augensterne funkeln ihm durch die Nacht entgegen. „Zurück!" ruft er couragirt und schreitet rasch vor, um an den Gegenstand zu kommen, welchen er für einen fremden Hund hält. Ein kurzes, knarrendes, zorniges Knurren, ein gewaltiger Satz — das Thier springt wüthend an und faßt nach seinem Halse. Der Anprall ist zu heftig: Hertling gleitet aus und schlägt rückwärts nieder. Das Thier springt wie der Blitz auf ihn, setzt die Vorderfüße auf seine Brust, stößt ein drohendes, dumpfes Brummen aus, jeden Moment bereit, mit einem Bisse in die Gurgel sein Opfer unschädlich zu machen.

Hertling hört den grollenden Laut, er fühlt den heißen Athem an seiner Wange, der Geifer tropft ihm auf's Gesicht, er sieht das funkelnde Auge, die rothe Zunge, die gefletschten Zähne. Jetzt wird ihm das Gefährliche seiner Lage klar. Ein Neufundländer Fanghund der stärksten Art steht auf ihm. Gegenwehr ist doppelt gefährlich und in dieser Lage unmöglich. Sein rechter Arm ist durch den Fall beschädigt und liegt schwer wie Blei an seiner Seite. Er kennt die Dressur dieser

Thiere. Die leiseste Bewegung von seiner Seite, ein Wort, ein lautes Husten läßt den Hund zufahren und droht ihm den Tod. Der Arme darf sich nicht rühren, so hart er gefallen ist, so schmerzhaft er auf den holperigen Steinen und den alten Brettern aufliegt. Er getraut sich kaum zu athmen, so unsäglich ihm die Last des Thieres die Brust zusammenpreßt. Es ist eine gräßliche Lage. Der Hund hält unbeweglich fest wie eine Mauer. Der Gefangene hört das Ticken seiner Uhr in der Westentasche und die Minuten werden ihm zur Ewigkeit. Kalter Angstschweiß tritt auf seine Stirne, die Furcht vor einem so jähen, so fürchterlichen Tod zieht krampfhaft sein Herz zusammen und läßt ihm das Blut in den Adern erstarren.

Unglücklicher Weise lag Hertling an einer nassen Stelle. Das Wasser drang allmälig durch seine Kleider, ein kaltes Frösteln rieselte zuerst seinen Rücken hinab, später aber durchzog ein eisiger Schauer seine Glieder. Er biß sich auf die Lippen, daß sie bluteten, er bot seine ganze Kraft auf, um nicht zu zittern und so den starken, wachsamen Hund zu reizen.

Es dünkt dem Armen eine fürchterliche, endlose Zeit, welche er unter den Krallen seines Gegners verbringt. Bang forscht sein Auge am Himmelszelt, ob nicht die ersten Strahlen des jungen Morgenlichtes über die Dächer hereinbrechen und ihm Rettung bringen. Er fühlt, daß seine Kraft auf die Neige geht, er sieht den Augenblick herankommen, wo er den eisigen Frost nicht länger wird bemannen können, wo er zittern und beben wird, wo ihm die Last des Thieres, das unbewegt auf seiner Brust steht, den Athem nehmen und eine Ohnmacht seine Sinne umnachten wird. Dieser Augenblick ist gleich bedeutend mit dem sichern Tod. Er schaudert zurück vor dem gräßlichen Bilde und doch tritt die Wahrheit unerbittlich, näher und immer näher zu seinem Geiste heran. Er ist im Begriffe gestanden, mit dem letzten, gestohlenen Reste eines von ihm nicht gesammelten, sondern vergeudeten Vermögens die Flucht zu ergreifen, und seine Angehörigen, denen er Alles verdankt, der Noth und der Schande preiszugeben, und jetzt — jetzt steht er selbst an der Pforte des Todes in seiner schauerlichsten Gestalt. „O Gott!“ seufzet er in seiner höchsten Noth aus tiefstem Herzensgrunde, — „o Gott, steh' mir bei!“ —

Ein tiefes, drohendes Brummen, ein lautes Fletschen dringt ihm als Antwort entgegen. Unwillkürlich schließt er die Augen, seine Sinne drohen zu schwinden. Abermals stößt der Hund ein kurzes, starkes Knurren hervor, wendet unruhig den Kopf und schlägt seine Seiten heftig mit der Ruthe. „O Gott!“ stöhnt Hertling todesmatt, jede Secunde des Angriffes gewärtig. Er hört es kaum, daß ein leises Klirren in den Hof dringt, wie wenn Jemand ein Fenster öffnet.

„Pluto!“ ruft eine sonore Männerstimme. „Pluto hier!“ —

Ein kurzes, freudiges Anschlagen des Hundes antwortet.

„Was hast du? — Pfui! laß ab von der Katze! — Hierher!“ —

Der Hund steht unbeweglich.

„Was ist denn das? — Ein Dieb? — Steh', Pluto, steh'! — Schön steh'!“ —

Unmittelbar darauf eilt ein großer, starker Mann aus dem Hause, nichts in der Hand als eine schwere Reitpeitsche, deren mit Blei ausgegossener Knopf keine zu verachtende Waffe ist. „Zurück, Pluto! Laß ab!“ commandirt er und tritt auf die Gruppe zu.

Auf's Wort springt das folgsame Thier ab und eilt an die Seite seines Herrn.

„Wer da?“ —

„Ich bin's,“ stöhnt Hertling, unfähig sich zu erheben.

„Wer da? — Den Namen! — Ruhig, Pluto!“ — Er faßt seinen Hund am Halsbande.

„Hertling!“ antwortet dieser kaum hörbar und sucht sich mühsam aufzuarbeiten.

„Was, Herr Schwager, Sie? — Um Gotteswillen!“ ruft der Gutsverwalter — denn dieser ist es — und eilt auf den Gefallenen zu. Mit starker Hand hilft er ihm auf die Beine und hält den Hund ab, der fort und fort knurrt und mit dieser Wendung der Dinge nicht sehr zufrieden ist. „Was soll das heißen?“ fragt der Verwalter, ohne sein Staunen zu verhehlen. „Wie kommen Sie hierher unter die Zähne und Füße meines Hundes? Meine Schwester sandte mir gestern einen Eilboten. Ich ritt noch in der Nacht herein und sperrte den Hund, der mich immer begleitet, absichtlich in diesen Hof, damit er Niemand unnöthig stellen oder verletzen soll. Wie geht das zu?"

„Sie sollen Alles erfahren," spricht Hertling mit schwacher Stimme. „Führen Sie mich hinauf in mein Zimmer! Wecken Sie Niemand — ich bitte." — —

Sobald sich der Hausherr erholt hatte, legte er seinem Schwager ein offenes, rückhaltloses Geständniß ab. „Hier ist das Sündengeld," schloß er, „welches ich von dem Wucherer bekam. Er muß den Wechsel wieder herausgeben, sonst sind wir verloren. Besorgen Sie das um Ihrer Schwester willen — ich beschwöre Sie! So und jetzt rufen Sie meine brave Frau! — Ich muß mit ihr reden. Möge sie mir verzeihen und so die Umkehr erleichtern!" —

„Auf Manneswort?" fragte der Verwalter, welcher nach einem so tiefen Fall dem raschen Umschwung nicht traute und Alles auf die Rechnung des Schreckens schrieb.

„Mein Leben zum Pfand!" rief Hertling und streckte seinem Schwager beide Hände entgegen.

Dieser besorgte seinen Auftrag. In weiten Schritten, seinen Hund voraus, eilte er nach der Vorstadt. Unangemeldet brachen beide in den Garten und in das Haus. Der Advokat saß in der rosigsten Laune beim Kaffee und schmiedete gerade Pläne, wie er die andern

Gläubiger abhandeln und so die ganze Apotheke in seine Gewalt bringen könnte. Entsetzt fuhr er beim Anblicke des Verwalters auf. „He, alter Geier,“ donnerte ihm dieser statt des Morgengrußes entgegen, „eine Taube habe ich deinen Fängen schon abgejagt, heute kommt die zweite. Pluto, Achtung! — Hier sind die Banknoten. Den Wechsel heraus oder ....“

„Was wollen Sie?“ knirschte der Wucherer, welcher den Verwalter recht gut kannte, und sah sich vergebens nach Hülfe um. Seine Hunde, die keine Lust hatten, ihren Peiniger zu vertheidigen, krochen winselnd und furchtsam in die Ecken.

„Vorwärts, den Wechsel! — Ich treibe keinen Scherz. Pluto, faß'!“ — Er machte Miene, den Hund loszulassen.

„Halt, halt!“ wehrte der Advokat, dem sein Leben über Alles ging, riß die Tischschublade auf und zog aus einer Mappe den Wechsel. „Hier — hier!“ —

Der Verwalter warf die Banknoten hin, nahm lächelnd das Blättchen in Empfang und kehrte vergnügt heimwärts. Zu Hause fand er Alles umgeändert, wie neu geschaffen. Seine Schwester flog ihm mit strahlendem Gesichte entgegen und sank weinend vor Freude an seine Brust. Die Mädchen faßten seine Hände und zogen ihn fort zum Vater. — —

Niemals wurde ein Versprechen heiliger gehalten und nicht leicht eine Familie glücklicher, als die Hertlings von dieser Stunde an. Nach wenigen Jahren eiserner Thätigkeit hatte er die Scharte ausgewetzt. Nun ging er daran, mit einem glücklichen Wohlstand seiner Frau all ihre Liebe und Treue zu vergelten und für seine Töchter zu sorgen. Beide sind jetzt angesehene Frauen, welche mit kindlicher Liebe an ihrem Stiefvater hängen. Der Gutsverwalter kam von dieser Zeit an jede Woche in die Stadt, und es konnte sich nicht fehlen, daß Hertling und der brave Neufundländer noch die besten Freunde wurden.

Der Student und sein Pflegsohn.

I.

Hoch unter'm Dache.

Vögel nicht, noch Blumen sorgen,
Hat doch jedes sein Gewand —
Wie so fröhlich rauscht der Morgen!
Alles steht in Gottes Hand.
J. v. Eichendorff.

„Ach, beste Frau Tante, nur einen Trunk Wasser! Mich brennt und dürstet so sehr — nur einen Schluck!" So bat der kleine, kaum sechsjährige Karl und suchte sich mühsam von seinem harten Lager in der feuchten Kammerecke emporzurichten. Er lag in einem engen, dunkeln Nebengemache, worin man sich trotz der strengen Jahreszeit vergeblich nach einem Ofen umsah. Nur wenn manchmal die Thüre zum anstoßenden Wohnzimmer sich öffnete, drangen einige Wärmestrahlen herein und zertheilten sich rasch und spurlos wie Nebelstreifen in der eisigen Temperatur. Dann erst die Lagerstatt des kranken Knaben! Es war kein wärmendes Bettchen mit blüthenweißen Tüchern und schmiegsamen Polstern, mit schwellenden Kissen und Decken; nein! — es war ein alter, abgenutzter Strohsack, der vielleicht Jahre lang einem vierfüßigen Vorgänger zur Unterlage gedient, und dessen Inhalt durch hundert Löcher neugierig sich Luft machte.

Die matten, trüben Augen des kleinen Dulders befeuchteten perlende Thränen, eisiger Frost schüttelte die abgezehrten Glieder, und flehend erhoben sich die bleichen, fast durchsichtigen Händchen. Diese Worte, diese Geberden der dringendsten Bitte galten einer nobel gekleideten Frau, welche geschäftig ab- und zueilte, ohne im Geringsten davon Notiz zu nehmen. Sie untersuchte und vermehrte die Kleiderhaken an der Wand, holte und brachte Stühle, ordnete und richtete Betten, Kommoden und Tische und darauf wieder allerlei Tassen, Teller und Schüsseln, ohne an eine Antwort zu denken. Als aber die Bitten des kranken, schwächlichen Kindes wieder und immer wieder und immer dringender sich erneuerten, brach sie ungeduldig und scheltend in die Worte aus:

„Ei, Karl, so gib einmal Frieden! Wer wird denn so unbescheiden in Einem fort bitten? Bald verlangst du Wasser, bald Brod, bald Milch, bald Kartoffeln, bald dies, bald jenes. Es thäte wahrlich Noth, ich hielte eine eigene Person für deine Bedienung. Das werfen die paar lumpigen Gulden, welche ich für deinen Unterhalt bekomme, nicht ab.“

„Nur einen Trunk Wasser!" — seufzte Karl — „und ich bin zufrieden." —

„Wer warten kann,
Kommt auch daran.

Geduld, mein Sohn! Du siehst doch, daß mir die Arbeit über dem Kopfe zusammenschlägt. Heute Abend geben wir große Gesellschaft, in einigen Stunden kommen die Gäste und noch ist unser Arrangement nicht vollendet. Die Magd muß fegen und wischen, die Mädchen sind in der Küche, um für Thee und kalte Speisen zu sorgen, Fritz rennt in der Stadt herum, bestellt Musik und Bäckereien, und ich muß die Zimmer richten. Warte eben, bis Fritz zurückkommt ...."

„Ist schon hier!" rief eine widrig gellende, affektirte Stimme, und ihr Eigenthümer, ein wilder Bursche von fünfzehn Jahren, stürmte lärmend und lachend in das Zimmer. „Ist schon hier und steht den gnädigen Herrschaften zu Befehl. Die Kuchen, Torten und Pasteten werden erscheinen, und die Herrn Streich- und Blaskünstler, vulgo Musikanten, punkt acht Uhr beginnen. — Und nun — was befiehlt der junge Herr Baron von Habenichts auf und zu Krankenheim?"

„Laß mich trinken, Fritz!" bat Karl wiederholt.

„Werde sogleich den goldenen Pokal kredenzen und mit dem feinsten Quellenhäuser aufwarten. Ich sah eine ähnliche Flüssigkeit auf dem Gange stehen." Mit diesen Worten eilt Fritz unter lautem Pfeifen und Jodeln hinaus und kehrt nach wenigen Augenblicken mit einem großen, schwarz gebrannten Hafen zurück, den er heimtückisch lächelnd dem Patienten reicht. Dieser setzt gierig die lechzenden Lippen an das Gefäß und holt einen tiefen — tiefen Zug. Dann reißt er es keuchend und hustend vom Munde, die Lippen ziehen sich schmerzhaft zusammen, das trübe Auge zuckt wild auf, die schlaffen Nerven sammeln die letzte Spannkraft und schleudern den Topf mitten in's Zimmer, daß die zerbrochenen Scherben nach allen Seiten auseinander stäuben und die gelblich braune Brühe in bänderigem Zickzack den gescheuerten Boden leckt. „O, es brennt wie Feuer im Herzen!" klagt stöhnend der kleine Karl; „das war kein Wasser — das war — Lauge! O wie abscheulich!"

„So!" rief erbost die Frau; „der Schmutz hat mir akkurate noch gefehlt. Nein, nein! dem Ding muß ich ein Ende machen. Abends Gäste, dazu nur einen solchen Auftritt, und wir sind morgen das Gerede der ganzen Stadt. Wenn ich nur wüßte, wohin mit dem Jungen?"

„Ich täuschte mich eben," spöttelte Fritz, „und Irren ist menschlich. Deßhalb braucht man den Hafen noch nicht in's Weite zu jagen, als wenn er Flügel hätte."

„Ich will sogleich abhelfen," entschied die Mutter. „Wir haben noch die freie Bodenkammer, dort kann der Junge seinen Muthwillen austoben."

„Vorwärts marsch!" kommandirte Fritz und be=

gleitete sein Kommando mit einem heftigen Stoß auf das kranke Kind, daß es vom Lager herabstürzte und wie ein Spielball in's Zimmer rollte. Alles Bitten, alles Jammern verhallte fruchtlos. Die Magd wurde gerufen und erhielt den Auftrag, den Knaben sammt Lager in das „obere Zimmer“ zu schaffen.

Es gibt wohl für Kinder kein größeres Unglück, als wenige Jahre nach ihrem Eintritte in das Leben die Eltern zu verlieren. Die meisten würden elend verkümmern und spurlos in den ansteckenden Sümpfen des Lasters untergehen, wenn nicht des Allmächtigen gütige Hand sie väterlich beschützte und ihr heiliger Schutzengel sie über die Untiefen des Lebens sicher hinwegführte. Zur Zahl dieser bedauernswerthen, elternlosen Geschöpfe gehörte auch Karl. Seinen Vater, einen herrschaftlichen Gutsverwalter, hatte er nie gekannt, und seine Mutter hatte vor zwei Jahren das Nervenfieber hinweggerafft. O wie hart, wie unendlich hart fiel der bedrängten Wittwe der Gedanke an das Scheiden von dieser Erde, wo sie ihr bestes und liebstes Kleinod, ihren einzigen Sohn, in fremden Händen zurücklassen mußte! „Wer wird den schwächlichen Knaben in seinen Schutz nehmen?“ forschte ängstlich die Leidende. „Wir haben weder Freunde noch Bekannte, fähig und bereit, ein solches Liebeswerk zu üben. Nur eine Verwandte kenne ich, die Stadtbaumeisterin Sch. in der nahen Residenz. Nach dieser will ich senden. Sie ist selbst eine mittellose Wittwe, hat drei Kinder und wird den Knaben gut erziehen. Man macht Alles zu Geld, was wir besitzen, schlägt den Erlös zu seinem Vermögen, die Interessen aus dem ganzen Kapital werden ihr eine willkommene Zugabe sein. Sollte aber mein Karl, bevor er mannbar geworden, mir nachfolgen, so sei sein Vermögen ihr und ihrer Kinder Erbe." —

Was wir wünschen, glaubt das Herz. Die Stadtbaumeisterin versprach alles Gute, und die Wittwe entschlief sanft und ruhig zu einem besseren Erwachen. Armes Mutterherz! Du ahntest nicht, daß deine liebevolle Sorge ein Giftbecher, die Quelle unsäglicher Leiden für dein eigenes Kind werden würde. —

Einige Monate ging es unserem Karl in dem neuen Asyl ziemlich gut, wiewohl er sich in dem fremdartigen Getriebe dieser Familie nie recht heimisch fühlen konnte. Die Baumeisters waren ein lockeres, vergnügungssüchtiges Völkchen. Der einzige Sohn Fritz hatte es mit fünfzehn Jahren schon so weit in der „Bildung" gebracht, daß ihm Niemand im ganzen Hause mehr Etwas einreden oder gar befehlen durfte. Der hilflose Waisenknabe kam ihm als Spielzeug für seine Unterhaltung wie gerufen. Er mußte zum Stichblatt für Hohn und Spott, zur Zielscheibe bei allen losen Streichen dienen. Die Frau Baumeisterin mochte und konnte sich nicht um solche Kleinigkeiten kümmern. Sie hatte Wichtigeres zu sorgen und zu thun. Ihre beiden Fräulein Töchter „anständig" unterzubringen, war das einzige Streben des eiteln Mutterherzens. Um diesem großartigen und lockenden Ziele — wenn auch nur einige Schritte — näher zu rücken, durfte kein Aufwand gescheut, keine passende Gelegenheit versäumt werden, wo man sich bemerkbar machen konnte. Die Töchter unterstützten nach Kräften die mütterlich-zärtlichen Pläne. Am Tage plauderten sie von Romanen und Musik, Partien und Gesellschaften, Bällen und Theatern, in der Nacht träumten sie von Kleidern und Spitzen, Hüten und Bändern und sonstigem Tand. Ach, wie erwünscht, wie unumgänglich nothwendig waren da meistens die Zinsenzuschüsse aus dem Vermögen des Adoptivsohnes! Und doch wäre das Kapital noch willkommener gewesen. Wozu sollte es auch dem Jungen nützen, der doch über kurz oder lang den Weg alles Fleisches gehen mußte? — Zuerst dachte man nur daran, nachher fielen einzelne Worte, später verhandelte man ganz ungenirt darüber, am Ende galt es als ausgemacht, dieses Vermögen als wohl erworbenes „Eigenthum“ zu betrachten, bei allen Heiraths-plänen als Mitgift für die Töchter mit einzurechnen, und den wahren Eigenthümer als ein nutzloses, lästiges Anhängsel außer Betracht zu lassen. Diese Gedanken, welche gierig und tückisch wie Raubvögel im Hintergrunde lauerten, bildeten die Triebfeder zur späteren Behandlung des Knaben.

Im Anfange durfte Karl das hölzerne Gatter, welches den Hausplatz absperrte, nicht überschreiten.

Wozu auch die Nachbarn einweihen? Später beschränkte man ihn auf das Wohnzimmer mit dem strengsten Auftrage, in die Kammer zu flüchten, sobald ein Besuch sich nahte. Zuletzt ward er trotz Schnee und Regen, trotz Wind und Eis für immer in die kalte Kammer verbannt, wo wir ihn zuerst trafen. Schauer und Frost, feuchte Wände, ein schlechtes Lager, mangelhafte und verdorbene Nahrung, oder als Ersatz dafür rauhe Worte, Stöße und Schläge machten den Knaben in kurzer Zeit zu einem Bilde des Jammers und der Abzehrung. Vorfälle, wie der obige, welcher leider nur zu viele Vorgänger zählte, zeigten zu deutlich die gierige Habsucht und teuflische Bosheit seiner Verwandten.

Einsam und verlassen lag Karl in dem öden Bretterverschlag, welcher an das Taubenhaus gränzte. Der Wind strich pfeifend durch die Lucken und Spalten, schob und rüttelte an den Ziegeln, als wollte er das Haus abdecken und Alles auf die Straße schleudern. Der Mond warf sein blasses Licht durch die offene Dachlucke und leuchtete den Mäusen und Ratten, welche ohne Scheu ihr Unwesen trieben; die lustigen, beweglichen Gesellen schienen zu ahnen, daß von dem neuen Nachbar für sie keine Gefahr zu befürchten sei. Dieser blickte trostlos in dem leeren, staubigen Raume umher. Kälte und stechender Schmerz, Hunger und Durst verscheuchten den Schlummer von seinen Augen. Seit Stunden hatte er keinen andern Trost, keine andere

Erleichterung, als lautes Weinen und Jammern, lautes Rufen und Beten in die stille Nacht hinein. „Lieb', lieb' Mutter, wo bist, wo bleibst du?" rief er klagend aus. „Wie mochtest du fortgehen und mich so allein, so elend zurücklassen? O wie gern wollte ich dir folgen, wie gern wollte ich sterben, wenn der liebe Gott mich aufnehmen, wenn ...."

Plötzlich stockt die Stimme des Knaben und die perlende Thräne bleibt auf der bleichen Wange stehen. Ein sonderbares Geräusch auf dem Dache draußen schlägt an sein Ohr und macht ihn stutzig und furchtsam. Es lautet bald, als wenn Hände tastend sich bewegen, krampfhaft sich einklammern und gewaltsam einen Haltpunkt suchen; bald als wenn Füße mächtig sich anstemmen, ausgleitend rückwärts schleifen und auf's Neue und kräftiger ansetzen; bald als wenn Kniee rutschen und mühsam einen Körper vorwärts schieben. Ziegel um Ziegel häckelt sich los, rollt das Dach hinab, und stürzt nach langen, langen Pausen dumpf und zerschmettert zur Erde. Immer näher rückt der Marsch — Karl hält den Athem an und duckt sich furchtsam in den Winkel. Was ist das? — Ein paar Hände klammern sich an die Einfassung der Dachlucke, ein tüchtiger Ruck hebt den Körper empor, ein schwarzlockiger Kopf schiebt sich langsam durch die enge Oeffnung und hält neugierig Rundschau. „Wer weint und jammert hier ohn' Unterlaß?" fragt eine klangvolle Stimme und setzt pathetisch bei:

„Sei's Ernst, sei's Zeitvertreib,
Sei's Mann oder Weib,
Sei's Greis oder Kind: —
Gib' Antwort geschwind!" —

„Ich bin's." —

„Wer ist der „Ich"?" —

„Der kleine Karl." —

„Ich glaube gar ein Kind? Vorwärts! Das schaut aus wie ein Abenteuer und muß untersucht werden." Vorsichtig schob sich bei diesen Worten der Kopf in die Höhe, der schmiegsame Körper und die Beine folgten Stück für Stück, während sich die Hände fest gegen das Gelände stemmten. Ein gewandter Sprung auf die Fußzehen, und ein schlanker Jüngling stand im Gemache und kniete wenige Augenblicke später an der Seite des Kranken. „Warum weinst du, Kleiner?“ fragt er theilnehmend. „Schon lange hörte ich ein Rufen und Wimmern in meinem Zimmer, ohne unterscheiden zu können, woher es kam, von oben oder unten, von hüben oder drüben. Endlich bog ich mich weit zum Fenster hinaus. Da war mir die Spur bald klar — die zweite Dachlucke mußte es sein. Ich machte mich auf die Rutschpartie und hier bin ich.“

Karl hatte seit vielen Monaten von seinen Verwandten die letzte gute Rede, den letzten theilnehmenden Blick bekommen. Wie wohlthuend, wie herzstärkend überflutheten diese milden, freundlichen Worte des Kindes Herz! Furcht und Angst vor dem Fremden wichen schneller, als sie gekommen. Zutraulich streckte er dem Jünglinge die Händchen entgegen und fragte heiter: „Nicht wahr, dich hat meine Mutter gesandt? Du sollst mir Brod und Wasser bringen. Kommst du vom Himmel?“

„Das nicht, Knabe. Ich bin ein Student, und dein nächster Nachbar zu Füßen. Sieh, ich hielt mich seither außer dem Schloßthürmer für den „Höchsten“ in der Stadt. Keine Täuschung — denn dich haben sie ja förmlich in die Wolken gebettet und im Himmel einquartirt. Wie kommst du denn in dieses Luftschiff ohne Tisch und ohne Stuhl, ohne Bett und Fenster? Bei Gott! gegen dieses Rattennest ist mein sechswinkliges Kämmerchen ein prachtvoller Salon, und gegen dieses Luftrohr mein halb hölzernes, halb gläsernes, halb papierenes Dachfenster da unten ein epheuumrankter Balkon."

Karl schilderte nun ohne Rückhalt sein trauriges Loos, seine Krankheit, seine Schmerzen. Die Lieblosigkeit seiner Verwandten berührte er nur mit wenigen Worten. Aber der Jüngling durchschaute mit einem Blicke den ganzen Zusammenhang, die planmäßige, teuflische Spekulation der herzlosen Sippe. „Das ist gemein, das ist niederträchtig!" rief er entrüstet. „Da unten klingeln und bimmeln die Geigen und Klarnetten, Trompeten und Hörner, die Tanzschuhe schleifen und pfeifen, als koste das Paar drei Kreuzer, - die Gesellschaft plappert und zwitschert wie Spatzen im Herbste auf einem Stoppelacker — und da oben erfriert ein armes Kind, dem der Magen vor Hunger einschrumpft und vor Durst der Gaumen brennt. Hätte ich nur absolvirt und wäre frei! Ich wollte einen Schläger ergreifen und wie Wetter dreinfahren unter dieses Pack!"

„Nicht doch!" bat Karl, dem bei solchen drohenden Worten und Geberden recht ängstlich wurde; „nicht doch, ich müßte es doppelt und dreifach büßen. Gib mir lieber Brod und Wasser!"

„Du hast Recht, Kleiner. Schimpfen und raisonniren ist leicht. Helfen und bessern ist die Kunst des Lebens. Nur ein wenig Geduld! Ich will sogleich meinen Namenspatron, den St. Nikolaus, machen, der erst die Kinder neckt und schreckt, dann aber rothwangige Aepfel und goldene Nüsse in's Zimmer kugelt." Mit diesen Worten trat Nikolaus muthig den bergab doppelt gefahrvollen Pfad an. Es mochte keine zehn Minuten währen, so kehrte er auf demselben Wege wieder. Karl blickte gierig und getäuscht nach den leeren Händen. Der Jüngling verstand den sehnsüchtigen Blick und rief munter: „Kehrt Euch!" Ein ledernes Studentenränzchen, mit Wachstuch überzogen, hing wohlgespickt auf seinem Rücken. Er schnallte es lachend ab und kramte geschäftig aus. „Hier ist Hausbrod, von meinem Vater gesäet und gedroschen und von meiner Mutter gebacken; hier ist ein Trumm Dürrfleisch, nach Belieben fett und mager, vom Vater geschlachtet und von der Mutter gekocht; hier ist ein Krug Wasser und ein Schluck Bier; hier sind Aepfel, hier Nüsse. Herz, was verlangst du mehr? Greif' zu!"

Weitere Aufmunterung war überflüssig. Während der Knabe sich im Herzen die braven Eltern des Studenten lobte, bald da, bald dort zulangte und wacker d'rauf los arbeitete, untersuchte dieser den Bretterverschlag, besonders den Fußboden. Die Dielen schienen nur lose auf die Balken genagelt. Er probirte eine um die andere. Endlich gab eine nach. Ein Ruck, noch einer, und das Brett sprang in die Höhe. „Gewonnen!" rief triumphirend der Jüngling; „die Bresche ist geschossen. Gerade da unten steht mein Bett, Karl.

Eine einfachere Passage von einem Stockwerk in's andere als diese kann es nicht geben. Die Nägel zieh' ich heraus, zwei Schnüre mit Knöten hinein, und das Ganze ist eine Mausfalle en gros."

Bis Karl seine Mahlzeit geendet, brachte ihm Nikolaus einen großen, warmen Teppich zur Decke. „Morgen früh hole ich ihn wieder," meinte er und räumte sorgfältig die Reste des Mahles in sein Ränzchen. Dann schnallte er es auf und verschwand, indem er das Brett an den Schnüren wieder in die frühere Lage zog, unter dem lauten Danke des Patienten. —

Der Waisenknabe betete recht inbrünstig für seinen Wohlthäter, bis ihm der Schlummer die Augen schloß. Der Student aber plauderte noch lange und fleißig im Bette mit seinen „alten Heiden," wie er die Klassiker nannte, und das süße Bewußtsein der guten That machte ihm das Lernen doppelt leicht.

II.

Der letzte Gruß.

— — Eine Zeit wird kommen,
Da macht der Herr ein End',
Da wird den Falschen genommen
Ihr unächt Regiment.

J. v. Eichendorff.

Jene Nacht, welche Karl als die trostloseste in den wenigen Blättern seines Gedächtnisses verzeichnet, in welcher er so inbrünstig gebetet hatte, sollte der Wendepunkt zu besseren Tagen werden. Wohl wich die zehrende Krankheit nicht, sie nagte am jungen Lebensbaume wie ein gefrässiger Wurm. Die Giftkeime, durch Vernachlässigung und schlechte Pflege gelegt, wucherten fort, brachen sich in offenen Wunden durch den schwächlichen Körper Bahn und erzeugten doppelt gierigen Hunger. Der Kleine war trotzdem heiter und zufrieden; er hatte ja einen Freund gefunden, der ihn mit allem Nöthigen versorgte und den letzten Bissen Brod in gleiche Hälften brach. Das gelockerte Brett mit den Fangschnüren ließ nicht allein Gedanken in der Hülle freundlicher Worte in sein elendes Kämmerlein gelangen, sondern auch materielle Trostgründe, als Fleisch und Gemüse, Brod, Milch und Wasser, Aepfel und Birnen. Als sich der Winter dreister einnistete und aus vollen Händen schuhhoch Schneeflocken über

Dächer und Straßen streute, mußten des Nachts Kleider, Decken und Kissen den hölzernen Kanal passiren, und am Tage drang der Wärme belebender Strahl durch die geöffnete Klappe des künstlichen Kamins. Manchen Abend, wenn nirgends Gefahr drohte, ritt Karl auf den Schultern seines Freundes hinab in die Unterwelt, den gemüthlichen Studenten-Salon, und that sich gütlich am wärmestrahlenden Ofen. Wenn er sich also durchwärmt und erholt hatte, konnte er Tage lang, die Hände auf die Knie gestützt, sich leidlich bewegen.

„Und die Baumeisters?" werden meine freundlichen Leser fragen. — Nun, die lebten fröhlich in den Tag hinein und ließen Gott einen guten Mann sein. Für sie war die Hauptsache, daß bald da, bald dort das Gerücht auftauchte, Frau Sch. hätte so eben eine Erbschaft gemacht, oder werde ganz gewiß demnächst eine solche machen, und daß mancher geldgierige Freier, durch den Schein verlockt, sich unter tausend Kratzfüßen den Töchtern näherte. Wer hätte da Zeit gefunden, an den Waisenknaben zu denken? Er wohnte ja in einem „Extrazimmer im obern Stocke," wie Fritz spöttisch behauptete, weinte und jammerte nicht — warum also sich weiter darum kümmern? Der Magd gab man den Auftrag, den Knaben zu versorgen. Ob sie es that? — Wenn die gefühllose Person nicht darauf vergaß, erschien sie im Laufe des Nachmittags, brachte einen Teller kalte Kost, rumorte ein wenig in der Kammer herum, theilte einige Püffe aus und schlug dann die Thüre wieder hinter sich in's Schloß. Die Baumeisters hielten sich durch die Ertheilung dieses Auftrages vor jedem weltlichen Richterstuhle für gesichert; — waren sie es auch vor dem Richterstuhle des Allmächtigen? —

Der Winter war bald und gut überstanden. So viel er auch schimmernde Silberflocken gesäet, so dick er auch Flüsse und Bäche mit durchsichtigem Linnen bedeckt, — er mußte weichen. Der Frühling zog herauf unter Lerchenschlag und Vogelsang, unter dem Knistern der sprossenden Blättchen und Knospen, unter dem Dufte der Blüthen und Gräser, und jagte den frostigen Gesellen über die Haide. Und wie der Knabe zum Jüngling, so sproßte der Frühling zum rosigen Sommer empor, der tausend Garben und Blumen, Früchte und Kräuter aus seinem duftenden Füllhorn über die Fluren und Höhen ergoß. Aber mit dem Fortschreiten des Sommers mehrten sich auch die Mühen, die Sorgen und Arbeiten des Studenten. Die große Völkerschlacht nämlich, welche einst unsere rüstigen Voreltern im Teutoburger Walde siegreich gegen die Römer bestanden, währt noch fort. Das Zischen der Pfeile, das Klirren der Speere und Schwerter dringt durch die Zeiten; sie schlug nur um in eine Geisterschlacht, welche noch jährlich unsere Söhne mitschlagen müssen: ein gefährliches Streiten, denn zu den gewiegten Lateinern gesellen sich listige Griechen und selbst die Träger des Mittelalters und der Neuzeit als Alliirte gegen die jungen Studenten-Ritter, welche bei diesem Gange die ersten „Sporen“ verdienen sollen. An diesem Kampfe, dem Absolutorium, sollte heuer auch Nikolaus Theil nehmen.

„Noch sechs Wochen,“ — rief eines Abends der Student, indem er den schwächlichen Patienten auf seinen Schulter-Batterien durch die geheime Leitung herabtelegraphirte und auf sein Bett setzte, um das Abendbrod mit ihm zu theilen, — „noch sechs Wochen, und ich habe gewonnen. Dann fällt der Schulzwang, ich bekomme meinen Laufzettel und trete dir als zukünftiger akademischer Bürger entgegen. Also einstweilen — Achtung!“

„Nur nicht zu hitzig,“ warnte Karl, „sonst wirst du krank. Ich höre dich mit dem ersten Morgenstrahle beginnen und laut daher plaudern wie sprudelndes Wasser, und wenn ich in tiefer Nachtstunde erwache, vernehme ich noch deinen Schritt und dein leises Gemurmel. Nur nicht zu hitzig! — das Absolutorium bekommst du ja doch.“

„Ganz richtig, aber Alles mit „Schiebunter.“ Mein Vater ist ein schlichter Landmann, weiß aber prächtig, was Note 1, 2 und 3 bedeutet. Ich muß noch manches Wörtchen mit meinen alten Heiden und heidnischen Neuen reden, bevor die Stunde der Entscheidung schlägt. — Der Streiter sind viele, der Feinde noch mehr, die Kampfregeln verschärft und die erste Note hängt hoch, sehr hoch."

„Laß gehen, du mußt die erste Note bekommen, ich weiß, warum," versicherte Karl treuherzig, während eine Thräne des Dankes sein Auge erhellte. „Ich helfe dazu und die lieben Engel im Himmel mit. Alle Gebetlein und Sprüche, welche du mich im Winter lerntest, sage ich jeden Tag hundert Mal zum lieben Gott, damit er dich kräftige und deinen einzigen Wunsch erfülle."

„Das ist recht. Das Gebet des schuldlosen Kindes trägt sein heiliger Schutzengel durch den lichtblauen Aether empor zum Throne des Allmächtigen. Eigentlich solltest du aber für diesen Zweck nicht beten," setzte der Jüngling wehmüthig bei; „denn du betest ja für dein eigenes Leid. Ruht einmal das Absolutorial-Zeugniß in meiner Hand, dann eile ich fort zu Vater und Mutter, und ist die schöne Ferienzeit vorbei, so muß ich meinen Wanderstab auf den Weg nach der Hochschule setzen."

„Ach Gott!" seufzte Karl, der kaum an diese Zeit zu denken wagte. „Doch bis dorthin bin ich vielleicht bei meiner lieben Mutter im Himmel droben."

„Warum nicht gar!" rief lachend Nikolaus, des Freundes Weh zu betäuben. „Wer wird denn in der Blüthenzeit sterben? Da iß Fleisch und Brod und trinke einmal Bier dazu, nur ein leerer Magen kann solche Sterbegedanken auskochen. Ich will dir ein anderes Vielleicht sagen, das näher liegt. Vielleicht bekomme ich einen braven Zimmernachfolger, der sich deiner annimmt; vielleicht steige ich den Baumeisters auf's Zimmer und rüttle die steinernen Herzen aus ihrem Schlummer; vielleicht hol' ich dich ab zu meinen Eltern; vielleicht oder vielmehr ganz gewiß wird der Allgütige, der die Raben ernährt und das erste Mal für dich sorgte, auch das zweite Mal für dich sorgen. Weißt du, wie meine Mutter zu sagen pflegt? „„Unser Herrgott verläßt keinen Deutschen nicht."" Und meine Mutter ist eine kluge Frau und hat in solchen Lebens- und Vertrauenssachen immer Recht." —

Vierzehn Tage nach diesem Gespräche versammelten sich die Abiturienten auf dem großen Turnplatze außerhalb der Stadt. Sie durften nach altem Brauche vor den übrigen Klassen abturnen, um sodann jede Minute der noch übrigen Zeit der ernsten Vorbereitung widmen zu können. Heiter ergaben sich die Jünglinge dem kecken Spiele. Die Einen übten sich am Reck und schleuderten in großen Halbbogen den Körper hin und wieder; Andere faßten die dünne Stange mit dem rechten Knie und schlugen mit sausender Wucht zehn, ja zwölf Räder um die eigene Achse. Ein Theil voltigirte am hölzernen Sprungpferd; die Gewandteren sprangen nach kurzem Ansatze leichter als ein Gummiball in die Höhe und schnellten mit kräftigem Ruck den Körper weit über den hölzernen Sattel hinaus. Wieder Andere kletterten mit Matrosengeschwindigkeit an den Tauen und Strickleitern auf und ab; während Einige den spiegelglatten Mast hinaufrutschten, und ob auch sein Gipfel wankte und zitterte, von der höchsten Spitze ein Fähnlein abrissen, es triumphirend in der Luft schwangen, und dann pfeilschnell in die Tiefe schossen. Eine weitere Abtheilung spielte „Baarlaufen" und ergötzte sich am Wagen und Entschlüpfen, am Rennen und Patschen.

Mancher Spaziergänger macht auf der Landstraße, welche nur ein Wassergraben vom Turnplatze trennt, Halt und betrachtet sich das jugendlich frohe Treiben. Besonders einen ältlichen Herrn scheint das bewegliche Leben zu interessiren. Er mag der eigenen, längst verwelkten Jugendblüthe gedenken, denn sein Auge haftet unverwandt auf den bunten Gruppen und beachtet nicht, wie er näher und immer näher dem Rande des Grabens streift. Plötzlich gleitet sein Fuß aus, er stürzt und rutscht in die schmutzige Vertiefung. Der schwarze Hut fliegt weit weg und kugelt mitten unter die Spieler. Nikolaus, bei dem er vorbeirollt, hebt ihn auf, bringt ihn seinem Eigenthümer zurück und hilft diesem aus dem Graben. „Puh! das brennt!" meint der alte Herr, während er behutsam auftritt und vergeblich den stechenden Schmerz unter einem erzwungenen Lächeln zu bergen sucht. „Der linke Fuß ist ausgetreten — das wird ein schlimmes Gehwerk geben. Wenn nur eine Kutsche käme!"

„Wenn Sie erlauben, so will ich Ihren Führer machen,“ erbot sich freundlich Nikolaus.

„Wie, lieber Studio, Sie wollten Ihr lustiges Spiel einem alten Manne opfern?“

„Das Turnen ist ohnehin bald vorüber, und ich verliere nicht viel. Gedulden Sie Sich einen Augenblick, bis ich meine Mütze geholt!“

Mit der einen Hand auf den Stock, mit der andern auf den Jüngling gestützt, erreichte der Greis ohne erhebliche Beschwerde die ersten Häuser der Stadt. Als er am größten derselben, welches ein Schild als das „städtische Krankenhaus“ bezeichnete, still stand und die Glocke zog, blickte ihn der Student mit großen Augen an.

„Warum kehren Sie hier ein?“ fragte er überrascht. „Sie besitzen sicherlich eine eigene Wohnung in der Stadt — ich führe Sie mit Vergnügen dahin.“

„Das ist meine Wohnung,“ entgegnete lächelnd der Gefragte. „Ich bin der Medizinalrath W., seit langen Jahren Vorstand dieser Anstalt, das heißt, der allgemeine Krankenvater — demnach bin ich wortwörtlich hier zu Hause. Sie dürfen Sich aber nicht verabschieden, mein Freund,“ fuhr freundlich der Doktor fort, als sich die Thüre öffnete und Nikolaus grüßend die Mütze abzog. „Man darf bei einer guten Handlung nie auf halbem Wege stehen bleiben. Nur herein — begleiten Sie mich auf mein Zimmer!“

Im Zimmer angelangt, ließ sich der Greis auf ein Sopha nieder, lud den Studenten ein, an seiner Seite Platz zu nehmen und nun auch seinerseits sich ein wenig zu gedulden. Vorerst berief er durch einen Diener einen Assistenten, der ihm nach seiner eigenen Anordnung den Fuß wieder einrichtete. Hierauf wendete er sich freundlich mit den Worten zu Nikolaus: „Nun, mein Bester, meinen herzlichsten Dank für Ihre gütige Begleitung — vorerst in Worten; aber Worte sind manchmal leer gedroschenes Stroh. Sie sind Student — womit kann ich Ihnen in der That danken?"

„Diese Kleinigkeit, Herr Medizinalrath, ist weder eines Wortes, noch weniger eines Dankes würdig. Wohl bin ich Student, aber meine Eltern sind vermögliche Landleute und gewähren mir gern das Nöthige. In vier Wochen absolvire ich, dann kommen die Ferien, dann beziehe ich die Hochschule, und meine Wünsche sind erfüllt."

„Wie? — ein junger Mann in Ihren Jahren hätte keinen Wunsch! Das wäre doch drollig!"

„Für mich nicht," versicherte ernst Nikolaus, — „aber wenn Sie erlauben würden ...."

„Das klingt sonderbar," unterbrach erstaunt der alte Herr, „für wen denn? — Ist Ihr Wunsch gerecht und billig, woran ich nicht zweifle, und liegt dessen Erfüllung in meiner Macht, so wird er gewährt. Also frisch heraus mit der Farbe!"

Nun schilderte der Jüngling mit den lebhaftesten Farben die Geschichte, die Leiden und Entbehrungen des kleinen Karl, die Härte, die absichtliche Grausamkeit seiner Verwandten. „Sie sind der Vorstand dieser Wohlthätigkeits-Anstalt, Herr Medizinalrath," schloß der Erzähler, „und werden Sich gewiß des hülflosen Kindes erbarmen. Ein Wink, ein Wort von Ihren Lippen, und dasselbe ist für immer geborgen. Geben Sie dem Knaben den schlechtesten Winkel im ganzen Spitale, und er wird Sie ewig als seinen Retter dafür segnen!"

„Schon gut! — schon gut!" versetzte bewegt der alte Herr; „ich werde dafür sorgen. Auf Ihre Mittheilungen hin ist es meine Pflicht und Schuldigkeit. Von morgen Mittag zwölf Uhr an können Sie Ihren Freund auf Zimmer Nro. 9, gleich daneben, besuchen, wann es Ihnen beliebt. Wenn nur die Hülfe nicht zu spät kommt! — Ich sehe Sie also noch öfter, wackerer Studio, bevor Sie die Hochschule mit Stiefel und Sporen beziehen. Ich kenne dort alle Professoren und werde Ihnen Empfehlungsbriefe mitgeben, die nicht Ihr Schaden sein sollen. Brauchen Sie einst weitere Hülfe, unser Herr und Fürst kennt mich, und ich habe noch nie vergeblich um eine Audienz bei ihm gebeten."

„Wenn aber die Baumeisterischen Schwierigkeiten erheben sollten?" fragte der Student beim Abschiede, um auch den letzten Zweifel zu beseitigen, nachdem er in seinem und seines Pfleglings Namen auf das Herzlichste gedankt hatte.

„Sie werden vor Ueberraschung nicht daran denken. Sollten sie aber widersprechen, droht man mit gerichtlicher Untersuchung, und das Völkchen wird sich geschmeidig fügen. Ueberlassen Sie das ganz mir. Adieu und bald wieder!"

Jubelnd und frohlockend eilte Nikolaus mit der Freudenbotschaft nach Hause — doppelt jubelnd, weil seine Mutter mit ihrem alten, probaten Kernspruche wieder einmal Recht gehabt. An jenem Abende flossen in dem traulichen Studenten-Stübchen heiße Thränen des Dankes und der Freude, aber auch Thränen des Schmerzes als Vorboten der nahenden Trennung. —

Der Herr Medizinalrath hielt Wort. Am andern Morgen erschien ein Krankenwärter, zeigte einen „Spitalzettel" vor und verlangte mit dürren Worten den Patienten. Die werthe Familie Sch. war so verdutzt und verblüfft, daß im ersten Augenblicke Niemand an eine Gegenrede dachte. Der kleine Karl war längst verschwunden, als es dem pfiffigen Herrn Fritz einfiel, daß dieses Verfahren ein Eingriff in fremde Rechte, eine impertinente Frechheit sei, und daß nichts weiter als eine Erbschleicherei von Seiten des reichen Spitals dahinter stecke. Die ganze Familie stimmte ergrimmt, aber zu spät in die nun folgenden Kraftausdrücke ein, und hob ein Schimpf- und Zankquartett an, das sich mit jedem verstimmten Orchester in allen Tonarten messen konnte. Karl aber ruhte in einem freundlichen, sonnigen Zimmer des Spitals auf einem weichen Bettchen, erhielt stärkende Suppen, zartes Fleisch und Geflügel, Medizin und ärztliche Pflege, und konnte nicht begreifen, wie er all diese Wohlthaten verdient habe. Er betete aus kindlichem Herzen für seine Beschützer zum lieben Gott, und wußte dem Studenten, der ihn täglich besuchte, nicht genug des Guten zu erzählen. Wenn auch der Herr Doktor bedenklich d'reinschaute, so oft er den zufriedenen Patienten näher betrachtete — der Knabe kannte kein Leid mehr. —

„Nun Gott sei Dank und nochmals Dank und noch tausendmal Dank!“ jubelte aus froher Brust Nikolaus, als er nach ungefähr vier Wochen gegen Mittag seine Dachkammer bestieg und das heiß errungene Absolutorial-Zeugniß auf dem Tische ausbreitete. „So, mein edler, blauer Kragen, komm herunter! Du warst mir vier Jahre eine süß-saure Bürde; dafür sollst du heute prahlend und lustig zum Fenster hinausflattern und der weiten Welt verkünden, daß hier oben ein Abiturient wohnt und zwar einer mit der ersten Note. Morgen geht's fort über Berg und Thal in die Ferien. Wie wird sich mein Vater freuen, wenn er mit der Zwickbrille die erste Note herausstudirt, und wie meine liebe Mutter? O, ich will in der Freude meines Herzens Alle umarmen, Eltern und Geschwister, das ganze Dorf, die ganze Flur und selbst den langen, spitzigen Kirchthurm, wenn er auch noch so steif sich geberdet. Und erst mein kleiner „Spitalmann!“ Seit vierzehn Tagen sah ich ihn nicht mehr. Geduld! — heute Mittag komme ich. Wenn auch der Athem schwach, die Wange blaß sein sollte, diese Freudenbotschaft wird sie höher färben und frisches, stärkendes Oel aufgießen in's verglimmende Lämpchen des Lebens.“

Ein lauter, prasselnder Schlag unterbrach und erschreckte plötzlich den Sprecher. Das Brett in der Decke, welches so manchen Monat die Zugbrücke und Fallthüre abgegeben, war sammt den Schnüren herabgestürzt und in Trümmer gegangen. „So fahre wohl, du altes Brett! Fahre wohl! — Du hast redlich deine Schuldigkeit erfüllt!" Ein unendlich wehmüthiges Gefühl durchwogte bei diesen Worten die Brust des Jünglings; ein Gefühl, so unnennbar, so namenlos, so traurig, so übermannend, daß fast Thränen in seine Augen drangen. Lautlos und emsig machte er sich daran, Bücher, Kleider und sonstige Habseligkeiten für die morgige Abfahrt zu packen. Ein wiederholtes Klopfen an der Thüre rief ihn nach längerer Zeit von diesem Geschäfte ab. Der Krankenwärter vom Spitale trat ein.

„Ich komme heute," rief der Studio dem Grüßenden entgegen. „Ich komme!"

„Ganz wohl; der Herr Medizinalrath wünscht Sie vor Ihrer Abreise noch zu sprechen."

„Und Karl?" —

„Bedarf keines Besuches mehr. Er entschlief vor einer halben Stunde sanft und ruhig in den Armen des Herrn Medizinalrathes. Ich bringe Ihnen die letzten Grüße, die letzten Wünsche des Knaben. Seine letzten Worte waren: „Er hat absolvirt! — er hat die erste Note." —

Jetzt begriff Nikolaus die wehmüthige Stimmung, in welche er kurz vorher unwillkürlich versetzt ward. Thränen um den lieben Schützling benetzten seine Augen, und tiefes Leid erfaßte sein jugendliches Herz.

„So nimm ihn gnädig auf, o Herr!" betete der Jüngling, als der Diener sich entfernt hatte; „nimm ihn auf unter die Schaar der seligen Geister, damit er deinen hochheiligen Namen lobe und benedeie jetzt und in Ewigkeit!" —

Die Ferien kamen und vergingen; die Hochschule kam, das ernste Leben kam und die Zeit linderte den Schmerz um den Geschiedenen. Aber nach langen, langen Jahren dachte Nikolaus noch an den klugen, verständigen Knaben, an seinen lieben, theuern Pflegsohn. —

Zwölf Monate und nochmals zwölf Monate zurückgerechnet, hatte ich einmal auf den Gerichten zu thun. Der Beamte, welcher mir allein Auskunft geben konnte, war nicht zugegen. Es blieb mir kein anderes Mittel, als geduldig zu warten, bis er kam. Zum Zeitvertreib wanderte ich auf dem langen Gange vor den Gerichtszimmern auf und ab, und bemerkte bald, daß Leute über Leute lachend und plaudernd, fragend und flüsternd zu einer Thüre hineinströmten, an der mit großen Lettern geschrieben stand: Oeffentlicher Sitzungssaal. Es mußte eine sogenannte „cause celèbre" verhandelt werden. Meine Neugierde war einmal angefacht, ich folgte dem Schwarme. Wie staunte ich, als bekannte Namen aus dem Munde der Richter und Zeugen an mein Ohr schlugen? Ich folgte aufmerksam dem Gange der Verhandlung und betrachtete mir die betheiligten Personen näher.

Der Angeklagte, ein junger, lediger Mann von 25 Jahren, modern, fast stutzerhaft gekleidet, trug ein feines Schnurrbärtchen und zierlich gelockte, gescheitelte Haare. Er hatte einige Zeit als Commis bei einem Kaufmanne der Stadt servirt, war aber später wegen Unordnung, Spiel- und Trunksucht entlassen worden. Vier Wochen darauf wurde in demselben Handlungshause bei Nacht eingebrochen, eine bedeutende Summe Geldes entwendet, und eine Magd, welche auf das Geräusch herbeieilte, nicht unbedeutend verletzt. Doch hatte die Person noch Kraft genug, durch ihr Geschrei Leute herbeizuziehen, welche den Thäter zur Haft brachten. Der junge Mann gestand Alles gleichgültig zu, ohne sich auf weitere Erörterungen einzulassen. Aus der Verhandlung ergab sich ferner, daß die Mutter desselben, sonst eine verschwenderische, jetzt herabgekommene, bejahrte Frau, am Hungertuch nage und total der Armenkasse zur Last falle, und daß dessen Schwestern, welche in einem üblen Rufe standen, sich heimathlos in der Fremde umhertrieben. Ich wartete gespannt das Urtheil ab. Es lautete: Zehn Jahre Zuchthaus mit zeitweiliger Absperrung in einen dunkeln

Kerker und Entziehung der warmen Kost. Der Verurtheilte hieß — Fritz Sch.

Den Schluß des Urtheils bildeten die Namen der Richter, welche in diesem Falle Recht gesprochen und das hehre Amt der Gerechtigkeit verwaltet hatten. Ich vernahm klar und deutlich: „Präsident M., Rath R. und Assessor Nikolaus E....." —

Ich ging bewegt fort und dachte noch lange nach über das unsichtbare Walten der göttlichen Gerechtigkeit, welche den Guten hebt und belohnt, und den Bösen, wenn er auch noch so lange triumphirt, straft und zu Boden schlägt. —

Inhalt.

J. N. Hartmann'sche Buchdruckerei in Augsburg.